茶人列傳 3

― 僧侶의 生涯와 茶詩 ―

芮 正 洙 編著

대흥사 일지암

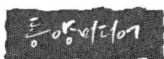

다인열전을 펴내면서

　그간 다인열전 1, 2권을 출간한 후 항상 마음에 걸리는 것이 있었다. 다름 아니라 우리나라 차의 맥을 실질적으로 이어온 불교계의 고승대덕 스님들이 쓴 다시(茶詩)를 몇 분만 간략하게 유학자를 중심으로 엮은 1권에 편차하였다. 그렇다 보니 선사(禪師)들의 차시를 읽을 때 마다 마음 한 구석에 겸연쩍은 생각이 들었다.
　이번에 다인열전을 증보하여 1, 2권은 그대로 유학자들의 싣지 못한 차시를 보충하며, 다인의 생몰 연대를 기준으로 순서를 바꾸고, 중요한 시들을 추가로 정리하여 보완하였다. 다인열전 3권은 승려를 중심으로 60분의 차시를 모아서 편집하여 출간하게 되었다.
　한국의 다도는 신라시대의 왕자로 당나라에 건너가 구화산에 절을 건립하고 신라에서 가져간 차 종자를 심어서 중국 불교의 4대 명산의 하나로 만든 김지장(金地藏) 보살로부터, 경주 남산 삼화령의 미륵세존에게 3월 삼짇날과 9월 중구일에 차를 올린 충담선사로 이어져 진각국사, 원감국사, 설잠으로 불리어진 매월당 김시습의 차시 70여수와 초의선사의 많은 차시와, 금명 보정(錦溟寶鼎) 스님의 70여 수 차시와, 근세에는 통도사 극락암에서 선풍과 다풍(茶風)을 함께 펼친 경봉선사의 차시까지 모든 자료에 남겨진 차시들을 가급적 빠뜨리지 않고 다루었다.
　차란 고요한 가운데 오묘한 맛과 우아한 멋이 수반되고 자신을 되돌아보고 반조할 수 있는 것이 다시(茶詩)라고 할 수 있다. 불교계에서는 다선일미(茶禪一味)라고 하여. 차와 선(禪)과 다 같이 마음을 닦고 관조 할 수 있는 방편으로 여겨져 왔다.

본 다인열전에 게재한 다승(茶僧)들은 차시가 많이 남아있고, 시를 통해 살펴보면, 차에 대한 식견과 선 수행과 함께 한 기호품으로 여겼었다.

출간이 늦었지만 충분히 음미할만한 시들을 집대성(集大成)하였다고 여기며, 차 생활을 깊이 있게 향유 하시길 바라오며, 오류가 있으면 질정해 주시기 바란다.

근세의 차인 중 최범술, 법정스님, 일타스님 등 몇 분은 이번에 보완하지 않았음을 양해해 주시기를 바란다.

2025年 1月 20日
茶爐經權室에서 雪海 芮正洙

茶人列傳(3) 목차

01. 地藏 金喬覺(지장 김교각) ················· 7
02. 忠談禪師(충담 선사) ······················ 9
03. 大覺國師 義天(대각국사 의천) ············· 11
04. 眞覺國師 慧諶(진각국사 혜심) ············· 13
05. 寥一禪師(요일선사) ······················ 20
06. 靜明 天因(정명 천인) ···················· 22
07. 眞靜天頙(진정 천책) ····················· 24
08. 圓鑑國師 冲止(원감국사 충지) ············· 26
09. 白雲禪師 景閑(백운선사 경한) ············· 37
10. 太古 普愚(태고 보우) ···················· 39
11. 懶翁和尙 惠勤(나옹화상 혜근) ············· 43
12. 竹磵 宏演(죽간 굉연) ···················· 49
13. 涵虛 己和(함허 기화) ···················· 50
14. 雪岑 金時習(설잠 김시습) ················· 54
15. 碧松 智嚴(벽송 지엄) ···················· 92
16. 虛應 普雨(허응 보우) ···················· 94
17. 淸虛 休靜(청허 휴정) ··················· 105
18. 靜觀 一禪(정관 일선) ··················· 111
19. 雲谷 冲徽(인곡 충휘) ··················· 113
20. 浮休 善修(부휴 선수) ··················· 118
21. 四溟堂 惟政(사명당 유정) ················ 121

22. 靑梅 印悟(청매 인오) ··· 125
23. 逍遙 太能(소요 태능) ··· 127
24. 鞭羊 彦機(편양 언기) ··· 129
25. 翠微 守初(취미 수초) ··· 131
26. 白谷 處能(백곡 처능) ··· 132
27. 寒溪 玄一(한계 현일) ··· 135
28. 栢庵 性聰(백암 성총) ··· 137
29. 月渚 道安(월저 도안) ··· 140
30. 楓溪 明察(풍계 명찰) ··· 142
31. 雪巖 秋鵬(설암 추붕) ··· 145
32. 無竟 子秀(무경 자수) ··· 149
33. 松桂 懶湜(송계 나식) ··· 152
34. 涵月 海源(함월 해원) ··· 154
35. 鰲巖 毅旻(오암 의민) ··· 157
36. 默庵 最訥(묵암 최눌) ··· 160
37. 大圓 無外(대원 무외) ··· 162
38. 秋波 泓宥(추파 홍유) ··· 164
39. 括虛 取如(괄허 취여) ··· 166
40. 蓮潭 有一(연담 유일) ··· 168
41. 蒙庵 箕穎(몽암 기영) ··· 172
42. 鏡巖 應允(경암 응윤) ··· 174
43. 澄月 正訓(징월 정훈) ··· 176
44. 兒庵 惠藏(아암 혜장) ··· 179
45. 草衣 意恂(초의 의순) ··· 188
46. 鐵船 惠楫(철선 혜즙) ··· 208

47. 櫟山 善影(역산 선영) ·· 211
48. 梵海 覺岸(범해 각안) ·· 213
49. 普濟 心如(보제 심여) ·· 230
50. 龍岳 慧堅(용악 혜견) ·· 232
51. 鏡虛 惺牛(경허 성우) ·· 243
52. 錦溟 寶鼎(금명 보정) ·· 245
53. 晦明 日昇(회명 일승) ·· 280
54. 漢永 鼎鎬(한영 정호) ·· 281
55. 滿空 月面(만공 월면) ·· 291
56. 漢巖 重遠(한암 중원) ·· 293
57. 萬海 韓龍雲(만해 한용운) ··· 294
58. 藕堂(우당) ··· 297
59. 鏡峰 靖錫(경봉 정석) ·· 301
60. 海眼 鳳秀(해안 봉수) ·· 312

1. 地藏 金喬覺(지장 김교각)

① 생애(生涯)

 지장 김교각(地藏 金喬覺: 696~796)은 신라 후기의 스님으로 왕가에서 출생하였고, 출가 후 중국으로 건너가 구화산(九華山)에서 수도 정진하여 그곳을 중국 불교 4대 성지의 하나로 가꾸었다. 그의 출생과 청년기에 대한 자세한 기록은 전해지지 않는다. 그는 성덕왕(聖德王)의 장자 김수충(金守忠)으로 효소왕 5년에 출생하여 청년기에 출가해 개원 8년경, 24세의 나이로 바다를 건너 입당(入唐)하였을 것으로 여겨진다. 그가 신라 출신의 실존 인물이었던 것은 분명하나 입당 이전의 생애가 확실히 밝혀져 있지는 않다. 송나라 《고승전》에 "신라 출신으로 속성은 김씨요 신라 왕자"라고 소개되어 있는 한국의 위대한 고승이다.
 입당한 지장 스님은 양자강을 따라 구화산에 들어갔다. 그는 고국에서부터 동반한 개 한 마리와 황립도, 금지차(金地茶)를 가지고 구화산의 동굴에 거처를 정하고 치열한 수행에 들어갔다. 그가 이때 심은 차를 《청향현지》에는 '금지차'라고 하였으며 이는 지장스님이 서역으로부터 가져온 것으로 '경공통자(梗空筒者)'가 그것이라고 하였다. 지장이 구화산에 심은 차에 관해 청나라 《다사(茶史)》에는 '공경차(空梗茶)라고 기록하고 있다.
 《전당문》에는 지장 스님의 시 두 편이 전해지고 있는데 여기에 소개하는 다시가 그중 한 편이다. 지장은 시선(詩仙) 이태백과 교유하였고 함께 차를 마시고 시를 지었다. 그는 흰 흙을 삶아 먹으며 철저히 수행하였다. 산 밑에 사는 사람들이 그의 고행에 경탄하여

대가람을 지어주고, 건중(建中: 780~783) 초에 태수 장암(張岩)이 스님의 고결함을 우러러 크게 희사하고 화성사(化城寺)라는 사액을 주청하였다. 중국에서는 스님을 지장보살의 화신이라 불렀다. 신라에서 이 소식을 듣고 찾아오는 사람이 많았다. 그는 함 속에 들어가 가부좌하고 세수 99세로 입적하였다.

함 속의 시신은 3년이 지나도 생시와 같아 육신보살로 모셔 탑을 세웠다. 중국의 불교 4대 성지 가운데 구화산의 지장 스님이 유일하게 인간으로서 지장보살이 된 것은 실로 한국 불교사에 희유한 일이다. 더구나 그 위대한 지장 스님이 구화산에 금지차를 심고 어린 사미승을 집으로 돌려보내며, 그윽한 다시(茶詩)를 읊었다는 것을 보더라도 그가 평소 차를 즐기는 차인이었음을 확인할 수 있다.

② 차시(茶詩)

• 送童子下山 / 산에서 내려가는 동자를 보내며

空門寂寞汝思家 절이 적적하여 너는 집 생각하누나
禮別雲房下九華 절방을 떠나 구화산을 내려가려나.
愛向竹欄騎竹馬 난간에 기대어 죽마 타는 어릴 적 그리워하던 너
懶於金地聚金沙 부처님 땅에서 금사(金沙)[1]를 모으는데도 싫증이 났구나.
漆瓶澗底休招月 칠 병 속의 시내 달을 불러오는 것 그만두고
烹茗甌中罷弄花 차 달여 잔 속에서 꽃놀이하는 것도 그만두리.
好玄不須頻不淚 진리를 사랑하여 자주 눈물을 흘리지 마라
老僧相伴有煙霞 노승은 안개와 노을을 벗하리라.

---

1) 금사(金沙); 진리를 뜻함

2. 忠談禪師 (충담선사)

　충담(忠談)[2]은 신라 경덕왕(742~765) 때의 스님으로, 향가(鄕歌)에 능했으며, 당나라에서 《도덕경(道德經)》 등을 보내오니 경덕왕(景德王)이 예를 갖추고 그것을 받았다. 재위 24년에 오악[3] 삼신산[4](三神山)의 신들이 간혹 나타나서 대궐 뜰에서 왕을 모시었다.
　3월 3일에 왕은 귀정문(歸正門)의 누(樓)에 나가서 측근들에게 말했다. "누가 도중에서 위의(威儀) 있는 승려 한 사람을 데리고 올 수 있겠소?" 이때 마침 모습이 깨끗한 고승이 이리저리 거닐면서 지나갔다. 측근 신하가 바라보고 그를 데리고 와서 뵈었다. "내가 말하는 위의(威儀) 있는 스님이 아니다." 왕은 그를 물리쳤다. 다시 승려 한 사람이 장삼을 입고 앵통(櫻筒)을 걸머지고 남쪽에서 왔다. 왕은 기뻐하면서 그를 보더니 누로 맞아들였다. 그 앵통 속을 보니 다구(茶具)만 담겨 있었다. 왕은 물었다. "그대는 뉘시오?" "제가 매년 3월 3일과 9월 9일이면 차를 달여서 남산 삼화령(三花嶺)의 미륵세존(彌勒世尊)께 올립니다. 오늘도 올리고 오는 길입니다." "나에게도 한 잔 줄 수 있겠소?" 스님은 이에 차를 달여서 왕에게 올렸는데 차의 맛이 이상하고 그 사발 안에서 고상한 향기가 풍기었

---

2) 충담(忠談); 신라 경덕왕(742~765) 때 스님으로 향가에 능했으며, 경덕왕의 부름을 받고 귀정문(歸正門) 누각에서 왕을 뵙고 3월 3일과 9월 9일에 삼화령의 미륵세존께 올리는 차를 왕에게 권했으며, 왕명을 받아 안민가(安民歌)를 지었다.
3) 오악(五岳); 다섯 명산, 곧 동악(東岳)의 토함산(吐舍山), 남악(南岳)의 지리산(智異山), 서악(西岳)의 계룡산(鷄龍山), 북악(北岳)의 태백산(太白山), 중악(中岳)의 팔공산(八空山)을 가리킨다.
4) 삼신산(三神山); 奈歷(지금의 경주), 骨火(지금 永川), 穴禮(지금 淸道).

다. 왕은 말했다. "내 들으니 스님이 기파랑(耆婆郎: 화랑의 이름)을 찬미한 사뇌가(詞腦歌)5)가 그 뜻이 매우 높다고 하는데 과연 그러하오?" "그렇습니다." "그렇다면 나를 위하여 백성을 다스려 편안히 할 노래를 지어주오." 스님은 즉시 명(命)을 받들어 안민가(安民歌)를 지어 바쳤다. 왕은 이것을 아름답게 여겨 왕사(王師)로 봉하려 하니 스님은 두 번 절하고 굳이 사양하며 받지 않았다.

『안민가(安民歌)』

임금은 아비요
신하는 사랑하실 어머니요
백성은 어린아이라고 한다면
백성이 사랑을 알 것입니다.
구물거리며 살아가는 백성들
이들을 잘 먹여서 다스리면
이 땅을 버리고 어디로 가려고 할 것인지
나라가 보전됨을 알 것입니다.
아아! 임금은 임금답고, 신하는 신하답고,
백성은 백성답다면 나라 안이 태평할 것입니다.

---

5) 사뇌가(詞腦歌); 향가의 이칭, 곧 신라의 가요를 지칭함.

3. 大覺國師 義天(대각국사 의천)

① 생애(生涯)

고려 시대의 승려(1055~1101)로 이름은 후(煦). 자는 의천(義天). 중국 송나라에서 유학하고 돌아와 우리나라에 처음으로 천태종을 열었으며, 흥왕사에 교장도감을 세우고 ≪속장경≫ 4,000여 권을 간행하였다.

② 차시(茶詩)

· 和人以茶贈僧 / 스님께서 차를 준 것에 대한 화답의 시

北苑移新焙 북원에서 가져와 불에 쬐어 말린 차
東林贈進僧 동림에 계신 스님께 선물하였네.
預知閑煮日 한가히 차 우릴 날을 미리 알고
泉脈冷高永 찬 얼음 깨고 샘 줄기 찾아보네.

· 和人謝茶 / 화답의 시

露苑春峰底事求 이슬 내린 봄 동산에서 무엇을 구하랴.
煮花烹月洗塵愁 달밤에 차 끓이며 세속 근심이나 잊어나 볼까
身輕不役遊三洞 가벼워진 몸은 삼동 유람도 힘들지 않고

骨爽俄驚入九秋　상쾌한 골격 잠깐 사이 가을 구월 되었구나.
仙品更宜鍾梵上　좋은 차 품은 선문에 합당하고
淸香偏許酒詩流　맑은 향기는 술 마시고 시 읊는 풍류가 좋아라.
靈丹誰見長生驗　누가 보았단 말인가! 영단 먹고 오래 살았다고
休向崑臺問事由　저승에 그 사유 묻지를 말게.

- 隴西學士以憶臨川寺詩見贈因次韻和酬 / 농서의 학사가 임천사를 생각하여 지은 시를 보이매 차운하여 화답함

一區香社號駕藍　옛 절 자리한 곳을 원람이라 부르니
門徑淸虛對碧崗　문으로 가는 길 깨끗하여 푸른 봉우리를 마주하네.
密樹貯雲籠象殿　울창한 숲에 잠긴 구름 전각을 둘러싸고
薄帷和月護猊床　엷은 장막 달과 함께 사자자리 호위하네.
講廻松檻吟魂苦　책 읽다 말고 솔 난간 돌며 시 읊는 마음 괴로워도
焙了茶園渴肺凉　다원에서 차 덖는 향기에 가슴마저 시원해라.
掛錫已酬爲學志　주장자 걸어둠은 불법을 배우려는 뜻이고
故山還夢舊栖堂　고향 산의 옛집은 꿈속에서나 그려보네.

4. 眞覺國師 慧諶(진각국사 혜심)

① 생애(生涯)

  진각국사(眞覺國師: 1178~1234)는 고려 후기의 대선사. 단속사 주지 등을 역임한 승려로 성은 최씨(崔氏). 자는 영을(永乙), 호는 무의자(無衣子). 법명은 혜심(慧諶). 전라남도 나주 출신으로 아버지는 완(琬)이고, 어머니는 배씨(裵氏)이다. 지눌의 뒤를 이어 수선사(修禪社)의 제2세 사주(社主)가 되고, 간화선(看話禪)을 강조하면서 수선사의 교세를 확장하였다.
  어려서 아버지를 여의고 출가하기를 원했으나 어머니가 허락하지 않았다. 1201년(신종 4) 사마시에 합격하여 태학(太學)에 들어갔으나, 다음 해 어머니가 죽자, 당시 조계산(曹溪山)에서 수선사를 만들어 교화 활동을 하고 있던 지눌(知訥)에게 가서 어머니의 재(齋)를 올린 다음, 지눌의 제자가 되었다. 이때부터 그는 힘써 정진하였으며, 지눌은 혜심의 재능을 아꼈다.
  1210년 지눌이 입적(入寂)하자 혜심이 수선사로 돌아가 개당(開堂)하였다. 1212년 강종(康宗)이 수선사를 증축시키고 불법을 구하므로 그가 『심요(心要)』를 지어 올렸고, 당시 문하시중 최우(崔瑀)는 그에게 두 아들을 출가시켰다. 고종(高宗)은 왕위에 올라 혜심에게 선사(禪師)에 이어, 대선사를 제수하였으며, 1220년(고종 7) 단속사(斷俗寺) 주지로 명하였다.
  문인에는 몽여(夢如)·진훈(眞訓)·각운(覺雲)·마곡 등이 있다. 저서로는 『선문염송집(禪門拈頌集)』 30권, 『심요』 1편, 『조계진각국사어록(曹溪眞覺國師語錄)』 1권, 『구자무불성화간병론(狗子無佛性話

揀病論)』1편, 『무의자시집(無衣子詩集)』 2권, 『금강경찬(金剛經贊)』 1권, 『선문강요(禪門綱要)』 1권이 있다.

혜심의 선 사상적 위치 및 사상은 대략 다섯 가지로 정리해 볼 수 있다.

첫째, 혜심은 지눌의 뒤를 이어 수선사 제2세로서 간화선을 크게 떨쳤다. 지눌의 충실한 조술자(祖述者)였으며 한 걸음 더 나아가 고려 선종의 위치를 굳건히 세운 인물로 평가받는다.

둘째, 혜심도 지눌과 같이 수행의 요점은 지관(止觀), 정혜쌍수를 주장했다. 그러나 혜심은 "망상을 버리는 데는 간화선만 한 것이 없다"고 하며 오로지 간화일문(看話一門)만을 주장했다. 즉 정혜쌍수를 수행의 요체로 본 것은 지눌과 같지만, 지관, 정혜가 간화일문에 포함된다는 것은 혜심의 독특한 견해다.

셋째, 지눌이 선교 일치를 주장한 것과 달리 혜심은 간화선만을 주장했다. 선(禪)과 교(敎)라는 상대적 의미에서 교를 제외했으며, 선 사상에서도 이론적인 선리는 옳지 않다며 실참(實參)을 강조했다.

넷째, 유학 차원에서는 유불(儒佛) 일치나 상이점을 긍정적으로 주장했다.

다섯째, 주술적 미신적 요소의 불교 악습을 타파하려고 노력했다.

② 차시(茶詩)

• 鼻箴 / 코의 잠언

香處勿妄開 향기 있는 곳에서는 함부로 열지를 말지니
臭中休强塞 냄새나는 속에서는 굳세게 막고 쉬려무나.

不作香天佛 향기가 천불을 만들지 못하거늘
況爲屍注國 하물며 주검을 나라에 쏟음에랴.
鐺中煎綠茗 노구솥에는 녹명을 달이고
爐中燃安息 화로엔 안식향을 사르네.
咄咄咄　　 어이! 어이! 어이!
甚處求知識 심한 곳에서 지식을 구하리라.

• 舌箴 / 혀의 잠언

不貪法喜啖 법희의 다담도 탐하지 않거늘
況嗜無明酒 하물며 무명의 술을 즐기랴.
莫說野狐禪 함부로 야호선을 지껄이지 말라
終日虛開口 종일 부질없이 입을 벌려

默入獅子窟 잠자코 사자 굴에 들어갔다가
語出獅子吼 내가 나거든 사자처럼 외쳐라.
誰知語默外 말하거나 침묵하는 그 밖에
更有那一句 다시 한 구절 있음을 누가 알랴.

• 寓轉物庵 / 전물암에 붙여 살다

五峰山前古巖窟 오봉산 앞에 옛 바위 굴
中有一庵名轉物 가운데엔 한 암자가 있는데 전물이라 한다네.
我樓此庵作活計 내 이 암자에 깃들여 살아갈 방도를 삼는데
只可呵呵難吐出 다만 깔깔 웃어도 드러내기 어려워라.
缺脣椀折脚鐺　 입술 일그러진 사발과 다리 부러진 솥으로
煮粥煎茶聊遣日 죽 끓이고 차 달이며 날을 보낸다네.

疎慵不掃復不芟　게으름을 성기어 쓸지도 풀 베지도 않아
庭草如雲深沒膝　뜰의 풀은 구름처럼 깊게 무릎에 차네.
晩起不知平旦寅　늦게 일어남에 새벽의 인시(寅時)를 기다리지 않고
早眠不待黃昏戌　일찍 잠에 저녁 술시(戌時)를 기다리지 않으니.
不洗面不剃頭　낯도 씻지 않고 머리를 깎지도 않고
不着經不持律　경전도 보지 않고 계율도 갖지 않으며
不燒香不坐禪　향도 사르지 않고 좌선도 안 하며
不禮祖不禮佛　조사나 부처에게 예배도 하지 않네.
人來怪問解何宗　사람들이 이상하게 여겨 무슨 교파인지 묻노라면
一二三四五六七　하나 둘 셋 넷 다섯 여섯 일곱
莫莫莫密密密　막막막 밀밀밀이라 한다네.
家醜不得外揚　집안 수치 바깥에 드러내지 말게나
摩何般若婆羅密　위대한 반야바라밀이여.

• 小池妙高臺上作 / 묘고대 위에서 짓다

嶺雲閑不徹　재 넘어 구름 한가로이 걷히지 않고
澗水走何忙　산골 물은 왜 그리 바삐 달리나.
松下摘松子　소나무 밑에서 솔방울 따다가
烹茶茶愈香　달이는 차 맛은 더욱 향기롭구나.

• 隣月臺 / 달을 보는 누대와 이웃하며

巖叢屹屹知幾尋　우뚝 솟은 바위 무더기 몇 발인지 알랴만
上有高臺接天際　위에 있는 높은 누대 하늘 끝에 닿았네.
斗酌星河煮夜茶　북두로 퍼낸 은하수로 밤차를 달이니
茶煙冷鎖月中桂　차 연기는 달 속 계수나무를 싸늘하게 닫아건다네.

• 到白雲庵 / 백운암에 이르러

呼兒響落松蘿霧 아이 부르는 메아리가 소나무와 겨우살이 안개에
　　　　　　　　떨어지고
煮茗香傳石徑風 차 달이는 향기 돌길 위로 부는 바람에 실려 오네.
才入白雲山下路 백운산 아랫길로 들어서는 순간
已參庵內老師翁 이미 암자 안 노 스승의 뜻을 알았도다.

• 大昏上人因焉茶求時 대혼상인으로 인하여 차를 구했을 때

大昏昏處恐成眼 크게 혼혼한 곳에 잠 이룰까 두렵나니
須要香茶數數煎 향기로운 차 자주 끓여야지
當日香嚴原睡夢 오늘 차 마시는 시간은 원래 꿈속에 있었나니
新通分付汝相傳 신통의 분부를 네가 전하라.

• 陪先師丈室煮雪茶筵 / 돌아가신 스승을 모신 방장실에서 눈으로
　　　　　　　　달인 찻자리

昨晚雨纖纖 엊그제 간간이 내리던 눈
曉來驚尺雪 새벽 되니 놀랍게도 한 자나 넘게 쌓였네.
均鋪坑塹平 두루 뿌려 구덩이 메워졌고
重壓枝條折 무겁게 눌린 나뭇 가지 마저 눈 무게에 꺾이었네.
林鳥寒入簷 숲의 새는 추위에 처마 밑에 날아들고
巖鹿困投穴 바위틈의 지친 사슴 굴속으로 찾아드네.
石檻變瑤臺 돌난간 요대로 변했고
土階成玉砌 흙 계단은 옥 계단을 이루었네.
威侵禪室凉 한파는 선방에 스며들고

色傍經窓徹 눈빛은 창문을 뚫고 들어오네.
山人任大寒 산 사람은 큰 추위에 맡겨두고
茗䰫酬佳節 차 끓이는 좋은 시절 음미한다오.
呼兒取雪華 아이 불러 깨끗한 눈 가져다가
滿盤堆玉屑 소반 가득 옥가루를 쌓아놓고.
手迹卽彫鎪 손으로 새기노라니
山形髣髴屼 우뚝한 산의 형세와 비슷하구나.
鑿穴擬龍泉 구멍 뚫어 용천에 비기고
挹澌煎雀舌 물을 떠서 작설을 끓이는데
豈是自圖歡 어찌 스스로의 즐거움을 위해서이랴
要令他飮潔 손님 정결히 마시게 하기 위해서이지.
此唯方外味 이것은 오직 선계의 맛이니
莫向人間泄 인간 세상 향하여 자랑 마시게.
嗟汝本書生 아, 나는 본래 서생이거늘
脫俗參僧列 세속을 벗어나 스님들 사이에 끼었다오.
小室飮淸風 조그만 방에서 맑은 바람을 마시며
儒門祛酷熱 유가의 지독한 속박에서 벗어났다오.
聊將斷臂力 장차 팔을 자르는 용력으로
切問安心訣 간절히 안심결을 공부한다네.
我欲不問問 내 불문을 묻고자 하여
請師無說說 스승에게 무설을 설하기를 청하네.

• 茶泉 / 차샘

松根去古蘇 소나무 뿌리는 늙은 부소나무로 뻗어 있고
石眼迸靈泉 돌의 단꿈 영천이 깨우노라.
快便不易得 상쾌하고 편한 것은 쉽게 얻어지지 않으니

親提趙老禪 스스로 조주선을 알 듯도 하구나.

· 餞別鄭郎中 / 정랑중과 헤어지면서

樹上鶯歌淸 나무 위에서는 앵무새가 맑게 노래하고
臺前燕舞輕 대 앞에서는 제비가 가벼이 춤을 춘다.
煎茶當沽酒 차를 끓여 술을 사는 것에 대신해
聊以餞君行 에오라지 그대 가는 길을 전별 하오.

· 茶無爲寺恭長老 / 무위사의 차로 장로를 공경하다.

無慾無爲常自守 이루려는 것에 욕심 없이 항상 스스로 지켰으니
世間家業任肥瘦 세간의 가업은 살이 찌든 마르든 맡겨두고
不知顧後但瞻前 전후를 살펴보는 것을 알지 못했으니
却恐當來招大咎 큰 허물이 다가오면 염려해 물리칠 뿐이오.

5. 寥一 禪師(요일 선사)

① 생애(生涯)

요일선사(寥一禪師: 1150년대)는 고려 명종(明宗: 재위 1170~1197)의 숙부로, 출가하여 흥왕사(興王寺)에 머물면서 승통(僧統)이 되었다. 시문에 능했다는데 안타깝게 시문집이 전하지 않아 자세히는 알 수 없다. 이인로(李仁老)는 『파한집(破閑集)』에서 일찍 부모를 잃은 자기를 키워준 대숙(大叔) 화엄승통(華嚴僧統)인 요일 스님이 그의 조카로 여겨지는 명종에게 승통직에서 물러나도록 윤허할 것을 비는 시 한 수를 전했다.

② 차시(茶詩)

• 乞退詩 / 물러나기를 비는 시

五更殘夢寄松關 오경의 남은 꿈을 절간에 맡겨두고
十載低徊紫禁間 십 년이나 궁궐 사이를 숙이고 어정거렸네
早茗細含鸞鳳影[6] 새벽의 차는 가느다란 난봉의 그림자를 머금었고
異香新斑屑鷓鴣[7] 기이한 향은 자고반을 가루로 했네

---

[6] '조명세함난봉영(早茗細含鸞鳳影, 새벽의 차는 가느다란 난봉의 그림자를 머금었고)'이라는 시구는, 이른 아침에 차를 달인 다완이 황새 무늬가 그려진 길주요(吉州窯, 강서성 길안에 있음)에서 구워진 것이라는 뜻이다.

自憐瘦鶴翔丹漢 여윈 학이 대궐에 나는 것이 절로 가련하니
久使寒猿怨碧山 오래도록 쓸쓸한 원숭이가 푸른 산에서 원망하네
願把殘陽還舊隱 원컨대 남은 세월이나 옛 은둔처로 돌아가
不敎巖畔白雲閒 바위 경계의 흰 구름으로 한가하지 않게 하소서

---

7) '이향신반설자곡(異香新斑屑鷓鴣, 기이한 향은 자고반을 가루로 했네)'라는 구절은, 향기 그윽한 햇차의 차 가루를 자고새의 반점이 그려진 건주요(建州窯, 송나라 때는 천주의 덕화현 이었으나 지금은 복건성의 덕화현)의 다완에서 우린 상태를 가리키는 것이다.

6. 靜明 天因 (정명 천인)

① 생애(生涯)

정명 천인(靜明天因: 1205~1248)은 고려 중기의 스님으로 만덕산(萬德山) 백련사(白蓮社)의 제2세 법주. 성은 박(朴). 연산(燕山; 文義) 사람이다. 일찍이 진사가 되었으나 과거에 뽑히지는 못했다. 1224년(고종 11) 20세에 친구 허적(許迪)·신극정(申克定)과 함께 천태종 만덕산 원묘 요세(圓妙了世)에게 출가했다. 이어 송광산(松廣山)의 진각 혜심(眞覺慧諶)에게 가서 조계선(曹溪禪)의 요령을 얻은 다음 다시 만덕산에 돌아와 요세에게 배우고 보현도량이 결성되자 그곳에서 2년여를 머물며 수행했다. 다시 지리산, 비슬산으로 옮겨 다니며 수행하다가 돌아와 요세에게 천태 교관을 전해 받고 지혜가 깊어졌다. 요세가 이미 연로하여 백련사 주인의 자리를 그에게 인계하고자 했으나, 이를 피하여 상락(上洛: 상주) 공덕산으로 가서 상국(上國) 최자(崔滋)가 세운 미면사(米麵社)에서 일생을 마치기로 작정하고 정진했다. 그러나 요세의 부름이 간절하므로 만덕산으로 가서 요세가 입적하자 부득이 백련사 제2세가 되었다.

1247년(고종 34) 몽골의 침략을 피해 상왕산(象王山) 법화사(法華社)에 들어갔다. 이듬해 문인 원환(圓晥)에게 법을 전하고 산의 남쪽 용혈암(龍穴庵)에 있다가 8월 9일 세수 44세, 법랍 24년으로 입적했다. 시호를 정명국사(靜明國師)라 했다. 저서로는《정명국사집》3권이 있으나 전해지지 않고, 현재 상당수의 시문이《동문선(東文選)》에 실려 있다. 이 책에 소개된 천인 스님의 다시(茶詩)도《동문선》에 수록된 시문에서 발췌하였다. 또 미타찬((彌陀讚)·묘법연화경 찬을 내용으로 하는 《만덕산 백련사 제2대 정명국사 후집》이 그가 입적한 후 1262년에 편집, 간행되어 남아있다. (《동문선》《보한집》《한국불교 인명사전》) 참조

② 차시(茶詩)

• 寄沃州誓上人 / 옥주 서상인(誓上人)께 부쳐

朝來暮去隨所適 아침이 오고 저녁이 가는데 마음대로 따르나니
一條橡栗一蒲團 한 가지 주장자(拄杖子)와 한 개의 방석일세.
秋深石上掃落葉 가을 깊어 돌 위에 낙엽을 쓸고
煮茗燒栗圖淸歡 차 달이고 밤을 구워 맑은 기쁨 도모한다네.

• 次韻雲上人病中作 / 운상인(雲上人)이 병중에 지은 시운을 따서

幾時還舊隱 언제나 옛 절에 돌아가서
底處奉慈親 어디에서 어머님을 봉양하랴.
蘭若居無事 한가히 암자에 들어앉아서
伽陀唱入神 부처님 찬미가 부르기에 오묘한 경지에 이르렀네.
詩淸非日暮 시란 날이 저물 때만 맑은 것이 아니요
和寡是陽春 화답할 이 적으니 이는 따뜻한 봄노래 이런가.
艾衲披殘縷 쑥빛 장삼은 찢어져 올만 남았고
茶甌進缺脣 내어 온 차는 주둥이 깨어진 잔에
憐君彌晦朔 가련한 그대가 몇 달 동안을
嬰病臥床茵 병에 걸려 자리에 누워있거늘
遠地憑誰問 먼 거리에 누구에게 맡겨 문병할꼬.
誰懷不自陳 옛날 회포를 스스로 진술하지 못하네.

7. 眞靜 天頙(진정 천책)

① 생애(生涯)

　진정 천책(眞靜天頙: 1206~1294)은 만덕산(萬德山) 백련사(白蓮社)의 제4세 법주이다. 호는 진정(眞靜), 자는 천인(天頙)·몽차(蒙且), 별호는 내원당(內願堂), 성은 신(申)씨. 고려 개국공신 신염달(申厭達)의 11대손으로 귀족 재상 집안의 자제이다. 20세에 과거 문과에 급제하여 문장을 일세에 떨치다가, 충선왕 때 백련사로 가서 연율(蓮律)에게 출가하고, 원묘 요세(圓妙了世)의 법을 이어받았다. 만년에 요세의 뒤를 이어 천태종 만덕산 백련사의 8대 국사 중 제4세 국사가 되고 용혈암(龍穴庵)에서 살았으므로 사람들이 '용혈대존숙(龍穴大尊宿)'이라 했다. 시호는 진정국사이며, 탑호는 고암이라 했다. 그의 법통을 이은 제자는 백련사 제5세 석교도승통(釋敎都僧統) 정조 이안(靜照而安)이고, 손제자는 부암 운묵(浮庵雲默)이다. 저술로는 《해동전홍록(海東傳弘錄)》《선문보장록》《호산록(湖山錄)》 등이 있다. 자가 천인이므로 정명 천인(靜明天因)과 동일인으로 혼동되기도 한다. 《동사열전》《만덕사지》《한국불교 인명사전》 참조

② 차시(茶詩)

• 謝禪師惠茶 / 선사가 주신 차에 사례하다

貴茗承蒙嶺[8] 귀한 차는 몽산의 고개에서 받고

---
8) 몽령(蒙嶺): 사천성에 있는 몽산(蒙山)으로 이곳의 차는 맛이 좋기로 유명하다.

名泉汲惠山 좋은 샘물은 혜산에서 길었다네.
掃魔能却睡 악귀를 제거하면 능히 잠을 쫓고
對客更圖閑 손님을 대하여 다시 한가함을 꾀하네.
甘露津毛孔 달콤한 이슬 털구멍에 가득 차고
淸風鼓腋間 시원한 바람 겨드랑 사이에서 키질하네.
何須飮靈藥 어찌 영약 마시기를 바라리
然後駐童顔 그런 뒤 어린아이 얼굴 머무르리.

'털구멍에는 감로의 맛이 생겨나고 겨드랑이에는 청풍이 풀무질한다.'고 했으니, 이처럼 한 잔의 차를 통해 신선의 경지를 맛볼 때 다시 신령스러운 약을 구하여 신선같은 동안(童顔)을 꿈꿀 필요가 없게 되는 것이다. 중국 몽산에서 나는 명차인 몽정차와 무석현 혜산의 샘물을 이끌어 옴은 또한 이 까닭이다. 혜산천은 중국에서 두 번째로 손꼽히는 좋은 물이다.

8. 圓鑑國師 冲止(원감국사 충지)

① 생애(生涯)

 원감 충지(圓鑑冲止: 1226~1292)는 고려 후기의 스님으로 조계산 수선사(修禪社: 송광사)의 제6세 국사. 호는 밀암(密庵), 원감국사는 시호이다. 이름은 원개(元凱), 성은 위(魏). 처음 법명이 법환(法桓)이었는데 나중에 충지로 고쳤다. 전남 장흥군(長興郡)에서 호부 원외랑(戶部員外郞) 위소(魏紹)의 아들로 태어났다. 어머니는 이부 원외랑(吏部員外郞) 송자옥(宋子沃)의 딸이다. 9세에 공부를 시작하여 총명해 경서(經書)와 자사(子史)를 쉽게 외웠으며 17세에는 이미 사원시(司院試)를 마쳤고, 19세(1244년 고종 31)에 문과에 장원급제하여 벼슬이 한림(翰林)에 이르렀으며, 일본에 사신으로 가서는 뛰어난 시재(詩才)와 문장으로 국위를 떨쳤고 벼슬은 금직옥당(禁直玉當)에 이르렀다. 29세 때 선원사(禪源社)의 원오국사(圓悟國師)에게 나아가 득도하고 구족계를 받았다.
 그 뒤 강사로 다니다가 김해 감로사(甘露社)에 머물면서 크게 명성을 떨쳤다. 1286년(충렬왕 12) 원오국사(圓悟國師) 충경 천영(沖鏡天英. 조계산 제5세)이 입적하자 수선사에 들어가 조계산 제6세가 되었다. 원나라 세조의 청으로 연경(燕京: 북경)에 가서 세조의 극진한 대우를 받고, 금란가사·벽수(碧繡) 장삼·백불(白拂) 등을 선사받아 돌아왔다. 1292년(충렬왕 18) 1월 10일 세수 67세로 입적했다. 시호는 원감(圓鑑) 국사. 탑 호를 보명(寶明)이라 했다. 문하에 정안(靜眼)·진적(眞寂)·신탈(神脫) 등이 있다. 시문에 능하여《동문선》에 작품이 실려 있다. 저술로는《조계원감국사어록》《원감국사

가송》《해동조계밀암화상잡저》 1권이 현존하고 있다. 《조선금석총람》《조선불교 통사》《원감국사집》 참조

② 차시(茶詩)

• 丁丑三月三十日遊眞覺寺 / 정축년 3월 30일 진각사에서 노닐다.

甎爐石銚自提挈 벽돌 화로와 돌솥을 제각기 갖춰 들고
側足行行上層翠 비스듬한 발로 걷고 걸어 푸른 층계에 올랐어라.
烹蔬煮茗有餘歡 나물 삶고 차 달이기에는 즐거움이 넉넉하고
眺水看山無限思 물을 바라보고 산을 살피니 생각이 한없네.

• 謝金藏大禪師惠新茶 / 금장 대선사가 준 햇차를 사례하다

慈貺初驚試焙新 사랑으로 준 시배차의 신선함에 비로소 놀랐네
芽生爛石品尤珍 난석에서 자란 싹이라 품질은 더욱 보배롭구나.
平生只見膏油面 평생에 다만 묶은 차만 보았거늘
喜得會坑一掬春 한 움큼의 봄인 증갱차 얻은 것을 기뻐한다네.
若問山中何事業 만약 산중에 무슨 일을 묻는다면
一盃蔬了一甌茶 한 그릇 나물밥과 한 사발 차라 하리.

　차는 오래되면 그 색과 향과 맛이 변한다. 그래서 차인들은 봄에 만든 햇차를 원한다. 충지에게 금장 대선사가 보내 준 햇차는 놀라울 정도로 은혜로운 선물이었다. 봄에 만든 한 웅큼의 차를 통해 봄을 얻은 듯한 기쁨을 맛보는 한 차인의 모습을 엿볼 수 있는 담담하고 소박한 시다.

• 朴安廉師에 차운하며

湖上靑山山上樓 호수 위에 푸른 산, 그 위에 누각 섰고
美名長與水同流 아름다운 이름이 물과 함께 흐르네.
傍州沙店排蝸殼 모래톱의 주막들은 조개껍질을 엎어 놓은 듯
逐浪風船舞鷁頭 물결 위의 배들은 익새 머리 너울너울

- 次圭峯印公贈月軒康博士詩韻 / 규봉 인공이 월헌 강 박사께 준 시의 운을 따라

竹間茗椀呼僧共 대숲 사이의 찻잔은 스님을 불러 함께 들고
松下碁枰遺客饒 소나무 밑의 바둑판은 대접이 풍부하네.
自有歲寒高節左 추운 때의 높은 절개 거기 절로 있나니
不將桃李鬪芳條 복숭아와 오얏 더불어 꽃다운 가지 다투지 않네.

- 復次圭峯印公贈月軒康博士詩韻 / 다시 규봉 인공이 월헌 강박사에게 준 시의 운을 따라

茶凝椀面淸香郁 찻잔에 유화 뜨고 향기도 짙어
茶飣盤心美味饒 쟁반에 놓인 다식 맛도 좋구나.
莫怪狂吟驚四座 어리석은 읊음이 온 좌석을 놀라게 한들 괴이하다 생각 말라.
年來石筍解抽條 근년에 와서 석순이 그 가지를 뻗기 시작했다.

- 與侍者 / 시자와 더불어

擎手日遣滋吾渴 날마다 차 주면서 나의 갈증 풀어주고
過飯時教療我飢 끼니마다 배고픔 없게 했었지.

• 山居 / 산 살이

飢飡一鉢靑蔬飯 굶주림에는 한 바리때의 나물밥을 먹고
渴飮一甌紫筍茶 목마름에는 한 사발의 자순차를 마시네.
只今生涯有餘樂 지금의 생애에 즐거움 넉넉하니
不將枯淡博豪華 고담함에 호화로움 바라지 않으리.
雨飄華藥堆蒼蘇 비는 꽃술 떨어뜨려 파란 이끼에 쌓였고
風颺茶煙鑠碧蘿 바람은 다연을 날려 담쟁이를 감싸네.
手有筇枝肩有衲 손에는 지팡이요 어깨에는 누더기 헌 옷
山家活計尙嫌多 산가의 살림살이 오히려 번거롭네.

• 前東閣舍人于公亦次韻寄示用其韻答之 전 동각사인 우공도 위의
운을 따라 시를 지어 답함

移棲鷄嶺度三年 계족봉에 옮겨 산지 삼년이 지났는데
目斷天涯幾悵然 하늘 끝 바라보며 얼마나 슬퍼했나.
幸有茶煙禪榻在 다행히 차 달이는 연기와 선탑이 연기 있나니
鬢絲何日一來眠 백발로 그 언제 여기 와서 자려나.

• 病中言志 / 병중에 말을 적는다

一室靜無事 방 안이 고요해 일이 없나니
任他世亂離 저세상 어지러움 그대로 맡겨두네.
年衰便懶散 나이 듦에 이내 게을러지고
病久謝遊戱 오래 앓으매 유희는 멀어졌으니
釅茗聊澆渴 진한 차로 애오라지 갈증 달래고
香蔬足療飢 향기로운 나물은 요기하기 넉넉하네.

箇中深有味 이 가운데 있는 깊은 맛이여
且喜沒人知 아무도 모르는 것, 그 또한 기쁘구나.

古寺秋深木葉黃 낡은 절에 가을이 깊어 나뭇잎이 누런데
風高天色正蒼涼 바람이 높으니 하늘빛도 한결 청량하구나.
閑無撿束甘年老 멋대로 한가하매 늙는 것도 좋은데
病似抱囚覺日長 병들어 꼼짝을 못하니 해 긴 줄 알겠구나.
霜冷急尋三事衲 서리 차니 삼사9) 누더기 급히 챙기고
室空唯對一爐香 방이 비어 오직 향로 하나를 대하여 앉아 있네.
沙彌不解蔬飡淡 사미는 산나물 담박한 맛을 모르고서
來點山茶勸我嘗 산 차를 달여 와서 내게 맛보라고 권하네.

• 次韻答蘭松禪師印公 / 난송선사 인공의 운을 이어서 화답하다.

鷄山最深處 계산의 가장 깊숙한 곳에
高臥遠紛華 높다랗게 누워 번잡하고 화려함을 멀리했네.
鏡裏元無翳 거울 속에는 원래 가림이 없는데
壺中自有家 항아리 가운데에는 저절로 집이 있네.
庭空松子落 빈 뜰에 솔방울 떨어지고
室靜篆煙斜 고요한 방에 향불 연기 하늘거리네.
何以療飢渴 무엇으로 굶주림과 목마름을 풀거나
香蔬與釅茶 취나물과 진한 차가 있거니.

• 病中獨坐書懷 / 병중에 홀로 앉아 회포를 적다.

---

9) 삼사(三事): 불서, 곧 衣 食 자리를 뜻한다.

秋至拾橡栗　가을이 되면 도토리와 밤을 줍고
春來探藜苨　봄이 오면 명아주와 자리공을 찾네.
石銚茶七甌　돌 쟁개비엔 일곱 사발의 차가 있고
瓦爐香一瓣10)질화로엔 한 자루의 외씨 향이 있네.

• 閑中偶書 / 한가한 중에 우연히 적다.

飢來喫飯飯尤美 주림에 밥 먹으니 밥이 더욱 맛나고
睡起啜茶茶更甘 자다 일어나 차 마시니 차 맛이 새삼 달콤하네.
地僻從無人扣戶 사는 곳이 구석진 외지라 문 두드리는 사람 없고
庵空喜有佛同龕 암자가 비어 부처님과 한 곳에 있어 기쁘구나.

• 閑中偶詩同上 其二 / 한가한 중에 위와 같이 지은 두 수

閑居心自適 한가로운 삶 마음마저 절로 즐겁고
獨坐味尤長 혼자 있는 멋 더욱 맛나다.
古栢連高閣 오랜 잣나무는 높은 누각에 닿았고
幽花覆短墻 그윽한 꽃은 낮은 담장을 뒤덮었네.

瓷甌茶乳白 질그릇 사발에는 차 거품이 희고
榧机茶烟香 비자나무 책상에는 하늘대는 연기가 향기롭네.
雨歇山堂靜 비가 그친 산 집은 고요한데
臨軒快晩涼 난간에 나아가니 저녁의 서늘함이 기분 좋구나.

• 山中樂 / 산속의 즐거움

---

10) 香一瓣(향일판): 외씨같은 향 한 자루를 가리킨다.

適自適兮養天全　마음 내키는 대로 즐기며 천부의 온전함을 즐긴다.
林沈洞密石逕細　깊은 숲 그윽한 골짜기로 돌길 나 있고
松下溪兮岩下泉　소나무 아래는 개울이고 바위 밑에 샘이라.
春來秋去人跡絶　봄 오고 가을 가도 사람의 자취는 끊어졌네.
紅塵一點無緣　속세와 인연은 한 점 없는데
飯一盂蔬一盤　밥 한 바리때와 나물 한 쟁반
飢則食兮困則眠　시장하면 밥 먹고 피곤하면 곧 자네.
水一缾茶一銚　물 한 병과 차 한 남비
渴則提來手自煎　목마르면 들고 와서 손수 달이네.
一竹杖一蒲團　죽장에 부들방석
行亦禪兮坐亦禪　걸어도 선이요 앉아도 선이라네.
山中此樂眞有味　산중의 이 즐거움 정말 좋아서
是非哀樂盡忘筌　세상의 옳고 그름을 다 잊었다네.
山中此樂諒無價　산중의 이 즐거움 진정 값지니
不願駕鶴又腰錢　신선도 부귀도 원하지 않네.
適自適無管但願　얽매임 하나 없이 자적하여 지내나니
一生放曠從天年　평생토록 자유롭게 끝내기만 바란다네.

• 試新筆次信手書一偈贈侍者 / 새 뜻을 시험 삼아 차례에 맡겨 한
　　　　　　　　　　게송을 손수 적어 시자에게 주다.

謝堆怡茶香韻　놓아둔 차향이 너무 좋아 기뻐하며 감사하네.
瘦鶴靜翹松頂上　수척한 학이 소나무 위에서 날개를 고요히 내리고
閒雲輕逐嶺頭風　멎은 구름 고개 머리의 바람이 가볍게 쫓는다.
箇中面目同千里　이 중에 면목이 산 너머 천 리니
何更新飜語一通　어찌 다시 편지 한 통을 보낼가
擎茶日遣滋吾渴　날마다 차를 들고 내 갈증을 적시게 하고

過飯時教療我飢　공양 때마다 밥을 주어 주림을 들어주네.
若謂山僧無指示　만약 산승의 지시가 없다고 한다면
知君辜負老婆滋　그대가 노파의 자비심 배반했음을 알겠네.

• 寄上睡齊洪相公詩 / 수제 홍상공에게 올리는 시

栖雲夢下致城闉　구름에 깃든 꿈은 성의 겹 문에 이르지 못하고
茗席無由到下賓　찻자리에는 손아래 손님에게도 이르지 못한다네.
淸德令名聞早熟　맑은 덕과 훌륭한 명예는 일찍이 익히 들었거늘
豈須相見始相親　어찌 반드시 서로 만나야 비로소 친하다 하리.

• 高揚道上聞提壺鳥有作 / 고양의 길에서 제호조의 소리를 듣고

己敎陶令爲茶侶　도령으로 다리를 삼은 지 이미 오래일새
無復高陽會酒徒　다시 고양에서 술꾼을 만나지 않았네.
山鳥不知王令急　산 새는 임금의 영이 급한 줄 모르고
隔林猶自勸提壺　숲 건너서 술병을 들라고 울어대누나.

• 有一禪者答示 / 어떤 선객이 답하다

寅漿飮一杓　인시(寅時)에는 한 국자의 마음을 마시고
午飯飽一盂　오시(午時)에는 한 발우의 밥을 먹고
渴來茶三椀　목마르면 세 잔의 차를 마시나니
不管會有無　유무를 알고 모르고 상관이 없다네.

• 曹溪山方丈東牆之 / 조계산 방장실 동쪽 담

夏炎將半百花盡　한여름 될 무렵에 온갖 꽃 다 졌는데
喜見山茶方盛開　반가워라, 산 차의 꽃이 비로소 한창 피었구나.
應是天工憐寂寞　아마 이는 저 천공이 적막함을 가엾이 여겨
小留春色着山隈　잠시 봄빛 붙들어 산모퉁이에 둔 것이라.

• 圓炤塔院秋日雨中作 / 가을비 오는 원소탑원에서

小院凄凉秋雨零　조그만 암자에 쓸쓸한 가을비 내리니
疎林病葉墮空庭　성긴 숲의 병든 잎이 빈 뜰에 떨어지네.
倚檐唯有山茶樹　처마를 의지하여 오직 산 차나무가 하나 있어
署去寒來一樣青　여름 가고 추위가 와도 한결같이 푸르네.

• 偶用雪堂韻示印默二禪人 / 우연히 설당의 운으로 인·묵의 두 선
　　　　　　　　　　　　　　인에게 보임

曹溪不獨龍象窟　조계산은 용상굴만 좋은 것이 아니고
春晚園林最奇節　늦봄의 동산 숲이 가장 기이하나니
數枝山茶紅似火　몇 가지 산 차꽃은 불꽃처럼 붉은데
千樹梨花白於雪　천 나무의 배꽃은 눈보다 희네.
良辰美景古難得　좋은 때의 아름다운 경치는 예부터 얻기 어려워
我今行樂嗟暮遲　나는 지금 행락하면서 늦은 것을 슬퍼하네.
憑君急呼二三子　그대께 부탁하노니 빨리 두세 사람 불러오게나
論詩煮茗供遊嬉　시를 논하고 차를 마시면서 함께 즐겨 보세.

• 韓侍郎聞予嗣席曹溪以詩寄賀次韻答之 / 한 시랑이 내가 조계의
법석을 이었다는 소식을 듣고 축하시를 보냈기에 운을 따서 답함

誰敎窮子濫傳家　누가 궁자에게 함부로 가계를 전하게 했는가?
愧把巴音續郢歌　파음을 잡아 영가를 이은 것 부끄럽구나.
若問山中何事業　만약 산중에 무슨 사업 있을까 물으면
一盂蔬了一甌茶　한 발우의 나물과 한 사발의 차 하리.

• 用前韻書庵中樂 / 앞의 운으로 암자에서의 즐거움을 씀

經春杜門作窠窟　앞의 운으로 암자살이의 즐거움을 씀
庭院蕭條人跡絶　암자 뜰에는 사람의 자취 끊어져 쓸쓸하고
䤳鉢蔬芽初脫甲　발우에 담은 나물 속잎은 비로소 껍질 벗었는데.
晚甌茶乳輕浮雪　사발 가득 차유에는 가볍게 흰 거품(白浮)이 뜨네.

• 謝崔怡送茶香韻 / 최이가 보낸 차향에 감사하며

瘦鶴靜翹松頂月　여윈 학은 고요히 소나무 꼭대기의 달에 가리고
閒雲輕逐嶺頭風　한가한 구름 가벼이 산 고개 머리의 구름을 쫓네.
箇中面目同千里　하나하나의 면목은 천 리에 매 일반이거니
何更新飜語一通　무엇하러 새삼스레 한 통 편지를 왕래하랴.

• 원감국사의 다연(茶緣)

　벽돌화로와 돌솥을 갖추어 나물을 삶고 차를 달이면 즐거움이 넉넉하다는 그의 시구로 보거나 '날마다 시자가 차를 내온다'고 한 것으로 보아 원감 국사는 차를 즐겨 마시던 다승(茶僧)이었음이 분명하다. 그의 다시(茶詩)는 모두 22편에 이르는데 금장(金藏) 대선사가 보내준 햇차에 감사하다면서 쓴 〈금장 대선사가 준 새 차에 감사함(謝金藏大禪師惠新茶)〉이라는 제목의 시를 보면 그가 얼마나 차를

아끼고 좋아했는가를 알 수 있다. 원감의 선(禪)과 차는 일상생활 속에 합일되어 있다. '차 달이는 연기와 선탑(茶煙禪榻)'이라는 시구에서 보듯이 그에게 있어 차와 선은 별개의 일이 아니었다. 그는 차로 갈증을 달래고 나물로 요기하는 담백한 선승이자 차인이었다.

9. 白雲禪師 景閑(백운선사 경한)

① 생애(生涯)

　백운 경한(白雲景閑: 1299~1375)은 중국 구법승으로 태고 보우(太古普愚, 1301~1382)보다 2세 연상으로 백운·태고·나옹은 고려 말 빼어난 3대 선승이다. 스님의 호는 백운(白雲)이며 호남 고부 사람이다.
　어려서 출가하여 원나라 호주(湖州)에 가서 임제 18대손인 석옥 청공(石屋淸珙)에게서 심법을 전해 받고, 지공(指空)에게 법을 물었다. 1353년(공민왕 2) 대오한 백운화상에게 이듬해(1354)에 석옥의 제자 법안(法眼)이 임종 때의 명을 받들어 바다를 건너와 석옥의 사세게(辭世偈)를 전하였다. 1365년(공민왕 14년)에는 나옹의 천거로 고려 왕실과 인연이 깊은 해주 신광사의 주지가 되었고, 태고와도 교분이 두터웠다.
　1370년(공민왕 19)에는 공부선(功夫選)의 시관(試官)이 되었다. 백운과 태고는 석옥의 법을 이었는데 태고가 간화선을 중시하였고, 백운은 무심무념(無心無念)을 궁극으로 삼는 묵조선의 선풍을 드날렸다. 1374년(공민왕 23) 여주 취암사(鷲岩寺)에서 세수 76세로 입적했다. 저술로는 《불조직지심체요절(佛祖直指心體要節)》 2권과 《백운화상어록》 2권이 있다. 《불조직지심체요절(佛祖直指心體要節)》 권하(卷下)는 가장 오래된 주자본(鑄字本)이라는 점에서 인쇄술 발달사에서 세계적으로 그 가치기 인정받는 유명한 책이다.

② 차시(茶詩)

• 語錄 / 어록

還有宜茶客 차를 마실 손님이 오기만 하면
麼出來出來 어서 와요, 어서 와

• 直指心經 / 직지심경

何殿是指示 어느 분이 이를 지시했을까
我心要曰汝 네 마음에는 바로 그대라네.
擎茶來我爲 차 끓여 들고 오면 내가 할 것이니
汝接汝行食 그대는 자신을 위해 행식 하라.

• 居山 / 산 살이

向上機關何足道 향상의 수단을 말할 것 없네
困來閑臥渴卽茶 곤하면 편히 눕고 목마르면 차 마시네.
臨濟德山特地迷 임제와 덕산은 특별히 미혹하여
枉用功夫施棒喝 헛되이 쓰이는 것을 공치사해 퍼뜨리니 몽둥이로
　　　　　　　　호통치네.

10. 太古 普愚(태고 보우)

① 생애(生涯)

　보우(普愚; 1301(충렬왕 27)~1382(우왕 8))의 성은 홍(洪) 씨이며 처음 법명은 보허(普虛), 법호는 태고(太古), 시호는 원증(圓證), 탑호는 보월승공(寶月昇空)으로 홍주 출신이다. 국사는 13세에 출가하여 회암사 광지(廣智)의 제자가 되었고, 얼마 뒤 가지산(迦智山)으로 가서 수행하였다. 충숙왕 12년(1325) 선과(禪科)에 급제하였으나, 명리를 버리고 감로사에서 고행하였다. 충목왕 2년(1346) 46세 때 원나라 연경을 거쳐 호주(湖州) 하무산(霞霧山) 천호암으로 석옥 청공 선사를 찾아 불법을 이어받아 임제종의 19대 법손이 되었다.
　충목왕 4년(1348)에 귀국하여, 공민왕 때에는 광명사(廣明寺) 원융부(圓融府)에서 왕사로 머물다가 신돈의 횡포가 심해지자 소설사로 돌아가 후학을 지도했다. 신돈이 죽은 뒤 국사가 되었고, 우왕 8년(1382) 소설사로 다시 돌아와 생애를 마쳤다. 보우국사는 선교 일체를 주장하여 선종과 교종을 다른 것으로 보던 당시의 불교관을 바로 잡고, 일정설(一正說)을 정리하여 불교와 유교의 융합을 강조하였다. 동서남북 사방 어디에도 집착이 없다는 보우국사가 꿈꾸었던 부처의 세계가 어디였을까?
　천지를 울리는 포격 소리는 진흙 속에서 피우는 연꽃처럼, 어지러운 마음 끝자락에서 무공(無空)을 깨달아야 한다는 보우국사의 사자후 인지도 모를 일이다.
　1325년(충숙왕 12) 승과(僧科)에 급제했으나 출사하지 않고 용문산(龍門山) 상원암(上院庵)과 성서(城西)의 감로사(甘露寺)에서 고행한 끝에 삼각산 중흥사(重興寺)의 동쪽에 절을 짓고 태고사(太古寺)라고 하였다. 1346년(충목왕 2) 중국에 가서 호주(湖州) 하무산(霞霧山) 청공(淸珙)의 법을 계승, 임제종(臨濟宗)을 열어 그 시조가 되었다. 1348년에 귀국, 용문산의 소설사(小雪寺)에서 불도를 닦았다. 공민왕이 광명사(廣明寺)에 원융부(圓融府)를 짓자 왕사(王師)가 되어 원융부에 머물다가 신돈(辛旽)의 횡포가 심해지자 소설사로 돌아갔다. 신돈이 죽은 뒤 국사(國師)가 되었고, 우왕이 즉위하자 영원사(瑩源寺)에 있다가 소설사에 가서 입적하였다. 선교일체론(禪敎一體論)을 주장하였고, 선과 교를 다른 것으로 보던 당시의 불교관을 바로잡고, 일정설(一正說)을 정리하였다.

② 차시(茶詩)

• 永寧禪師偈頌 / 영녕선사 게송

借屋南城下 남쪽 성 밑에 집을 빌려
陶然臥醉鄕 얼큰히 취해 누웠더니
忽聞天子詔 홀연히 천자의 부름을 받고서
祝罷對殘缸 축원을 마치고 빈 항아리 마주했네.

凜凜寒生骨 에일 듯한 추위는 뼛속에 스며들고
蕭蕭雪打窓 날리는 눈발은 창을 두드리는데
地爐深夜火 깊은 밤 질화로 불에 차를 달이니
茶熟透缾香 맑은 차향이 다관(茶罐)을 새어 나오는구나.

上須彌庵 / 수미암에 올라

小庵高竝廣寒隣　작은 암자 광한전만큼 높은데
白髮禪僧獨坐眠　백발의 선승은 홀로 앉아 졸고 있네.
醉舞酣雲迷甲乙　자연에 묻혀 살며 세상일 잊고
開花脫葉紀時年　피는 꽃 지는 잎, 세월만 가네.
一雙鶴老茶烟外　차 달이는 연기 옆엔 늙은 학 한 쌍
萬疊峯回藥杵邊　약 찧는 둘레에는 온통 산봉우리라네.
聞說此中仙境在　이 가운데 신선의 경지 있다고 했으니
吾師無乃永郎仙　우리 스님 곧 영랑 신선이라네.

• 太古庵歌 / 태고암가

吾住此庵吾莫識　내가 사는 이 암자 나도 몰라라
深深密密無壅塞　깊고 세밀하나 막힘이 없네.
函盖乾坤沒向背　하늘과 땅을 모두 거느려 앞뒤가 없고
不住東西與南北　동서남북 어디에도 아름답지 않은 곳이 없네.
珠樓玉殿未爲對　주루(珠樓)와 옥전(玉殿)도 비길 바 아니고
少室風規亦不式　소실(少室)의 풍규(風規) 본받지 않았어도
爍破八萬四千門　팔만사천의 번뇌 문을 부수었으니
那邊雲外靑山碧　저쪽 구름 밖 청산이 푸르고
山上白雲白又白　산 위의 흰 구름은 희고 또 흰데
山中流泉滴又滴　산속 흐르는 샘 흐르고 또 흘러
誰人解看白雲容　흰 구름의 형용을 누가 볼 줄 아는가.
晴雨有時如電擊　개이고 비 오며 때로 번개 치듯이
誰人解聽此泉聲　이 샘물 소리 누가 들을 줄 알랴
千回萬轉流不息　천 굽이돌고 만 번을 굴러서 쉬지 않고 흐르네.
念未生時早是訛　생각이 일기 전에 이미 그르쳤거니
更擬開口成狼藉　다시 입을 연다면 어지러우리.

經霜經雨幾春秋　봄비 가을 서리에 몇 해를 지났던고
有甚閑事知今日　부질없는 일이었음을 오늘에야 아네.
麤也湌細也湌　　맛이 있거나 없거나 음식은 음식이라
任儞人人取次喫　누구나 마음대로 먹게 맡겨두네.
雲門糊餠趙州茶　운문(雲門)의 호떡과 조주 차 한 잔
何似庵中無味食　암자에 어찌 맛있는 것 없겠나.
本來如此舊家風　본래 이것이 내려오는 가풍(家風)인 것을
誰敢與君論奇特　누가 감히 그대에게 가득하다 하겠는가.
一毫端上太古庵　하나의 털끝 위에 태고암이니
寬非寬兮窄非窄　넓어도 넓지 않고 좁아도 좁지가 않네.
重重利上箇中藏　겹겹한 세계들이 그 안에 들어 있고
過量機路衝天直　넘치는 기틀의 길이 하늘을 찔러 트였네.
三世如來都不會　삼세의 부처님도 전혀 알지 못하고
歷代祖師出不得　역대 조사도 얻지 못하네.
愚愚訥訥主人公　어리석고 말 더듬는 주인공은
倒行逆施無軌則　함부로 마구 행하여 법도가 없네.
着卻靑州破布衫　청주의 헤어진 베장삼 입고
藤蘿影裏倚絶壁　등라(藤蘿)의 그늘 속에 절벽을 의지해 있네.
眼前無法亦無人　눈앞에는 법도 없고 사람도 없어
且暮空對靑山色　아침저녁 부질없이 푸른 산을 마주하여
兀然無事謌此谷　우뚝 앉아 일없어 이 노래 부르나니
西來音韻愈端的　서쪽에서 온 그 소리 더욱 분명하여라.

11. 懶翁 惠勤(나옹 혜근)

① 생애(生涯)

　나옹 혜근(懶翁惠勤: 1320~1376)은 고려 공민왕의 왕사(王師)였고, 조선 태조 이성계의 왕사인 무학대사의 스승이었다. 나옹은 경북 영덕에서 아서구(牙瑞具)와 정(鄭) 씨 사이에서 태어났다. 법명은 혜근(慧勤), 호는 나옹, 당호는 강월헌(江月軒)이다.

　20세 때 친구의 죽음을 보고 마치 석가모니처럼 '생사(生死)'에 대한 근본 의문을 풀기 위해 문경 묘적암(妙寂庵) 요연선사(了然禪師)를 찾아가 출가했다. 이후 양주 회암사로 가서 4년 수행 끝에 깨달음을 얻었다.

　28세 때 원나라로 건너가 법원사(法源寺, 북경 근처)에서 인도 마가다국 왕자 출신인 지공(指空)의 수제자가 되었고, 임제종을 대표하는 평산처림(平山處林)의 법을 이었다. 그리하여 나옹은 재원(在元) 고려인들의 자부심이 되었다.

　나옹이 원나라를 유력(遊歷)하던 중에 절강성 남병산에 있는 절을 찾았을 때, 고승(高僧)이 물었다. "스님 나라에도 참선법이 있는가?" 중화사상이 깔린 고려인을 무시하는 발언이었다.

　이에 나옹은 게송(偈頌)으로 답을 했다. "해 뜨는 우리나라에서 해가 떠야 강남땅 산과 바다는 함께 붉어집니다. 그런 말씀 마시지요. 우리는 우리, 너는 너라고. 신령한 빛이야 언제나 그 빛이지요."

　나옹의 일갈(一喝)은 통쾌했다. 고려에서 해가 떠야 비로소 중국에도 빛이 들어오는 법이고, 그래서 함께 붉어지는 거라고. 고려와 중국을 분별하는 그 마음을 돌리라고. 사람의 마음속에 있는 신령한 빛은 동과 서를 나누지 않는 법이라고.

39세 때(공민왕 7, 1358) 귀국했다. 나옹이 공민왕과 노국공주의 간곡한 청으로 황해도 신광사(神光寺) 주지로 있을 때 홍건적이 고려를 침범했지만, 생사에 초연한 나옹은 피난을 가지 않고 절을 지켰다. 홍건적의 우두머리는 깊은 감화를 받고, 나옹에게 침향(沈香)을 올렸을 정도였다.

공민왕은 불교 교단의 통합에 많은 관심을 기울여, 양종오교(兩宗五敎) 승려들을 한자리에 모아 처음으로 공부선(功夫選, 승려 대상의 과거)을 시행하였는데, 이것을 주관하도록 하였다.

나옹은 회암사의 중수 낙성회(落成會)에 전국의 신도들이 운집하자 대간(臺諫)들의 배척을 받게 되었다. 1376년 5월 15일. 나옹은 밀양의 영원사(瑩原寺)로 추방되는 과정에 여주 신륵사에서 57세로 입적(入寂)하니 법랍은 38세였다. 그때 봉미산 봉우리에 오색구름이 덮였고, 나옹을 태우고 가던 백마는 3일 전부터 풀을 먹지 않고 머리를 떨구고 슬피 울었다고 전한다.

시호는 선각(禪覺)이며, 공민왕으로부터 보제존자(普濟尊者)라는 호를 받았다. 다비식이 끝나고 헤아릴 수 없는 사리가 나오자 많은 이들이 집으로 가져가 모셨다. 나옹의 사리를 모신 '신륵사 보제존자 석종'은 보물 228호이다.

고려 말 대문호인 목은 이색은 나옹의 비문을 이렇게 지었다. "기린의 뿔처럼 드문 존귀한 인물이며, 사리로서 영이함을 드러내었기에 마지막이 진실로 아름다웠네."

지공, 무학과 함께 '삼대화상'이라 불린 나옹이 있어 이 땅에 '살아 숨 쉬는 불교'가 가능하게 되었다. 실천하는 선(禪)으로 대중교화에 힘써 여말선초에 '생불(生佛)'로 존숭 받은 인물이다. 저술로는 《나옹선사어록》 1권과 《나옹화상가송》 1권이 현존하고 있다. 시자 각뢰(覺雷)가 편집한 가송(歌頌)에는 완주가・백납가 등의 노래 세수(三種偈)를 비롯하여 게송, 찬(讚), 발원문 등이 수록되어 있는데 여기에 다시(茶詩) 몇 편이 들어 있다.

② 차시(茶詩)

이 시는 나옹이 1347년 원나라에 가서 두 번째로 지공(志空) 화상을 뵙고 선지를 전해 받을 때 지공이 법의(法衣)·불자(拂子)·범어로 쓴 편지를 주면서 부촉한 다음과 같은 지공(志空)의 시가 있다.

百陽喫茶正安果 백양(百陽)에서 차 마시고 정안(正安)11)의 열매는
年年不昧一通藥 해마다 어둡지 않은 한 가지로 통하는 약이네
東西看見南北然 동서를 바라보니 남북도 그러하거니
明宗法王給千劍 종지에 밝은 법왕에게 천검(千劍)을 준다.

• 入寂之辰 / 지공화상이 돌아가신 날에

碧雙瞳穿兩耳　한 쌍 눈동자 푸르고 양 귀가 뚫리어
髭須胡兮面皮黑　수염은 모두 흰데 얼굴은 검다.
但恁麽來恁麽去　그저 이렇게 왔다가 이렇게 갔을 뿐
不露奇相及神通　기괴한 모습이나 신통은 나타나지 않았다.
預期獨往家鄕路　혼자서 고향길 떠나겠다 미리 기약하고서
傳語令知輪帝宮　말을 전해 윤제궁을 알게 하였다.
臨行垂示無人會　떠날 때가 되어 법을 보였으나 아는 이 없어
痛罵門徒不解宗　종지를 모른다고 문도들을 호되게 꾸짖었네.
儼然遷化形如古　엄연히 돌아가시매 모습은 여전했으나
徧體溫化世不同　몸의 온기는 세상과 달랐다.

---

11) 정안(正安): 지공이 주석하고 있는 방장실

不孝子無餘物   이 불효자는 가진 물건이 없거니
獻茶一盌響一片 여기 차 한 잔과 향 한 조각을 드립니다.

• 答 / 지공화상에 대한 나옹의 답

奉喫師茶了   받들어 스승의 차를 마시고
起來卽禮三   일어나 곧 예를 세 번 표하나니
只這眞消息   다만 참다운 소식은
從古至于今   예부터 지금까지 변함없네.

• 摘茶 / 차를 따며

茶樹無人撼得過 차나무를 흔들며 지나가는 사람 없고
枉來同衆摘山茶 내려온 대중들 산 차를 딴다.
雖然不動纖毫草 비록 터럭만 한 풀도 움직이지 않으나
體用堂堂更不差 본체와 작용은 당당하여 어긋남이 없구나.

• 普禪者求頌 / 보선자(普禪者)가 게송을 청하다.

本自天然非造作 본래부터 천연은 지어낸 것 아니어서
何勞向外別求玄 어찌 애써 밖을 향해 따로 도리 구하랴.
但能一念心無事 다만 염불에 전심하면 능히 마음이 한가하게 되니
渴則煎茶困則眠 목마르면 차 달이고 피곤하면 잠을 잔다네.

• 一椀茶 / 한 잔의 차

一椀茶對接人   차 한 잔 사람들에게 대접하고

一椀冷茶示人　　식은 차 한 잔 사람들에게 보이니
會也者來如不會　아는 이는 오지만 만약 모른다면
示之無限更新新　한없이 보여서 새롭게 더욱 새롭게 한다네.

• 百衲歌 / 백 번 기운 누더기 노래

這百衲　　　　백 번 기운 이 누더기
糞掃依　　　　분소의12)여
百帛拾來修補宜　온갖 헝겊 주워 와 알맞게 기웠나니
被褐威儀隨處足　베옷 입은 위의가 어디로 가나 족하건만
知之滋味古來稀　그 재미 아는 이 옛날부터 드무네.

最當然　　　　내게 가장 알맞으니
豈度量　　　　어찌 헤아려 생각하랴
四恩輕兮福彌常　사은이 가벼울수록 복은 더욱 떳떳하다.
謾持此物無餘事　물심(物心)에 여사 없어 가지는 것에 게으르고
衆寶莊嚴護古鄕　온갖 보배로 장엄하고도 고향을 지킨다.
冬夏長被任自便　겨울이나 여름이나 아무렇게 입어도 편안하고
隨時受用也宜然　수시로 입어도 스스로 편리하네.
衲衣殘下何奇特　헌 누더기 그 안에 특별한 일 무엇인가?
饑食渴茶困則眠　배고프면 밥 먹고 목마르면 차 마시며 피곤하면 잠
　　　　　　　자세.

• 靈珠歌 / 영주가

這靈珠　　　신령스런 구슬의 노래

---

12) 분소의(糞掃依); '똥 묻은 헝겊을 주워 모아서 지은 옷'이라는 뜻으로 가사(袈裟)를 의미한다.

歌此歌　　　이 노래 부르나니
莊嚴衆寶徧河沙 온갖 보배 장엄이 항하사 세계를 둘러싼다.
從來此寶價無價 원래 이 보배는 값할 수 없는 보배라
價値娑婆轉轉差 사바세계 값으로 매기면 더더욱 어긋나리.

渴也他　　　목마름도 그것이니
趙老接人一椀茶 조주 노스님 사람들에게 차 한 잔 대접했다
此用不疑知此用 이 작용을 의심 않고 이 작용을 잘 알면
不疑此用卽非他 의심 않는 이 작용은 다른 것이 아니네.

晨朝喫粥薺時飯 아침에는 죽 먹고 제(薺)할 때는 밥 먹으며
渴則呼兒茶一椀 목마르면 아이 불러 차 한 잔 마시노라.
門外日沈山寂寥 문밖에 해는 지고 산은 고요하나니
月明窓畔白雲散 앞창에 달은 밝고 흰 구름 흩어지네.

12. 竹磵 宏演 (죽간 굉연)

① 생애(生涯)

  죽간 굉연 스님의 호는 죽간(竹磵), 자는 무설(無說)로 생몰 연대는 확실하지 않다. 나옹 혜근(懶翁惠勤: 1320~1376)의 제자이다. 원나라에 들어가 구양현(歐陽玄)·위색(危索) 등과 교류했다. 그의 시 9수가 《동문선》에 전한다. 저술로는 《죽간집》이 있으나 현존하지는 않는다. 《용재총화》《한국불교 인명사전》참조

② 차시(茶詩)

• 題劉仙巖 / 유선암에서

避暑看山上石臺 더위 피하고 산도 볼 겸 석대(石臺)에 올라오니
紫霞宮殿一時開 신선의 궁전이 일시에 활짝 열렸네.
松陰圍座靑凝嶂 솔 그늘이 자리를 둘러 푸른 기운 뫼에 어리었고
檞葉連山翠作堆 떡갈잎이 산을 이어 파란빛 더미로 쌓였네.
童子雲中採藥去 동자는 구름 속에 약 캐러 가고
高人竹外抱琴來 고인(高人)은 대밭에서 거문고 안고 오누나.
汲泉施煮山中茗 이윽고 샘물 길어다 산중의 차를 달이니
不用葡萄浸酒杯 그까짓 포도주잔을 무엇에 쓰리.

13. 涵虛 己和(함허 기화)

① 생애(生涯)

함허 기화(涵虛己和: 1376~1433)의 호는 득통(得通) · 무준(無準), 당호는 함허당(涵虛堂), 옛 이름은 수이(守伊), 성은 유(劉). 1376년(우왕 2) 11월 17일 충주에서 태어났다. 일찍이 성균관에 들어가 유학을 공부했으나 1396년(태조 5) 21세에 친구의 죽음을 본 뒤 관악산 의상암(義湘庵)에서 출가했다. 이듬해 회암사(檜岩寺)로 가서 무학 자초(無學自超)를 만나 법요를 들은 뒤 여러 곳으로 다니다가 다시 회암사에 주석하면서 용맹정진하여 크게 깨쳤다. 1406년(태종 6) 공덕산 대승사(大乘寺)로 가서 세 차례 반야 강석을 베풀고, 개성 북쪽 천마산 관음굴 · 불희사(佛禧寺) 등지에서 학인들을 가르쳤다. 1412년 평산 자모산 연봉사(烟峰寺)의 작은 방을 함허당이라 이름하고 3년간 수행했다. 왕의 청으로 대자어찰(大慈御刹)에 4년간 머물기도 하고, 1431년 희양산 봉암사에 들어가 절을 중수하고, 여기서 1433년 4월 1일 세수 58세, 법랍 37년으로 입적했다. 저술로는 《원각경소》《금강경오가해설의》《현정론》《반야참문》《함허화상어록》《영가집설의》《유석질의론》 등이 있다. 《유석질의론(儒釋質疑論)》은 배불론 자들에 대한 불교 이해 증진과 포교에대한 책이라 할 수 있다.
(《함허득통화상행장》《조선불교통사》《한국불교인명사전》) 참조

② 차시(茶詩)

　함허 스님은 사형 진산과 옥봉 스님이 입적했다는 소식을 듣고 찾아가 영전에 향과 차를 올리고 게송(偈頌)을 지었다.

• 爲玉峰覺靈獻香獻茶獻飯垂語 / 옥봉의 각령에게 향·차·밥을 드리며 수어하다.

(奉茶云: 차를 받들고 이르기를)
此一碗茶　이 한 잔의 차는
露我昔年情　옛날의 정을 드러낸 것이요.
茶含趙老風　차에는 조주 노장(趙老)의 풍류를 머금었나니
勸君嘗一嘗　권하오니 그대는 한번 맛보시오.

• 爲珍山和尙獻香獻茶垂語 / 진산화상에게 향과 차를 올리는 말.

一椀茶出一片心　한 잔의 차는 한 조각의 마음에서 나온 것이라
一片心在一椀茶　한 조각 마음이 한 잔의 차에 있나니
當用一椀茶一嘗　마땅히 한 주발 차를 한번 맛보시오
一嘗應生無量樂　한번 맛보면 한량없는 즐거움이 생긴다네.
(便獻 하며 곧 차를 올린다)

• 山中味 / 산중에 사는 맛

山深谷密無人到　산은 깊고 골은 솟아 오는 이 없고
盡日廖廖絶世緣　해 지도록 쓸쓸히 세상 인연 없어라.
晝則閑看雲出岫　낮이면 한가히 산골에서 나는 구름을 보고

夜乘空見月堂天 밤이면 시름없이 하늘 가운데 달을 보나니
爐徇馥郁茶煙氣 화로에 차 달이는 연기가 향기로운데
堂上氤氳玉篆煙 누각 위 옥전의 연기 부드러워라.
不夢人間喧擾事 인간 세상 시끄러운 일 꿈꾸지 않고
但將禪悅坐輕年 다만 선열 즐기며 앉아서 세월 보내네.

• 拜石室塔 / 탑의 석실에 절하다.

山疊疊而四圍 산이 첩첩하게 사방을 에워싸고
石巖巖而장岳 바위는 산악을 장식하며
中有鐘兮孑立 그 가운데 종각이 고립해 있는데
映千峯而煥赫 천 개의 봉우리 비치며 밝고 환하다.
稱石室之佳號 석실의 좋은 이름 이렇게 칭하나니
動四來之稱讚 사방에서 오는 이들 찬탄하네.
振江月之宗風 강월(江月)의 종풍(宗風) 진작하여
傳千古而益光 천고에 전하며 더욱 빛나네.
然世風澆醨　그러나 세풍이 척박하여
來餉者稀　　찾아와 공양하는 이 드물다.
道場荒疎　　도량은 황량하고
堪悲寂寞　　슬픔을 감내하려니 적막하구나.
山僧昔年　　산 승은 옛날처럼
略陳供儀　　간소하게 진설하고 의리를 존중해
今向壇前　　지금 불단 앞에 향하여
再表丹忱　　다시 정성을 표하며
恭惟大和尙　오직 대 화상을 공경하나니
懷藏劫外家風 가슴속에 간직하여 가풍 외의 것을 바라며
獨步江月軒前 홀로 강월헌 앞을 거니나이다.

卜築扶蘇山下	부소산 아래 집을 지어 그럭저럭
倘佯消遣日月	세상을 보내고 있습니다.
不有身後遣蹤	내 죽은 후 누가 있어
誰信江月嫡子	강월의 적자임을 믿겠습니까?
山僧昔年	산 승은 옛날에
幸會華藏山上	다행히 화장산 위에서 대 화상을 만나
一期擊目	평생을 눈 마주치매
見盡家風	가풍을 남김없이 보고 받들어
自爾每欲供承	이어 나가길 매양 바랐나이다.
緣差志不得遂	그렇게 뜻한 바를 얻을 수 없으니
今用一椀山茶	이제 한 잔의 산다(山茶)를 사용하여
展盡平生情悰	평생의 정과 즐거움을 펴신
無用大和尙	무용 대 화상이시여
伏惟尙饗	엎드려 바라오니 흠향하소서

14. 雪岑 金時習 (설잠 김시습)

① 생애(生涯)

金時習의 본관은 강릉(江陵)이고 자는 열경(悅卿)이며 호는 매월당(梅月堂)·청한자(淸寒子) 등으로 불렸고. 법호가 설잠(雪岑)이며 시호는 청간(淸簡)으로 생육신(生六臣)의 한 사람이다.

3세 때 보리를 맷돌에 가는 것을 보고 "비는 아니 오는데 천둥소리 어디서 나는가, 누른 구름 조각조각 사방으로 흩어지네(無雨雷聲何處動 黃雲片片四方分)."라는 시를 읊었다고 하며, 5세 때 이 소식을 들은 세종에게 불려가 총애를 받았다.

삼각산 중흥사(重興寺)에서 공부하다가 수양대군이 단종을 내몰고 왕위에 올랐다는 소식을 듣고 통분하여, 책을 불태워버리고 중이 되어 이름을 설잠이라 하고 전국으로 방랑의 길을 떠났다.

방랑하면서 《탕유관서록(宕遊關西錄)》《탕유관동록(宕遊關東錄)》《탕유호남록(宕遊湖南錄)》 등을 정리하여 그 후지(後志)를 썼다.

1463년(세조 9) 효령대군(孝寧大君)의 권유로 잠시 세조의 불경언해(佛經諺解) 사업을 도와 내불당(內佛堂)에서 교정 일을 보았으나 1465년(세조 11) 다시 경주 남산에 금오산실(金鰲山室)을 짓고 입산하였다. 2년 후 효령대군의 청으로 잠깐 원각사(圓覺寺) 낙성회에 참가한 일이 있으나 누차 세조의 소명(김命)도 받았으나 거절, 금오산실에서 한국 최초의 한문 소설 《금오신화(金鰲新話)》를 지었고, 《산거백영(山居百詠)》(1468)을 썼으며, 충남 부여(扶餘)의 무량사(無量寺)에서 입적했다.

그는 끝까지 절개를 지켰고, 유·불(儒佛) 정신을 아울러 포섭한 사상과 탁월한 문장으로 일세를 풍미하였다. 남긴 차시가 70여 수이며 기림사 영당(影堂)에 초상이 모셔져 있다.

② 차시(茶詩)

• 銀鐺煮茗 / 은당자명

曾向世間馳東西 일찍이 세속 향해 동서로 치닫기
十年枯服飢鳶啼 십 년 찌든 배속 솔개 울듯 하는구나.
呼童煮茗暮江寒 으스스 저문 강, 시동 불러 차 달이니
醫我渴肺心火低 불길 이는 내 마음 다스려주네.
百慮漸齊虛室明 많은 시름 안정되니 방 안이 밝고
日長烏凡收視聽 긴긴날 안석에 앉아 보고 듣지 않는다.
東華門外競是非 동화문 밖에는 시비를 다투어
呶呶聒耳不聞聲 소란스레 지껄여도 그 소리 들리지 않네.

• 地爐 / 땅 화로

山房淸悄夜何長 산방(山房)은 맑고 고요한데 밤은 어이긴가
閑剔燈火臥土床 한가로이 등불을 돋우며 흙마루에 누웠다네.
賴有地爐偏饒我 다행히 땅 화로 있어 오로지 나를 즐겁게 하고
客來時復煮茶湯 손님 올 땐 다시금 찻물을 달인다오.

• 古風 / 고풍
坐久不能寢 오래도록 앉아 있어도 잠 못 이루어

手剪一寸燭 한 치 남은 촛불 심지 베었네.
霜風眡我耳 서리 바람 내 귀에 들려오더니
微霰落床額 싸락눈 침상 가에 떨어지네.
心地淨如水 마음속 깨끗하기 물 같아서
翛然無礙隔 소연하게 장애 되고 막힘이 없네.
正是忘物我 바로 그것이 너와 나를 모두 잊는 것
茗椀宜自酌 잔에 가득 차나 따라서 마심이 좋겠네.

• 放言 / 방언

爲人性疎散 사람됨의 성격 너무 방만(放漫)하여
於事太多懶 일에 게으른 것 너무 많으오.
山月有燈燭 산에 달이 뜨면 등촉이 있고
松風有管絃 소나무에 바람 불면 관현(管絃)이 있다네.
閑中經數卷 한가하면 경전(經典) 두어 권 읽고
渴來茶七椀 목마르면 일곱 잔의 차를 마시네.
心當遊此樂 마음은 이 낙으로 노는 게 마땅하니
何暇較長短 어느 겨를에 길고 짧은 것 따지랴?

• 獨坐逢人喫茶賦詩 / 홀로 앉아 사람을 만나 차를 마시며 지은 시

兩耳聊聊獨坐時 두 귀에 아무런 들림이 없어 홀로 앉았을 때
半簾斜日映花枝 반렴(半簾)에 비낀 해가 꽃가지에 비치네.
年來漸覺無拘束 연래에 점점 구속 없음을 깨달아서
滿肚幽懷卽是詩 뱃속 가득한 깊은 회포 그것이 곧 시가 된다.

• 燈下 / 등잔 아래에서

燈下茶聲咽 등 아래에서 차 끓이는 소리 나는데
惺惺坐似株 똑똑히 앉았으니 나무그루와 같다.
此身如幻沫 이 몸은 물거품과 같은데
此影竟塗糊 이 그림자 끝내 멍청하여라.
夜雪敲窓冷 밤눈이 창을 두드려 냉랭한데
山雲冪地無 산 구름은 땅에 덮여 없어진다.
花明餘燼落 꽃 밝더니 남은 불꽃이 떨어지고
堗暖卷氍毹 구들이 따뜻하여 담요를 걷는다.

• 謾成 / 까닭 없이 짓다

早歲身强健 젊어서는 몸이 건강하더니
殘年病入脾 늙어가며 온갖 병이 뱃속에 드네.
徑行從所好 지름길로 가는 것도 좋아함을 따름이요
茶飯任便宜 차 마시고 밥 먹는 것 편한 대로 한다네.
木落山容瘦 낙엽 떨어진 뒤 산 모습 수척하고
庭空月色奇 뜰이 비어 있어 달빛만이 기이한데
呼兒供藥餌 아이 불러 약 먹을 것 가져오라 시키고
困來且支頤 피곤해지면 또 턱을 고인다네.

• 喜晴 / 갠 것을 기뻐하며

雙燕呢喃報午晴 제비가 쌍쌍이 재재거려 낮이 갠 것을 알리는데
庭花爛漫綴紅英 뜰의 꽃 난만하여 붉은 꽃잎 엮었구나.
槐陰濃綠可人意 괴목 그늘 짙은 녹음 마음에 드는데
天色淸和소鳥聲 하늘빛 맑고 그윽하여 새소리에 합하네.
簇簇野雲如卷絮 뭉게뭉게 들 구름은 솜을 만 것 같은데

浪浪巖溜似鳴箏 일렁일렁 바위에 고인 물 정(箏)[13]을 울리는 것 같네
日長庭院渾無賴 해가 긴 정원에는 아무런 일 없어
自酌新泉煮小鐺 샘물 새로 길어다가 냄비에 차를 끓이노라.

• 曉意 / 새벽의 마음

昨夜山中雨 어젯밤 산중에 비가 오더니
今聞石上泉 이제 돌 위의 샘 소리 들리네.
窓明天欲曙 창이 밝아 날은 새벽 되려 하는데
鳥聒客猶眠 새는 울건만 나그네는 아직도 자네.
室小許生白 방은 작아도 허공이 훤하게 보임은
雲收月在天 구름 걷혀 하늘에 달이 남일세.
廚人具炊黍 부엌 사람 기장밥 지어 놓고서
報我嬾茶煎 나더러 차 끓임이 늦다고 하네.

• 薄暮 / 해 질 무렵

怕風棲鵲鬧松枝 바람을 겁 낸 둥우리의 까치가 솔가지에서 우짖네
天氣層陰日暮時 천기는 층층이 그늘져서 해 저물 때일세.
雪打明窓淸坐久 눈이 밝은 창에 뿌리어 맑게 앉기를 오래 하다가
更看山月上城陲 산의 달이 성 모퉁이에 올라옴을 다시 보네.
爐灰如雪火猩凌 화로의 재는 눈 같으나 불빛은 벌겋고
石鼎烹殘茗一鍾 돌솥에 차 한 잔 끓이는 일 남았네.
喫了上方高臥處 마시고 나서 상방(上方)에 높이 누운 곳
數聲淸磬和風松 두어 마디 맑은 경쇠소리 솔바람에 화답한다.

---

13) 정(箏): 거문고와 비슷한 악기로 줄이 열셋이다.

• 曉色 / 새벽 빛

滿庭霜曉色凌凌　뜰에 가득한 서리에 새벽빛이 쌀쌀한데
巖溜無聲疊作氷　바위에 고인 물은 소리 없이 쌓여 얼음이 되네.
老鴉附枝迎旭日　까마귀는 가지에 앉아 아침 해를 맞이하고
凍雲依石襯疎藤　언 구름 돌에 의지하여 성긴 등 능쿨을 감싸준다.
閑中詩與棋爲崇　한가한 중에 시와 바둑이 빌미가 되지만
病裏茶兼藥可仍　병중에는 차를 겸해 약 되니, 그대로가 좋으리.
紙帳氈床初睡覺　종이 휘장에 담요 깐 침상에서 첫잠을 깨어나니
篝爐火氣暖騰騰　덮어 놓은 화로의 불기운이 따뜻하게 피어오른다.

• 贈峻上人 / 준(峻) 대사에게 주다.

一炷淸香一卷經　한주먹 맑은 향에 한 권의 불경이요
一輪孤月一溪聲　한 바퀴 외로운 달 한 개울의 물소릴세.
鼎中甘茗黃金賤　솥 속의 단 차(甘茗)가 황금도 천하게 여기고
松下茅齋紫綬輕　솥 아래 띠 집이 붉은 관복도 가벼이 보네.
漂紗煙霞心與潔　아득한 안개 노을(煙霞) 마음과 함께 깨끗하고
嬋娟水月性常明　고와라 물 위의 달, 성품도 항상 명랑하네.
閑眠盡日無人到　한가로이 잠들어 종일 가도 오는 이는 없고
自有淸風撼竹楹　맑은 바람만이 절로 와서 대 난간을 흔드네.

半生江海友如雲　반평생을 강해(江海)로 돌아 벗이 구름 같았네만
今日相逢道味眞　오늘 서로 만나니 도(道)의 맛이 참인 듯도 하여라.
飛錫獨行潭底影　지팡이 날리며 혼자 가는데 못 속에 그림자 지고
敷床數息樹邊身　평상 펼쳐 놓고 나무 가에서 한 몸 자주 쉬네.
四千經偈留胸臆　사천권의 불경·진언 가슴 속에 남아있고

百二山河轉一塵 백(百)하고 둘(二) 되는 산과 내 한 티끌로 변했네.
氣味蕭然無與話 기미(氣味)가 쓸쓸한 듯 함께 얘기할 벗 없는데
煮茶鐺水細潾潾 차 끓이는 냄비의 물 가늘게 소리 낸다.

參透禪關話葛藤 선(禪)의 관문(關門) 뚫으려고 갈등 된 것 말하는데
列峯如戟碧層層 벌려 있는 산봉우리 창인 양 층층이 푸르렀네.
尋根拔蒂君知否 뿌리 찾아 꼭지 뽑는 것 그대는 아는가, 모르는가?
摘葉尋枝我不能 잎새 따고 가지 찾는 것 나는 하지 못하네.
藥杵聲中敲翠竹 약방아 소리 속에 푸른 대 두드리고
茶鐺影裏點紅燈 차 냄비 그림자 속에 붉은 등 켜 놓았네.
自然會得禪家趣 자연히 선가의 취미 깨달아 알았거니
肯向傍人說上乘 즐거이 옆 사람 향해 큰 법을 얘기하네.

• 贈敏上人 / 민(敏) 대사에게 주다.

有客有客美如英 객이 있네, 객이 있네, 아름답기 꽃과 같은
年未三十文藝精 나이야 서른이 안 되었지만, 문예는 아주 정숙하네
翩翩雲鵠繼鍾王 팔팔하기 구름에 고니의 종왕(鍾王)14) 명필가를 계승하고
顆顆驪珠優盛唐 일일이 여용의 구슬15)같은 것 성당(盛唐)보다 뛰어나네.
白雲堆裏携我遊 흰 구름 쌓인 그 속에 나를 이끌고 놀다가
偶然別我還神州 우연히 나와 이별하고 신성한 땅으로 돌아가니
神州茫茫三千里 신성한 땅 망망하기 삼천리나 되는데
遊絲紛紛怕行李 하루살이 어지러이 나그네 행장 들춰내어
遺我春愁千萬緖 천만 가지 봄 근심을 내게 남겨 주었네.

---

14) 종왕(鍾王); 종(鍾)은 위(魏)의 종요(鍾繇)이고, 왕(王)은 왕희지(王羲之)로 모두 명필로 유명한 사람이다.
15) 여용의구슬: 위룡의 턱 아래에 달린 값진 구슬.

快哉遙遙向南浦 장쾌하다! 머나먼 남포(南浦) 향해 가는데
南浦春波綠可染 남포의 봄 물결 그 푸르름 물들여질 듯
可浣一段春懷苦 한 조각 봄 생각의 괴로움 얼마인지 아는가!
中年作惡知幾何 중년(中年)에 받는 괴로움 얼마인지 아는가!
那似別爾猿啼處 어찌 잔나비 우는 곳에서 그대 이별함과 같아
十年浪遊山水間 십 년 세월 동안 방랑하며 산수 간에 놀다 보니
烟霞痼疾怕寒暑 안개 노을 고질 됐어도 차고 더운 게 겁나서
壯志未消筋力疲 큰 뜻이야 사라졌으랴만 근력이 하 피곤하여
恰似瘦鶴空軒擧 여윈 학이 공연히 높이 날려는 거와 같아
萬卷圖書老此山 만 권의 도서(圖書) 가지고 이 산에서 늙으려 하니
願子歸來吾遲汝 원하노니 그대 돌아오라, 내 그대를 기다리리.
他年煎茶石澗邊 돌 시냇가에서 언젠가 차를 끓일 그 적에
衫袖共拂靑山烟 옷 소매로 우리 함께 청산의 연기를 떨쳐 보세나.

• 題昇曦道人詩卷 / 승희 도인의 시권에 쓰다.

斜拈慧刀剃雲鬢 지혜의 칼 빗겨 잡고 구름 같은 머리 깎았으니
霜竹禪心世莫攀 서리 맞은 대나무 선의 마음 세상에서 붙들길 없어
絶義可傳良史筆 절의(節義)는 사가의 옳은 붓으로 전할 것이요
淸閑堪透祖師關 청한함은 조사(祖師)의 관문 뚫어낼 수 있으리
香添金鴨烟初細 뇌 향로에 향 더하니 연기 처음 가늘고
鏡匳靑奩綠尙斑 푸른 경대에 거울 넣어 푸른 반점 그대롤세
奉箒空門無一事 공문16)에 비(추) 들고 섰어도 한 가지 일도 없어
緇塵澹寂染花顔 불가(緇塵)17)에서 담적(澹寂)하게 꽃 같은 얼굴 물

---

16) 공문(空門); 제법개공(諸法皆空)의 진리를 추구하는 불교의 법문(法門). 선종(禪宗)의 이칭(異稱).
17) 불가(緇塵); 치(緇)는 검게 물들인 옷을 입은 승려를 지칭하고, '치진'은 승려의 티끌, 혹은 승려 생활을 뜻한다.

들이네.

獨樂亭前羃酒漿　독락정(獨樂亭) 그 앞에는 술 항아리 덮여 있고
金仙床下換茶香　금선상(金仙床)18) 그 아래선 차 향기 피어오르네.
名高列傳言非爽　열전(列傳)에 이름 높은 것 그 말 틀린 말 아니요
道透禪燈韻已彰　선등(禪燈)에 도(道)를 통하여 운치 벌써 드러났네.
流水浮雲三世過　흐르는 물 뜬구름처럼 삼생(三生)이 다 지나가고
操心澹泊眞無累　조심하고 담박하니 참말로 누 될 일 없어
落花啼鳥百年忙　지는 꽃 우는 새같이 참말로 누릴 일 없어
貞靜佳蹤沒不亡　안존한 좋은 자취 죽어도 그대로이리라.

• 送尋隱上人歸故山詩卷 / 심은(尋隱) 대사를 보내어 옛 산으로 돌
　　　　　　　　　　아 가는데 그 시권에 쓰다.

碧山深處結茅菴　푸른 산 깊은 곳에 암자 한 채 얽었는데
菴下澄澄萬丈潭　암자 밑엔 맑고 맑은 만 길 깊은 못이로세
行處嬾從雲共居　가는 곳 되는 대로 구름 따라 함께 가고
住時閑與月同龕　머물 땐 한가로이 달 아래 절 방에 함께 있네.
煎茶小室烟生廚　차 달이는 작은 방엔 부엌인양 연기 나고
採藥遠峯雲滿籃　먼 산에서 약 캐는데 들 바구니엔 구름만 가득하네
不二法門怎麽認　둘이 아니란 법문(法門)19)을 어떻게 인식하나?
前三三與後三三　저 앞에도 셋씩이요, 저 뒤에도 셋씩일세.

---

18) 금선상(金仙床): 금선(金仙)은 금빛 도금을 한 불상을 뜻한다. '금선상'은 부처
　　님이 계신 탁자를 표현한 말이다.
19) 불이법문(不二法門): 법은 두 가지가 아니므로 법에 들어가는 문(門)도 둘이
　　아니라는 말.

• 醉次四佳韻贈山上人 / 취해서 사가(四佳)20)의 운을 따라지어 산 대사에게 줌.

山中無紀曆 산중에 기록할 책력이 없네만
景物可能知 풍물 보면 짐작해 알 수 있다네.
日暖野花發 날 따뜻해지면 들꽃이 피어나고
風薰簷影遲 바람 훈훈해지면 처마 그늘 더디 가네.
園收霜栗後 동산에 서리맞은 밤 거둬 두고
爐煮雪茶時 화로에는 눈으로 차 끓일 때라
且莫窮籌筭 아직은 그리 깊이 계산하지 마라
百年推類玆 백년은 유추(類推)하여 이를 알리라.

• 洛山寺贈禪上人 / 낙산사에서 선 대사에게 주다.

一見淸標似舊知 언뜻 보아 깨끗한 그 의표(儀表) 옛 친구 같은데
羨墻面目已多時 면목(面目)을 사모한 지는 벌써 오래되었소.
節操落落松筠態 절조(節操) 크고 높은 모양 소나무와 대나무요
容止昂昂鸞鶴儀 몸가짐 밝고 높아 모양 소나무와 대나무요.
禪榻靜看滄海月 고요히 선탑(禪榻)에서 창해(滄海)의 달을 보는데
茶泉閑擾碧潭螭 차샘에는 한가로이 푸른 못의 교룡(蛟龍) 흔드네.
從師問道他時去 대사 따라 도(道) 물으러 어느 땐가 가게 되면
積瞖玄眸肯刮鎞 검은 눈동자에 쌓인 백태 긁어내는 금 칼 되시리.

貿貿人間萬事非 흐리고 무지한 인간이라 만 가지 일 다 글렀는데
欲從莊列學三機 장자와 열자(列子) 따라 삼기(三機)21)를 배우고자

---

20) 사가(四佳): 조선 초기의 문신이며 학자인 서거정(徐居正)의 호.
21) 삼기(三機): 의가(疑家), 의덕(醫德), 질사(質士)를 말한다.

浮生有恨風燈變　뜬 인생 한 되는 건 바람 앞 등불처럼 변화하는 것
浪死何稗鷇鳥飛　부질없이 죽는 것이 새끼 새 나는데 무슨 도움되리
天女供茶香廚淨　천녀가 차(茶)를 받드니 향주(香廚)22)가 깨끗하고
山猿擎鉢道腴肥　야생 잔나비 바리때 받드니 도(道)가 기름지고 살찌네
何緣恒聽無生話　그 무슨 인연 얻어 생(生) 없다는 말씀 늘 들으며
石室松龕共爾依　돌집 소나무 다락에서 그대와 함께 의지하리.

• 習之山居 / 김시습이 산에 살다.

野草幽花各自春　들풀이며 그윽한 꽃 제각기 봄이 되었는데
十年行脚眼中塵　십 년 동안 행각 끝에 눈(眼) 속에 먼지만 꼈네.
一聲啼鳥破閑夢　한 소리 우는 새에 한가로운 꿈을 깨니
鼎鼎光陰惱殺人　성큼성큼 가는 세월 사람을 뇌쇄하네.

紙帳蒲團土埃溫　종이 휘장 창포 방석 흙 구들이 따뜻한데
南窓紅日暖梅魂　남쪽 창 붉은 해에 매화의 넋이 따뜻해라.
道人手劈龍茶餠　도인 손수 용차(龍茶)23) 내어 덩어리를 쪼개더니
煮雪淸瀾注小樽　눈 녹은 맑은 물에 달여 작은 단지에 붓네.

• 龍泉寺 / 용천사

梵宮牢落似村家　범궁(梵宮)24)이 헐어서 시골집처럼 초라한데
茶罷鍾聲散暮鴉　차(茶) 마시자 종소리에 저문 까마귀 흩어지네.
松檜陰中僧入定　소나무 전나무 그늘 속 스님은 정(定)에 들어갔고

---

22) 향주(香廚); 절의 부엌.
23) 용차(龍茶); 좋은 차 이름. 소식(蘇軾)의 〈흥룡절시연시(興龍節侍宴詩)〉에 "銀瓶瀉油浮蠟酒紫盌鋪栗盤龍茶"라 하였다.
24) 범궁(梵宮); 부처님이 계신 집, 즉 절

薜蘿垣上蘚生花 청미래 칡덩굴 얽힌 담 위에 이끼꽃이 활짝 피었네
雲飛屐上思靈運 나막신 위에 구름 나니 영운 그 사람을 생각하고
風動帽簷憶孟嘉 바람이 갓 챙을 들썩이니 맹가(孟嘉)25)가 기억나네.
耐可息心如惠遠 참고서 마음 가라앉히기 혜원(惠遠) 같으면
朱甍粉壁鎖煙霞 붉은 기와 흰 벽에 안개와 노을을 잡아 두리.

• 雨後 / 비 온 뒤에

雨過虛簷納晚凉 비 지나가니 빈 처마에는 늦게 서늘함 깃들어
凄凄風露襲衣裳 쓸쓸한 바람과 이슬이 의상에 덮쳐온다.
蟬藏葉底聲猶澁 매미는 잎새 밑에 숨었어도 소리는 시끄럽고
虹揷溪心影有芒 무지개는 시내 복판에 꽂혔는데 그림자에 뿔 있다.
詩瘦從來因病得 시 쓰느라 수척한 것 전부터 병으로 얻은 것이요
離情多爲故人忙 이별의 정 많음은 친구로 하여 바쁜 것이다.
生涯點檢無拘束 생애를 점검(點檢)해도 구속될 것 없나니
一鼎新茶一炷香 한 솥의 새 차와 한 줌의 향이라.

• 風雨交作 俄而開霽 / 풍우가 섞여 치더니 조금 있다가 갰다

風雨掩柴門 비바람에 사립문 닫았는데
四山雲霧昏 사면 산엔 구름안개 어둡다.
客能排悶極 손님 있어 답답한 것 지극함을 제치고
貧可袪喧煩 가난한 것 떠들고 시끄러움을 버릴 수 있네.
茶竈煙初起 차 끓이는 아궁이엔 연기 처음 일고
香爐火尙溫 향로에는 불이 아직 따뜻하다.

---

25) 맹가(孟嘉); 진(晉)나라 강하(江夏) 사람. 자(字)는 만년(萬年), 9월 9일에 여럿이 용산(龍山)에 올라가 주연을 베풀었는데, 그의 모자가 바람에 날려 벗겨져도 모르고 주흥(酒興)이 도도하여서 그로 인하여 9월 9일의 고사가 전해온다.

黑雲多漏日 검은 구름에 햇살 많이 새어 나오고
窓隙射朝暾 창틈으로 아침 햇빛 쏘아 돋는다.

• 雪霽口占數聯 / 눈이 갠 뒤 입으로 두어 수 불렀다

瓊屑粘枝落 옥가루 가지에 붙었다가 떨어지니
琮璜觸石萱 종황(琮黃)26)이 돌에 부딪혀서 시끄럽구나.
靑山明霽色 일천 산에 갠 빛 명랑하고
一逕冪煙痕 길엔 연기 흔적 가려 있다.
凍樹鳴飢鶻 언 나무엔 주린 새매 울고 있고
晴崖叫老猿 개인 벼랑에 늙은 원숭이 울부짖는다.
有茶當美醞 차 있으면 아름다운 술 제격이라
無語左朝暾 말없이 아침 햇볕에 앉아 있다오.

• 夜雪 / 밤 눈

昨暮陰雲黑 어제 늦게 흐린 구름 컴컴하더니
今宵端雲瀌 오늘 밤에 상서로운 눈 퍼붓는다.
覆松經藹藹 솔 덮어 가벼운 것 수북하더니
打竹細蕭蕭 대 때리면 가늘게 소소하다.
剪燭成詩雅 촛불 심지 자르며 아담한 시 이루었고
기床入夢饒 기울어진 평상도 꿈에 들기는 넉넉하다.
破窓飛礫碎 깨어진 창엔 날아온 조약돌 부서지고
壞壁散珠飄 파벽(壞壁)엔 흩어진 진주 휘날린다.
翳月薰簾白 구름에 가린 달 흰 발과 비슷하고
微風攪帳搖 미풍(微風)은 휘장을 흔들어댄다.

---

26) 종황(琮黃): 정복(正服)에 차는 보옥(寶玉).

靠屛燈焰短 병풍에 기대면 등잔 불꽃 짧고
揷罐水沈燒 통에 꽂으면 물에 잠겨서도 탄다.
一椀融和茗 한 그릇 녹여서 차에 섞이면
煎來境寂寥 달이는 다관이 적요(寂寥)해진다.

• 春雪戱題 / 봄눈에 장난으로 쓰다.

泥團腫折紅求芽 진 흙덩이 터지고 붉은 삽주 싹 나오는데
雪汁嫩消靑苔花 눈 녹은 물 곱게 푸른 이끼꽃을 녹여내네.
濃雲謾被碧天色 짙은 구름 부질없이 푸른 하늘빛 덮었고
冷氣逼我黃金茶 찬 기운 나의 황금 차에 언뜻 다가온다.

• 五臺山 / 오대산

西巘高峯甚孤絶 서산의 높은 봉우리 외롭게도 끊겼는데
于筒水潭氣淸洌 우통(于筒)의 못물은 기운이 맑고 차네.
上人携甁自煎茶 상인(上人)27)은 병 가지고 손수 차를 달이고
禮拜西方極樂佛 서방의 극락세계 부처님께 예배하네.

• 竹筧 / 대홈통

刳竹引寒泉 대를 쪼개어 찬 샘물 끌어왔더니
琅琅終夜鳴 밤새도록 졸졸졸 울며 흐르네.
轉來深澗涸 옮겨 오니 깊은 골짜기 물도 마르고
分出小槽平 갈라 내니 작은 물통이 찰랑이네.
細聲和夢咽 잔잔한 소리 꿈과 섞여 목이 메고

---

27) 상인(上人); 덕이 높은 스님.

淸韻入茶烹 맑은 운치는 차 달이기에 들어간다네.
不費垂寒綆 찬 두레박 줄 드리우기에 허비가 없고
銀床百尺牽 은상을 백 척이나 끌어당긴다네.

• 憇絶澗中盤石 / 외딴 시냇 속 반석에 쉬면서

盤石鋪澗底 반석이 시내 바닥에 깔려 있는데
磵水流不鳴 냇물은 흘러도 울리지 않네.
分流不浸處 갈라져 흘러 젖지도 않는 곳엔
石面如砥平 돌바닥이 숫돌처럼 평평하구나.
可以坐十人 열 사람이 앉을 수 있고
亦可安茶鐺 차 끓이는 냄비도 넉넉히 놓을 수 있네.
我喜投筇枝 남 기뻐라 지팡막대 던져 버리고
或坐又復臥 앉았다 누웠다 내 멋대로 하네.
枕流慕古人 흐르는 물베개 삼고 옛사람 사모함은
可洗塵土涴 진토에 더럽힌 것 씻을 수 있음이라.
耽遊忘却還 노는데 빠져서 들어갈 걸 잊었더니
不覺日西過 서산에 해 넘어감을 까맣게 몰랐네.
起起懵憧骸 일어나라 일어나, 멍청한 해골아!
咄咄水上座 허허! 물 위에만 마냥 앉아 있으려나?

• 松亭 / 소나무 정자

松亭寂寂松枝蟠 소나무 정자 적적하고 솔가지는 서렸는데
幅巾藜杖來盤桓 복건(幅巾)과 청려장(靑藜杖)으로 와서 서성거리네.
影落一庭碧苔潤 뜰에 가득 그림자 떨어져 푸른 이끼 윤택하고
聲撼半天淸風寒 하늘 반만큼 소리 흔들어 맑은 바람이 차갑네.

擧頭不見有赫日 머리 들어도 붉은 해 있는 걸 보질 못하고
側耳時聽搖狂瀾 귀 기울이면 미친 물결 흔들리는 소리 들리네.
茶煙颺處鶴飛去 차 끓이는 연기 나는 곳으로 학이 날아가고
藥杵敲時雲闌珊 약 절구 두드리는 때 구름이 머뭇거리네.
人散夕陽禽鳥鳴 사람 흩어진 석양에 새들만 우는데
正是客去碁初殘 바로 그 손님 가고 바둑 처음 남은 때일세.

- 園中瓜五詠 / 밭 가운데 오이에 대한 다섯 가지 노래

甛瓜爛熟帶自落 참외는 잘 익으면 꼭지가 절로 떨어지니
剝而食之甘如蜜 벗겨서 먹어보면 달기가 꿀과 같다네.
綠皮初學老萊衣 푸른 껍질 처음에는 노래자(老萊子)28)의 옷 배웠고
霜肌可療相如渴 서리 같은 살은 상여(相如)29)의 갈증을 치료하리.
玉液瓊漿塡其腹 옥진액과 구슬 물이 뱃속에 차 있어
一嚼也勝浮萍實 한 번만 씹어도 부평(浮萍) 열매30)보다 낫네.
老夫山中學樊圃 늙은 사람 산중에서 번지31)의 밭 가는 걸 배워서
細雨手種瓜與瓞 가랑비 속에 손수 참외 오이 심었더니
葉底離離不知數 잎새 밑에 주렁주렁 수도 없이 달렸네
對客甛氷雜茗雪 손님 대해 단 얼음과 차에 눈(雪)을 섞고
兀然坐我淸虛府 맑고 깨끗한 이내 집에 오뚝하게 앉았으니
却喜肝臟滌蒸鬱 간과 오장 찌는 듯 답답함을 씻어줘 되레 기쁘네.
可惜汨沒塵中人 애처로운 건 티끌 속에 골몰하는 사람들

---

28) 노래자(老萊子); 초(楚)나라 사람. 나이 70이 되어서도 오색 옷을 입고 부모 앞에서 어린애같이 춤을 추어서 어버이를 기쁘게 하였다는 효자.
29) 상여(相如); 한(韓)의 문인(文人)이며 사마상여(司馬相如).
30) 부평 열매(浮萍實); 소설 《열국지(列國志)》에 '초(楚)나라의 소왕(昭王)이 강에서 이상스러운 열매를 얻었는데 후일 공자(孔子)에게 물었더니, 그것은 '부평의 열매'라 하였다.
31) 번지(樊遲); 공자의 제자

萬事相依瓜與葛 만사를 서로 기대길 오이와 칡덩굴 같이 하네.

• 盤餐 / 반찬

白鹽赤米盤中味 흰 소금 붉은 쌀은 소반 위의 맛이요
紅蓼靑蔬椀裏香 붉은 여귀 푸른 나물은 대접 속의 향기일세.
午睡覺來供一頓 낮잠에서 깨어나자 한 차례 음식을 주니
陶陶無事送年光 도도(陶陶)하여 일없이 세월 그냥 보내네.

爛蒸蘿葍又燔苽 무를 푹 삶고 또 오이를 구워서
山飯隨宜旋煮茶 형편 따라 먹는 산중 밥, 차도 끓이네
不飽不飢閑偃臥 배부르지도 고프지도 않아 한가로이 누웠으니
方知身世似浮槎 이제야 알겠네, 뜬 뗏목 같은 신세인 줄을!

井洌寒泉盎有粮 우물엔 찬 샘물 맑고 동이엔 먹을 양식 있는데
胡爲乎自欲遑遑 어찌하여 스스로 허둥대려 하는가?
碧山終日無伎倆 푸른 산에서 종일토록 아무 재주 없어
半映詩脾半映牀 반만큼은 시 속에, 반만큼은 평상에 반영되네.

• 雀舌茶 / 작설차

南國春風軟欲起 남국의 봄바람 부드럽게 일려는데
茶林葉底含尖觜 차 숲 잎새 밑에 뾰족한 부리 머금었네.
揀出嫩芽極通靈 연한 싹을 가려내면 아주 신령스럽게 통하는 것
味品曾收鴻漸經 그 맛과 품류는 옛 홍점(鴻漸)32)의 다경에 수록됐네.
紫筍抽出旗槍間 붉은 싹은 잎과 줄기 그 사이에서 뽑아낸 것

---

32) 홍점(鴻漸); 당(唐)나라 육우(陸羽)의 자(字).

鳳餅龍團徒範形 봉병용단(龍團)33) 차 이름은 그냥 모양을 본뜬 걸세
碧玉甌中活火烹 푸른 옥병 속에 넣어 타는 불로 달여 낼 제
蟹眼初生松風鳴 게 눈34) 같은 거품 생기며 솔바람 울리네.
山堂夜靜客圍坐 산당(山堂) 고요한 밤에 손들 둘러앉아
一啜雲腴雙眼明 운유(雲腴)35) 차 한 번 마시면 두 눈이 밝아지네.
黨家淺斟彼粗人 당(黨)의 집에서 조금 맛보니 저인 촌사람인가!
那識雪茶如許淸 어찌 알랴, 설다(雪茶)가 그처럼 맑은 것을.

• 落葉二十韻 / 낙엽 이십 운

千巖風力緊 천이나 되는 바위, 바람 속력 급하니
落葉滿山蹊 낙엽이 산골에 가득 쌓였네.
細細藏苔點 가느다랗게 이끼의 점까지 지녔는데
飄飄逐馬蹄 훌훌 날아 말굽을 뒤쫓아서 가네.
雨餘聲更速 비 온 뒤 소리가 한결 빠르구나
霜老色仍黳 오랜 서리에 빛 그대로 검어졌지.
木末巢空掛 나무 끝엔 새 둥지 공중에 달렸고
林梢烏夜啼 수풀 끝엔 까마귀들 밤에 우짖네.
打簾醒蝶夢 발(簾)에 부딪혀 나비 꿈 깨어버리고
墜砌沒蘭畦 섬돌에 떨어져 난초밭을 덮어 주네.
鬪雀枝邊亂 싸우는 참새들 가지에 어지러운데
驚鴻月下迷 놀란 기러기 달 아래서 길 잃고 헤매네.
茶鐺親自燒 차 끓이는 냄비야 내 몸소 불 때네만

---

33) 봉병과 용단(龍團); 옛날 중국의 상품(上品) 차의 이름
34) 게 눈(蟹眼); 차 끓일 때 일어나는 작은 거품이 게 눈과 같다는 뜻. 소식(蘇軾)의 시에 "게 눈은 사라지고 고기 눈이 생기네(蟹眼已過魚眼生)"라 한 것도 이런 현상을 말한 것이다.
35) 운유(雲腴); 차의 이칭(異稱)・운각(雲脚)・운화(雲華)라고도 한다.

詩句懶曾題 시구를 얽는 건 게을러진 지 오래였네.
淤赤明林壑 진흙 붉어 깊은 산림이 한결 두드러지고
盈堆塡小梯 가득 쌓여 작은 사다리를 묻어버렸네.
寒庭聚復散 한가한 뜰에 모였다간 다시 또 흩어지고
淺甓掃還齊 얕은 벽돌엔 쓸어도 도로 또 수북하네.
簌簌疑跫響 바스락거린 그 소리 발소리인가 의심하고
騷騷怕鳥棲 부산한 그 소리 새가 깃들었나 두렵네.
旋枯焦晚景 곧바로 마르니 석양의 풍경 그슬렸고
速朽涴塘泥 빨리 썩으니 연못 진흙을 더럽히네.
隔樹尖峯露 나무 저쪽에도 뾰족한 봉우리 드러나고
垂條軟果低 늘어진 가지엔 연한 과실이 나직하네.
庭虛多受月 뜰이 텅 비어 달빛을 듬뿍 받아들이고
軒豁剩臨溪 마루가 넓어 시냇물 굽어보기 넉넉하네.
狼吠訶山犬 부질없이 짖어대는 산개를 꾸짖고
狂曉喝野雞 미치도록 떠돌아다니는 들 닭을 호통치네.
輕隨疎影竹 성긴 대나무 그림자를 가벼이 따랐고
雜和亂鳴蜺 속되게 함부로 우는 벌레에 화답하네.
入戶虫絲掛 문에 들려다 벌레 실에 걸려버리고
飛簷蛛網締 처마에 날다가는 거미줄에 얽혀버리네.
星河昭耿耿 은하수는 밝게도 반짝반짝 빛나는데
雲物淡凄凄 구름 떠나가는 건 맑은 것이 쓸쓸도 하네.
薄暮砧初動 초저녁에 다듬이 소리 처음으로 울려오고
晴空鴈已嘶 맑게 갠 하늘엔 기러기가 벌써 우네.
衣寒愁遠戍 옷이 차가우니 먼 수 자리 살 근심하고
刁冷怨深閨 바람 차니 안방에선 수 자리 낭군을 원망하네.
絢紅殘照映 넘어가는 붉은 해가 눈부시게 비치는데
片片翼階西 조각조각 섬돌 서쪽으로 날아들 가네.

• 南山訪七休 / 남산의 칠휴(七休)를 방문하여

七休居士休休者 칠휴거사(七休居士) 당신이 마음을 쉬고 쉰 것은
得休休處便休休 마음은 쉬고 쉰 것이 또한 쉬고 쉰 것이다.
雲山花月長爲伴 운산(雲山)과 화월(花月)로 항상 짝을 삼으며
詩酒香茶自買憂 시주(詩酒)와 향다(香茶)로 제 근심을 사는구려.
剪燭夜飮淸夜永 촛불 돋아 야음(夜飮) 하니 맑은 밤이 길어지고
銷沈宵短繼宵遊 소침하여 밤 짧으니 밤을 이어 노는구려!
欲知七休遨遊處 칠휴의 오유(遨遊: 재미있게 노님)한 곳 알려 한다면
風滿池塘五月秋 바람이 지당(池塘)에 찬 오월 가을을 찾아보게.

• 送友人之枕江亭 / 침강정에 가는 친구를 보내며

嗟君此別意何如 아! 그대 이 이별을 어떻게 생각하오?
搖塵煎茶問故居 요진(搖塵)36)에 차 달이며 고거(故居)를 물어보오.
鼎石鶴歸秋夜月 솥돌(鼎石)37)의 두루미 추 야월(秋夜月)에 돌아오고
巴山猿叫暮江廬 파산의 원숭이는 모강려(暮江廬)38)에 울부짖소.
五侯池館蛙鳴處 오후(五侯)39)의 지관(池館)은 개구리가 울던 곳
十里煙豈麥秀墟 십 리나 낀 안개 속 보리 성한 터에서.
揚袂一辭勞遠去 소매 들어 한 마디로 멀리 감을 위로하고
故山猿鶴正憐渠 고산(故山)의 원학(猿鶴)들도 그대 이별 슬퍼하오.

• 病劇不能赴程還山 / 병이 심해 길을 떠나 산으로 돌아가지 못하다

---

36) 요진(搖塵): 쇠하는 모양, 또는 흐트러지는 모양.
37) 솥돌(鼎石): 솥 만드는 돌.
38) 모강려(暮江廬): 중국 섬서성(陝西省) 서향(西鄕)현에 있다.
39) 오후(五侯): 공(公)·후(侯)·백(伯)·자(子)·남(男)의 5계급의 봉작.

將向東都路數千　동도(東都)40)로 향하려면 갈 길은 수천 리인데
故山松竹尙依然　고향의 솔과 대는 아직도 의연(依然)하다.
維摩有疾元非疾　유마(維摩)41)에게는 병 있어도 원래 병이 아니지만
蘇晉逃禪豈愛禪　소진(蘇晉)42)의 선 피함이 어찌 선을 사랑함인가?
茶可澆腸斟酌飮　차는 창자를 씻을 만하여 부어서 마셨고
病能省行薦取愆　병은 행실 살펴봄에 띠를 띠어도 허물되네.
乾坤一箇長亭耳　우주란 하나의 장정(長亭)43)에 불과하니
那有東西我欲旋　무슨 동서 있다고 내가 돌아가리오?

• 山中看月 - 念奴嬌 / 산중에서 달을 본다. 노교를 생각하며

小窓靜倚看靑山　작은 창에 고요히 기대어 청산을 바라보니
遠碧娥眉新畵　멀리 푸르른 아미(娥眉)44)는 새로운 그림일세.
煙淡雲收光欲滴　연기 맑고 구름 거두니 빛이 방울져 떨어지고
更看氷輪倒掛　다시 달이 거꾸로 걸려 있음 보겠네.
篆香初熏　　　전향(篆香)45)은 향기가 나기 시작하고
茶煙欲起　　　차 연기는 일어나려고 하니
景致多蕭灑　　경치가 많이 소쇄(蕭灑)46)하여
幽人多愛　　　유인(幽人)이 많이 사랑하리라.
好山佳景心快　좋은 산과 아름다운 경치 마음을 유쾌하게 하고
人世風波須臾　인간 세상의 풍파도 잠깐이라

---

40) 동도(東都); 경주(慶州)
41) 유마(維摩); 부처님의 속제자(俗弟子)
42) 소진(蘇晉); 당나라 사람. 향자(珦子) 진사(進士) 및 대례과(大禮科)에 급제.
43) 장정(長亭); 10리마다 두었던 역참(驛站).
44) 아미(娥眉); 가늘게 굽이진 누에나방의 촉각처럼 아름다운 눈썹. 즉 미인의 눈썹.
45) 전향(篆香); 전자(篆字)와 같이 가늘게 일어나는 향의 연기.
46) 소쇄(蕭灑); 말쑥하고 깨끗한 모양

推遷如夢	미루어 옮아감은 꿈과 같아서
使人多勞	사람들로 하여금 흔히 고단하게 하네.
錯了千般	천 가지를 착오한 뒤에야
那箇悟些子	그것을 깨달아 얻는 것이네.
風流閒話	풍류가 한가로운 담화에도
百尺塵埃	티끌은 백 척이나 높은 것이니
難逢如此淸凉界	이같은 청량 세계는 얻기 어려운데
須知這裏幾般伎倆摧敗	모름지기 이 속에서 몇 가지 기량47)이 꺾이고 부서짐을 알아야 할 것이네.

• 燈下 / 등 밑에서

山室無人春夜永	산 집에서 사람 없어 봄밤도 길고 긴데
銷盡蘭膏花吐影	난고(蘭膏)48) 모두 사라지자 꽃 그림자 토하네.
銀甁紙帳自無風	은빛 병풍 종이 휘장 스스로 바람 없어
心地惺人初靜	마음이 성성하니 사람 처음 고요하네.
紅艶剪來還耿耿	홍염(紅艶)49)을 잘라내니 도리어 경경(耿耿)50)한데
睡覺漏聲全未省	잠 깨어도 누각(漏刻) 소리 전혀 알지 못하였네.
月在西峰星斗冷	저 달이 서산에 가 별빛이 차가운데
整衣撞却四更鍾	옷 여미고 사경종(四更鍾)을 쳐서 울려대네.
沈短綆汲寒井	줄 짧은 두레박으로 찬 우물물 길어 놓고
爐火試煎龍鳳餠	화롯불에 시험 삼아 용봉병(龍鳳餠)을 달여보네.

---

47) 기량(伎倆); 수완 · 지혜를 헤아림
48) 난고(蘭膏); 냄새가 향기로운 기름. 향유.
49) 홍염(紅艶); 화색이 붉게 돌고 탐스러움.
50) 경경(耿耿); 염려되는 일에 마음에 잊히지 아니함. 불빛이 깜박깜박하는 모양.

• 和陶 / 도시(陶詩)에 화답하며

永日撰詩史　긴긴날엔 시사(詩史)를 편찬하고
燈下修茶經　등불 아래에서 다경(茶經)을 수련한다.
好古漸知趣　옛것 좋아하는 취미를 점점 알지만
博學無所成　박학해도 성공한 것 하나 없다네.
分座與山人　자리를 산 사람에게 나누어 주고
頹醉同田更　취해 누움은 전경(田更)과 같이 하였네.
霜芋收後園　서리맞은 토란 후원에서 거둬들이자
秋菊盈前庭　가을 국화 앞뜰에 가득하였네.
人以紛雜喧　사람들은 분잡하게 지껄이는데
我以堅白鳴　나만은 견백(堅白)51) 때문에 울고 있다네.
唯有麴先生　오직 한 분 국선생(麴先生)52)이 여기 있어서
千古知我情　천고에 내 뜻을 알아주누나.

• 和怨詩楚調 / 원시(怨詩) 초조(楚調)에 화답하여

寒暑自相代　차고 더움 스스로 바뀌어 가니
日月跳丸然　해와 달의 빠르기가 탄환 같구나
遷延已云老　늑장 부리는 사이 벌써 늙었으니
餘生復幾年　여생이 또 몇 해나 남아있는가.
更希賢聖心　더욱 성현 바라는 마음가짐은
至里無黨偏　지극한 이치 편당 없음에서라.
我有數間屋　나에겐 몇 간의 집이 있고
亦有三畝田　또한 삼묘(三畝)의 밭도 있다네.

---

51) 견백(堅白); 전국시대(戰國時代) 조(趙)나라 공손룡(公孫龍)이 내어 건 일종의 궤변(詭辯)임.
52) 국선생(麴先生); 술의 별명이다.

所安在無事 편안하게 여기는 건 무사함에 있어
不計喧市廛 시장에서 떠드는 것 따지지 않네.
尋常喫茶飯 예사로 차와 밥을 먹고 나서는
飽來憑床眠 배부르면 상에 기대어 잠이 드는구려.
動翫萬化變 움직이면 만물의 변화를 보고
靜看四序遷 고요하면 사시의 변천을 보네.
幽禽啼舍北 깊은 숲 집 북쪽에서 짐승들이 울어대고
好山排窓前 좋은 산은 창 앞에 늘어서 있네.
渺渺江浸沙 아득하게 강물은 모래를 적시고
歷歷樹含煙 뚜렷하게 나무는 연기를 머금어
觀物庶窮理 물상 보고 이치를 거의 따지니
可以追前賢 앞선 현인 따를 만하다 하겠네.

• 雷劍泉 / 뇌검천

淸泉流湛湛 맑은 샘물 흐르기를 담담도 하니
雷劍擘雲根 뇌검천(雷劍泉)이 구름 뿌리를 쪼개고 솟네.
不許黽蠅混 맹꽁이 떼가 섞임을 허용치 않고
長留桂兔痕 계수나무 옥토끼는 오래 머무네.
夜聞聲似珮 밤에 듣는 소리는 패옥(佩玉) 같은데
晨汲色如琨 새벽에 물 길으면 빛이 옥 같네.
試煮龍團餠 시험 삼아 용단병(龍團餠)53)을 끓여 보노니
嘗來可解煩 맛을 보고 번뇌 풀 만하네.

• 洞仙驛 / 동선 역에서

---

53) 용단병(龍團餠); 차의 떡 같은 덩어리

東府如仙境 동부(洞府)는 신선의 경계 같은데
人居似武陵 사는 곳은 무릉과 서로 다른데.
禮殊樽俎異 예의 다르니 준조(樽俎)도 서로 다른데
山疊紫霞蒸 산 겹겹이니 자줏빛 노을이 피어오르네.
麥壟豊吹細 보리밭엔 산들바람이 가늘게 불고
茶原暖氣騰 차심은 둔덕엔 따뜻한 기운 오르네.
行行回首望 가다가 되돌아 바라다보니
岊嶺碧稜稜 절령의 푸르름이 섬짓하네.

• 出長慶門外煮茗 / 장경문 밖에 나가 차를 달이면서

朝出長慶門 아침에 장경문을 나갔다가
晚歸永明寺 늦게 영명사(永明寺)로 돌아왔구나.
緩步春江湄 천천히 봄날 강가를 걸어서 가니
踏損紅錦地 붉은 비단 같은 땅을 밟아 해쳤네.
不省漫吟哦 부질없이 시 읊느라 살피지 못해
遠近亦不記 원근도 제대로 기억 못하네.
興闌卽知還 흥이 깊자 돌아옴을 즉시 아니
遊觀亦無次 유람도 역시나 차례가 없네.
大同江水深 대동강의 강물은 깊고 깊은데
鳧鴨相和鳴 오리떼는 서로 화답해 울고 있구나.
日暮風起沙 날 저물자 바람이 모래에 이니
浪打箕子城 물결이 기자성을 때리는구나.
我行正春暮 내 행차가 바로 늦은 봄철이라서
花褪穠陰成 꽃은 지고 짙은 숲을 이루었구나.
明朝向名山 내일 아침 명산으로 향하여 갔다가
更向風月窩 다시 또 경승지를 향해 가리라.

信美非吾土 진실로 아름다움 내 땅이 아니니
且煎金粟芽 계수나무 꽃잎으로 차나 달이세.

• 與根師話 / 근(根) 스님과 얘기하다.

十笏禪房靜 열 자 되는 선방(禪房)은 고요만 한데
根師道眼明 근(根) 스님의 도안(道眼)은 밝기도 하네.
香銷銅篆冷 향이 사그라지니 동에 새긴 전자(篆字)가 차고
茶沸玉甌鳴 차 끓이니 옥구슬이 울어대네.
軟語移時坐 잠시나마 앉아서 부드러운 말 하니
靑山不世情 주인(靑山)54)은 보기 드문 정이 있구나.
此峰吾欲隱 이 산속에 내가 숨어서
重與話平生 평생토록 그대와 자주 얘기하고자 하오.

• 咏山中草木 / 산중의 초목을 읊다

地椒生峰危 지초(地椒)55)는 봉우리 위태한 데서 자라고
香辣勝蒙頂 매운 향(香辣)이 몽정차(蒙頂茶)56)보다도 낫네.
挹之碧澗月 달이 잠긴 푸른 시냇물을 떠다가
煎此靑石鼎 이것을 푸른 돌솥에 끓이리.
軟語方外人 상냥한 말하는 이는 방외(方外)의 사람
活火明焰焰 타는 불은 밝기가 경경하구나.
不收陸羽經 육우(陸羽)57)가《다경(茶經)》에다 싣지 않았다면

---

54) 청산(靑山); 불교에서는 그 절에 사는 스님을 청산(靑山)이라 하고 객승(客僧)을 백운(白雲)이라 한다.
55) 지초(地椒); 풀이름.
56) 몽정차(蒙頂茶); 사천성(四川省) 명산조(名山條)에 '몽산(蒙山)에서 나므로 이 이름을 붙였다.
57) 육우(陸羽); 당나라 경릉(竟陵) 사람. 다경(茶經) 3편을 지었다.

不入官家茗 관가의 차축에도 들지 못했네.
端坐上方窓 상방(上方)의 창을 향해 곧게 앉아서
激我春睡醒 나의 봄 잠 깨어남을 격려하누나.

• 寓普賢寺書懷贈人 / 보현사에 우거하며 회포를 써서 주다

自我來普賢 내가 보현사에 오면서부터
心閑境亦便 마음도 한가하니 지경도 편안해
石鼎沸新茗 돌솥에다 새 차를 끓여내고
金爐生碧煙 쇠 향로엔 푸른 연기 피어오르네.
以我方外人 나 같은 방외(方外)의 사람으로서
從遊方外禪 속세 떠난 선사를 따라 놀면서
問道道愈梗 도 물으니 도는 더욱 굳어져 버리고
觀心心更研 관심(觀心)을 하려면 마음을 다시 닦아야 하겠네.
了無纖塵迹 분명히 작은 티끌은 자취가 없는데
只有孤雲旋 외로운 구름만이 돌고 도는구나.
人生百年內 사람살이 백 년이란 세월 동안에
此樂何如焉 이 같은 즐거움이 어떠하겠나?

• 閑意 / 뜻이 한가로워

暖日烘窓紙 따뜻한 햇볕 창호지에 비추니
烏床石硯氷 검은 상의 얼은 비눗물을 녹이는구나.
煎茶邀好客 차 달여서 좋은 손님을 맞이하고
說偈迓禪僧 게송 읊어 선승을 영접하네.
出定看新雪 선정에서 깨어 내리는 새 눈을 보고
經行擔小藤 경행(經行)이라 작은 등(藤)을 메고 앉았네.

自從逃世網 스스로 세상 그물에서 도피한 뒤로는
生事專騰騰 세상살이 더욱더 등등(騰騰)하구나.

• 長安寺 / 장안사

松檜陰中古道場 소나무와 전나무 그늘 속의 옛 도량에
我來剝啄叩禪房 내가 와서 박탁(剝啄)58)하게 선방을 두드리네.
老僧入定白雲鎖 노승은 선정(禪定)에 들고 흰 구름만 잠겼는데
茶烟颺處蟄龍翔 차 김이 날리는 곳에 서린 용이 날개 치네.
自從遊歷淸閑境 청정한 경계를 두루 유람하면서부터
榮辱到頭渾兩忘 영욕(榮辱)을 마침내 둘 다 잊어버렸네.

• 眞佛菴 / 진불암에서

以石名眞佛 돌 가지고 참 부처라 이름했지만
菴中住老禪 암자 안에 늙은 선승이 살고 있다네.
路回千嶂下 길은 일천 봉 아래로 돌아서 가니
人傍五雲邊 사람들이 오운(五雲)59)가에 가까이 있네.
水石心無累 수석이 좋아 마음에는 누(累)가 없는데
煙霞景自硏 연하(煙霞)의 경치는 스스로 곱구나.
行童煮山茗 어린 행자가 산차를 달여 주는데
貯月汲寒泉 달을 담아 찬 샘물을 길어오누나.

• 客中望中秋月 객중에서 중추의 달을 바라보며

---

58) 박탁(剝啄); 소곤소곤하는 음성의 형용이다. 또는 방문자의 발자국 소리 문을 두드리는 소리를 말한다.
59) 오운(五雲): 구름이 오색을 갖춘 것. 선녀(仙女)가 노는 곳을 말함.

中秋何以慰淸愁 중추에 무엇으로 맑은 수심 위로할까?
一味新茶滿玉甌 맛 좋은 새 차가 옥 사발에 가득하네.
丹界幾經寒暑變 단계(丹桂)는 춥고 더운 변화 몇 번이나 겪었나?
氷輪應輾古今秋 빙륜(氷輪)60)은 응당 예와 이제 가을에 굴리리라.
夜談牛渚追前事 우저(牛渚)에서 밤에 전의 일을 추억하여 말하고
乘興南樓憶舊遊 남루(南樓)에서 흥이 나니 옛 유람을 생각하네.
來歲不知何處看 내년엔 어디에서 또 볼지 모르지만
十分流彩遍南洲 모든 유채(流彩)를 남주(南州)에다 두루 펴게.

• 佳城寺羅漢堂與僧話 / 가성사의 나한당에서 스님과 함께 대화하며

風靜疎簾月滿堂 성긴 발에 바람 고요하고 달이 나한당에 가득한데
煎茶軟語坐筠床 차 달이며 오순도순 대나무 평상에 앉았으니
半庭殘雪留人跡 정원의 남은 눈에 인적이 머물렀는데
一樹寒梅着夜霜 한 그루 찬 매화에 밤 서리가 내렸구나.
欲抛機心皆是妄 기심(機心)을 버림은 모두가 망령이라
擬遣塵慮亦能狂 속세 생각을 보내고자 또한 잘도 미쳐보네.
世間夢想何窮盡 세상의 몽상(夢想)들을 어찌 다 없앨 건가?
且作新詩笑一場 두어라 새로이 시 지으면서 한바탕 웃으리라.

• 來蘇寺 / 내소사에서

梵宮倚山隈 산모퉁이 의지하여 범궁(梵宮)*이 서 있는데
夕陽棲閣開 석양에 누각이 열려 있다오
僧尋泉脈去 스님은 샘 줄기를 찾아가는데
鶴避茗烟廻 학은 차에서 피어오르는 김을 회피하누나

---

60) 빙륜(氷輪): 달을 비유한 말임. 빙경(氷鏡)이라고도 함.

寺古松千尺 절이 오래되어 솔은 천 길이나 자랐고
山深月一堆 산은 깊고 달은 한 무더기라
無人堪問話 말 물어볼 만한 이 없어서
庭畔獨徘徊 뜰 가에서 나 홀로 서성거리네.

• 川原驛樓 / 천원역의 누각에서

平原宜遠樹 언덕 편편하고 먼 나무가 그럴듯한데
曖曖接人家 희미하게 인가에 접해 있구나
地饒田收秫 땅 기름져 밭에서는 차조를 거두고
山低貢有茶 산이 낮아 차(茶)를 공물 한다오.
蘆峯雲黯淡 갈재에는 구름이 암담한데
楞岳岫槎牙 능악(楞岳) 뫼 부리가 뾰족하구나.
收拾江湖景 강호의 경치를 수습하고서
登臨日半斜 올라가니 해가 반쯤 기울었더라.

• 元監司遣醫問病 / 원 감사가 의원을 보내 문병하다

太醫問病到 태의(太醫)61)가 문병하러 와서
云自監司來 감사가 보내서 왔다고 말하네.
竹裏一間屋 대밭 속의 한 간 되는 작은 집에서
花前三茗杯 꽃 앞에서 석 잔의 차를 마시네.
辱言還自謝 욕언(辱言)62)을 도리어 사례하고
投札眼重回 보낸 편지에 눈이 거듭 돌아가누나.
思波何以報 은혜를 무엇으로 보답할 것인가?

---

61) 태의(太醫); 궁중의 의사
62) 욕언(辱言); 상대방의 말을 높여서 하는 말이다.

粉骨似塵埃 뼈를 부수어 티끌같이 되게 하리라.

• 見巖寺 / 견암사에서

古木千年地 고목 서 있는 천 년 된 이 땅에
禪宮何代開 선궁(禪宮)을 어느 때에 세웠다더냐?
竹房僧掛錫 죽방(竹房)엔 스님이 괴석 걸어 놓았고
松蓋鶴留胎 솔 덮개에 학이 태를 머물렀다네.
慰客新煎茗 손님 위로하려 새로 차를 달이고
添香自撥灰 향 더하려 스스로 재를 헤치네.
浮生安足道 떠도는 인생을 어찌 다 말할 수 있으랴?
个是出塵埃 그것이 티끌 세상 벗어난 것일세.

• 看雪 / 눈을 보며

六出花從空裏來 여섯 모가 진 꽃이 공중으로부터 내리는데
開窓閑臥看低回 창을 열고 누워서 보니 낮게 맴도누나.
解傳天上無香藥 천상의 향기 없는 꽃을 전해 줄줄 알아
能點人間不種梅 인간에 심지 않은 매화를 피워주네
東郭抱貧循路去 동곽(東郭)63)은 가난을 안고 길을 따라 돌아가고
自猷乘興漾舟回 자유(自猷)64)는 흥겨워서 배를 타고 돌아오네.
老夫無事圍爐畔 늙어가며 일이 없어 화롯가에 둘러앉아
拈却陶工茗一杯 도공(陶工)의 차 한 잔을 달여 마시네.

---

63) 동곽(東郭); 한(漢)나라 때 제(齊) 나라 사람으로, 산에 들어가 은거하였는데 재상 조참(曹參)이 끌어다 상빈(上賓)으로 삼았다. 매우 가난하여 그 신발이 떨어져 맨발로 땅을 밟고 다녔다는 고사가 있다.
64) 자유(自猷); 진(晉)나라 왕휘지(王徽之)의 자(字)이며 왕희지(王羲之)의 아들이다. 성품이 대를 좋아하여 이사 가는 즉시 사람을 시켜 대를 심게 하고 말하기를, "不可一日無此君"이라 하였다.

• 與日東僧俊長老話 / 일본 승 준 장로와 이야기하며

遠離鄕曲意蕭條 고향을 멀리 떠나니 구질구질한 생각 쓸쓸하고
古佛山花遣寂寥 옛 부처 산 꽃 속에서 고요하고 쓸쓸하게 보내네.
鐵罐煮茶供客飮 쇠 다관에 차를 달여 손님의 음료로 제공하고
瓦爐添火辦香燒 질화로에 불 더하여 외씨 향을 사르네.
春深海月侵蓬戶 봄 깊으니 바다 위에 뜬 달이 쑥 대문에 비치고
雨歇山麕踐藥苗 비 멎으니 산 사슴이 약초 싹을 짓밟네.
禪境旅情俱雅淡 산의 경치와 나그네의 심정 모두 아담하니
不妨軟語徹淸宵 맑게 갠 밤에 오손도손 이야기하여도 무방하리.

• 與僧夜坐 / 스님과 밤에 앉아

半輪明月照西床 밝고 둥근 반달이 서쪽 상에 비치는데
小罐煎茶熟炷香 작은 다관(小罐)에 차 달이며 향불을 피워놓았네.
共是操心同一致 함께 마음잡으려 하는지라 운치도 동일하니
莫將玄白錯商量 검고 흰것 가지고 생각으로 헤아리는 착오를 말라.

• 和鍾陵山居詩 / 종릉산에 사는데 화답하는 시

四美年年到處兼 사미(四美)[65]는 해마다 도처에 겸하는데
溪光山色映蓬簾 시내 빛과 산빛이 쑥밭에 비치네.
藥園鹿戱何曾慍 약초밭 사슴 놀이에 어찌 곧 원망하며
茶竈菌生亦不嫌 차 부뚜막에 버섯 남도 싫어하지 않네.
萬事省來貧是樂 만사를 살피면서부터 가난도 즐거움이요
一身閑了老非厭 한 몸이 한가하니 늙어감도 싫지는 않네.

---

65) 사미(四美); 양신(良辰)·미경(美景)·상심(賞心)·낙사(樂事)를 가리킴.

笑看塵世悠悠者 웃으면서 티끌 세상의 유유(悠悠)함을 보니
無太麤踈便太纖 너무 그칠지 않으면 곧 너무 가늘어라.
雀舌香芽手漫煎 작설(雀舌)66)의 향기로운 싹 손수 달이니
此間滋味頗陶然 그 사이 재미가 매우 도연하구나.
誰爲四海捿捿者 누구라 사해 위해 바빠할 사람이랴?
我已平生蕩蕩焉 나는 평생에 무질서한 사람이라
道學只從心上得 도학(道學)은 마음 위를 따라야만 얻으리니
天機肯向語中傳 하늘 기틀 즐겨 말속 향하여 전하랴?
顔瓢點瑟無人會 안표(顔瓢)67)와 점슬(點瑟)68)을 아는 이 없지만
自有風流滿眼前 스스로 풍류 있어 눈앞에 가득하네.

• 冬至 / 동지

至日江陵客 동짓날 강릉의 나그네 되어
長安憶故人 장안의 옛 친구를 생각하누나.
一陽今正復 양(陽)이 하나69) 이제 바로 돌아왔는데
千里更誰親 천리에 다시금 누가 있어 친하리!
小豆煎茶鼎 팥을 차 솥에다 끓여내면서
孤燈伴老身 외로운 등 아래 늙은 몸 됐네.
浮名五十載 뜬 이름 받은 지 오십 년 만에
遇復可能伸 복(復)을 만났으니 펴볼 수 있을런가?

---

66) 작설(雀舌); 처음 나온 찻잎을 형용한 말로 '차(茶)'를 가리킴.
67) 안표(顔瓢); 안자(顔子)가 가난을 즐긴다는 것을 말한다.
68) 점슬(點瑟); 증점(曾點)의 거문고를 말한다.
69) 일양(一陽); 10월(十月)의 십(十)이라는 숫자는 음수(陰數)이고, 겨울은 음(陰)의 계절이다. 특히 10월은 음이 극성(極盛)한 달인데 11월의 일(一)은 양수이므로 '음력 동짓달(十一月)에는 양이 하나(一陽) 생기기 시작한다.'는 말을 했다.

• 戲爲五絶 / 나 좋을 대로 살리라

旨酒禁臠不可得 향 그런 술 맛있는 고기야 얻을 수 없지만
淹菜糲飯日日飽 절인 나물에 거친 밥으로 나날이 배 불리랴.
飽後偃臥又入睡 배부른 뒤 벌렁 누웠다 그대로 잠에 들기도 하고
睡覺啜茗從吾好 잠이 깨면 차도 마시며 나 좋을 대로 살리라.

• 謝人送胡椒茶具 / 호초(胡椒)와 다구(茶具)를 보내준 것을 사례하다

跫音空谷喜 발자국 소리 빈 골이 기뻤는데
況復贈余心 게다가 내게 또 주는 마음 에랴!
此物生胡域 이 물건 오랑캐 지경에서 난 것이라
如沽直幾金 만일 팔고 사자면 가치가 몇 금(金)일까?
斜卦情不淺 비스듬히 봉한 것 정은 얕지 않고
遠送意何深 멀리 보낸 게 뜻이 어이 깊은가?
紗帽籠頭煮 사모로 머리 덮고 이걸 달여
山堂試自斟 산당에서 시험 삼아 손수 따르네.
餐淡蔬爲鮓 음식이 싱거워 나물이 반찬 되고
家貧茗是醑 집이 가난하니 차가 그대로 술일세.
雖甘閑味好 한가함 달게 여겨도 맛은 좋고
頗苦欠情多 쓴 것은 흠이지만 정은 듬뿍 담겼네.
映案堆紅粒 소반에 비친 게 붉은 낱알 쌓이고
粘匙點白鹽 숟가락에 붙는 건 흰 소금 점일세.
爲官有薄俸 벼슬하면 박해도 봉급이 있네만
其奈投心何 마음에 둠을 어찌할거나?

• 사시(四時)를 읊은 시 네 수 중 넷째 폭에 쓰인 시

一枝梅影向窓橫 한 가지 매화 그림자 창으로 뻗었는데
風緊西廊月色明 바람엔 서쪽 행랑 달빛 더욱 밝구나.
爐火未銷金筋撥 화롯불 꺼졌는지 부젓가락으로 헤쳐 보고
旋呼丫髻換茶鐺 아이 불러 차 달여 오라 이르네.

• 煮茶 / 차를 끓이며

松風輕拂煮茶煙 솔바람이 가볍게 떨치니 차 달이는 연기
裊裊斜橫落澗邊 하늘하늘 비끼며 시냇가에 떨어지네.
月上東窓猶未睡 동창에 달 떠올라도 잠 아직 못 이루고
挈瓶歸去汲寒泉 병들고 돌아가서 차가운 샘물 긷네.
自怪生來厭俗塵 속세의 속진 싫어하는 천성 스스로 기이하고
入門題鳳已經春 문에 들어가 봉자 쓰니 이미 젊은 때가 지나갔네.
煮茶黃葉君知否 차 끓이는 누런 잎 그대는 아는가?
却恐題詩洩隱淪 시를 쓰다 도리어 숨어 삶이 누설될까 두렵구나.

• 養茶 / 차나무를 기르며

年年茶樹長新枝 해마다 차나무에 새 가지가 자라는데
蔭養編籬謹護持 그늘에 키우느라 울을 엮어 보호하네.
陸羽經中論色味 육우의 다경 속엔 빛과 맛을 논했는데
官家榷處取槍旗 관가에서 도거리 할 적엔 창기만을 취한다네.
春風未展芽先抽 봄바람 아직 불지 않아도 싹이 먼저 터 나오고
穀雨初回葉半披 곡우 때가 돌아오면 잎이 반쯤 피어나네.
好向小園閑暖地 작은 동산 한난(閑暖)한 곳을 좋아해 뻗어나가면
不妨因雨着瓊蕤 비 때문에 옥 같은 꽃 드리워도 무방하리라.

• 千字餘句 / 천자여구

堂北種茶消白日 집 뒤에 차를 심으며 한낮을 보내고
山南採藥過靑春 남쪽 산에 약을 캐며 세월을 보낸다.

• 山居集句 / 산거집구

如今一事亦無之 오늘도 이렇다 할 일 없이
小鼎煎茶面曲池 작은 솥에 차 끓이며 연못을 바라보네.
忽喜靜中生意動 홀연히 기뻐함은 고요 속에 삶의 뜻이요
山風吹折桂花枝 산바람 불어오니 계수나무 꽃가지 꺾였네.

世間安樂爲淸福 세간에선 안락을 청복으로 삼지만
聯爲煎茶一據牀 차나 계속 달이며 평상에 앉았다네.

• 普賢寺 / 보현사

自我來普賢 내 스스로 보현사에 오고부터
心閑境繹便 마음은 고요하고 지내기 좋아
石鼎沸新茗 돌솥에 새롭게 차 달이니
金爐生碧煙 쇠 화로엔 푸른 연기 일어나네.
以我方外人 나는 방외(方外)의 사람이라
從遊方外禪 세속 떠나 선계에서 노닌다네.

• 松亭 / 송정

茶煙颺處鶴飛去 차 연기 나부끼는 곳에 학이 날고

藥杵敲時雲闌珊 약절구 찧는 소리에 구름이 머문다.

• 南山七休 / 남산 칠휴

雲山花月長爲伴 운산과 화월로 오래도록 짝하여
詩酒香茶自賣憂 시와 술과 향기로운 차로 근심을 지우네.
剪燭夜飮淸夜永 촛불 돋워 밤에 차 마시니 맑은 밤 오래고
鎖沈宵短繼宵遊 근심 사라지니 짧은 밤이 새도록 노니네.

• 雨後 / 비 온 뒤에

雨過虛簷納晩凉 비 지나가니 빈 처마에는 늦게 서늘함이 깃들어
凄凄風露襲衣裳 쓸쓸한 바람과 이슬 의상에 덮쳐온다.
蟬藏葉底聲猶澁 매미는 잎새 밑에 숨었으나 소리는 시끄럽고
虹揷溪心影有芒 무지개는 시내 복판에 꽂혔는데 그림자에 뿔 있다.
詩瘦從來因病得 시 쓰느라 수척한 것 전부터 병으로 얻은 것이요
離情多爲故人忙 이별의 정 많음은 친구로 하여 바쁜 것이다.
生涯點檢無拘束 생애를 둘러봐도 구속될 것 하나 없고
一鼎新茶一炷香 한 솥의 햇차와 피우는 향뿐일세.

• 耽睡 / 잠을 즐김

竟日臥耽睡 게을리 누워서 낮잠 즐기느라고
懶慢不出戶 한나절 다하도록 문밖에도 안 나갔네.
圖書拋在床 읽던 책들은 책상 위에 내던져 있고
卷帙亂旁午 어제 보던 책들도 어지럽게 널렸어라.
瓦爐起香煙 질화로에는 향연이 피어오르고

石鼎鳴茶乳 돌솥에선 차 달이는 소리 나기에.
落盡千山雨 산에 들에 종일토록 내렸던 비로
不知海棠花 해당화 모두 진 걸 알지 못했네.

• 和鍾陵山居 / 화종능산거

雀舌香芽手漫煎 작설 향기로운 움을 손수 달이니
此間滋味頗陶然 이 순간 재미에 푹 빠지는구나.
誰爲四海捿捿者 그 누가 세상일로 바쁘단 말인가?
我己平生蕩蕩焉 내 평생에 아무런 구애됨 없구나.
萬事省來貧是樂 만사를 살펴보니 가난도 즐거움 되고
一身閑了老非厭 일신이 한가로우니 늙는 것도 싫지 않네

(梅月堂 金時習 詩選, 국역 매월당 詩集 참조)

15. 碧松 智嚴(벽송 지엄)

① 생애(生涯)

　벽송 지엄(碧松 智嚴; 1464~1534)의 당호는 벽송당(碧松堂), 호는 야로(埜老), 속성은 송(宋) 씨이다. 여진과의 전쟁 후 계룡산에 와 초암에 들어가 출가했다. 금강산에서『고봉어록(高峰語錄)』을 보고 크게 깨닫고 지리산에 들어가 수도하여 총림의 종사가 되었다. 제자 부용 영관에게 법을 물려주었다.

② 차시(茶詩)

　　일선 선화자에게 드림 / 贈一禪禪和子

삼라만상으로 말한다면
모두 여래의 실상이니
보고 듣고 느껴 아는 것이
신령 런 진리의 빛 아님이 없도다.
이는 천마 종족이나
외도의 사악한 무리 들 같다.
일미선(一味禪)이란 어떻게 생기는가?
불자를 들어 흔들어 떨고
시자 불러 차 달여 오라 말하고
조금 지나 읊기를
푸른 대나무 곧은 바람과 잘 어울리고

붉은 꽃은 이슬과 향기를 머금고 있다네.

若言萬像森羅　悉是如來實相
見聞覺知　　　無非般若靈光
猶是天魔種族　外道邪宗
喚侍子點茶來　良久云
翠竹和風直　　紅花帶露香

　이 글은 받는 사람이 일선(一禪)이므로 그 일선에 연관시켜서 심오한 불성을 말했다. '一切衆生 悉有佛性'이니 나쁜 일을 하는 사람도 그 바탕에는 불성이 있거늘 어찌 함부로 대할 수 있겠는가.
　이때 그 참다운 이치를 깨닫게 하는 것도 역시 한 잔의 茶다. 차를 마시면서 고요히 생각하면 게(偈)의 내용을 이해하게 된다.
　푸른 대나무가 곧게 자라는데 바람은 좋은 요소가 아니지만 그래도 바람과 조화를 이루어 성정대로 바르게 뻗고, 붉은 꽃이 향기를 내는데 이슬이 좋지 않으나 그 이슬을 머금으면 더 아름다운 자태를 연출할 수 있지 않는가. 이 모두가 다성(茶性)을 닮았다.

16. 虛應 普雨(허응 보우)

① 생애(生涯)

　허응 보우(虛應 普愚: 1507~1565)는 호가 허응당 · 나암(懶庵)이다. 조실부모하고 7,8세 경 금강산 마하연(摩訶衍)에서 승려가 되었다. 금강산에서 수도한 후 하산하여 행각 하다가 1538년 가을《동국여지승람》에 기록되지 않은 사찰을 철거하는 법난이 일어나자 1539년 봄 다시 금강산에 들어가 수행하였다. 1543년 3월 금강산을 하산하여 석왕사 인근 은선암(隱仙庵), 함흥 반룡산 초당, 국계암(掬溪庵), 호남지역, 천보산 화암사 등지에서 머물다가 1548년 12월 강원도 감사 정만종(鄭萬鍾)의 천거로 명종의 어머니인 문정왕후의 신임을 얻어 봉은사 주지가 되었다. 1550년(명종 5) 문정왕후의 도움으로 선교양종(禪敎兩宗)을 부활시켜 봉은사를 선종, 봉선사를 교종의 우두머리 사찰로 정했다. 1551년 선종판사(禪宗判事)가 되고 300여 사찰을 국가 공인 정찰(淨刹)로 하고, 도첩제에 따라 2년 동안에 4천여 명의 승려들을 뽑는 한편, 승과(僧科)를 설치하게 했다. 그 후 1555년(명종 10) 선종 판사와 봉은사 주지를 사임하고 청평사로 물러나 7년간 머물렀다.
　뒤에 다시 봉은사 주지가 되고 도대선사(都大禪師)와 선종 판사직에 올랐다. 1565년(명종 20) 문정왕후가 죽자 잇따른 배불(排佛) 상소와 유림의 기세에 밀려서 승적을 박탈당하고 제주도로 귀양 갔다가 제주 목사 변협(邊協)에 의해 주살되었다.
　허응 보우는 쓰러져 가는 조선 중기의 불교를 중흥시킴에 결정적 역할을 한 주역이다. 불교를 다시 일으켜 세우고 끝내 제주도에서 순교한 보우는 문집 《허응당집(虛應堂集)》에 시와 게송을 합해 모두 474편의 작품을 남겼는데 그 가운데는 주옥같은 다시 23편이 포함되어 있어 다인(茶人)으로서의 면모도 남다르다.

저술로는 《허응당집》과 《나암잡저》《몽중문답》《권염요록(勸念要錄)》이 있다.

② 차시(茶詩)

• 上須彌庵贈嵩長老贈嵩長老 / 수미암에 올라 숭 장로에게 드림

小庵高竝廣寒隣 작은 암자 높고 높아 광한루와 이웃했는데
白髮禪僧獨坐眠 선정에 든 백발 스님홀로 앉아 졸고 있네.
醉霧酣雲迷甲乙 허둥이는 안개 오가는 구름에 갑을 방향 헷갈리고
開花脫葉紀時年 피는 꽃 떨어지는 잎으로 봄가을을 알아보네.
一雙鶴老茶煙外 한 쌍의 학, 차 달이는 연기 밖에 늙었고
萬疊峯回藥杵邊 만 겹 봉우리 약 빻는 절구 가에 둘러 있네.
聞說此中仙境在 듣노니 이 가운데 신선 경계 있다 하니
吾師無乃永郎仙 우리 스님이 바로 영랑선이 아닌가.

• 十月十三日見雪有作 / 10월 13일 눈을 보고 지음

初冬寒勝仲冬寒 초가을 추위가 한겨울 추위보다 더하여
八字禪扉手自關 팔자로 열린 선방 문을 스스로 손수 닫네.
衲破易驚霜露重 누더기 해진 옷 서리 이슬에 쉽게 놀라지만
氣全難覺歲時闌 기(氣) 온전하면 시절 저무는 것도 깨닫기 어렵네.
怯風垂帳開單後 바람 겁나 장막 내리고 앉을 자리 뒤쪽에 마련하여
怕冷圍爐閣筆端 추위 두려워 화로 껴안고 붓끝을 놓으니

侍子煮茶來喚飮 시자는 차 끓여와 마시라고 부르기에
起看飛雪滿前山 일어서 보니 날리는 눈발 앞산에 가득하네.

• 次訔法師韻 / 은(訔) 법사의 운을 따서

北樹東雲緣甚事 북쪽 나무 동쪽 구름 무슨 일로
十年强半遣長憂 십 년간 반 이상을 길이 근심으로 세월 보냈나.
忽驚天寶山前見 천보산 앞에서 만났을 때 갑자기 놀랐고
却憶雲興寺裏遊 문득 운흥사 안에서 노닐던 일 생각나도다.
茗熟幾多懷共酌 얼마나 많이 차 끓여서 마실 생각했으며
詩成何但想同謳 시 지을 때마다 어찌 다만 같이 읊고자 하였겠나.
不因蘭桂交深厚 난계의 사귐 깊고 두터운 인연이 아니라면
肯得相逢鶱點頭 만나자 곧바로 머리 끄덕이며 마음 허락하는 사이
　　　　　　　　 일 수 있었겠는가

• 次金上舍韻送別 / 김 상사의 시운을 따서 그를 송별함

乘興扶筇訪玉人 흥에 겨워 지팡이 잡고 옥인(玉人)을 찾았으나
情親未必舊雷陣 정으로 친한 것은 반드시 옛 뇌의와 진중70)의 사이
　　　　　　　　 같다 할 수는 없네.
雨餘黛色空靑鬱 비 온 뒤 산빛은 푸르고 울창한데
茶罷詩聲轉斬新 차 마신 뒤 시 읊는 소리 더욱 참신하구나.
縱願樂山辭世繫 비록 산 즐겨 세상의 얽매임 떠났다고 하지만
難忘懷土出雲濱 잊기 어려운 고향 땅 구름 덮인 땅을 나서네.
他年更着登山履 언제라도 다시 등산하는 신발 신거들랑

---

70) 뇌진(雷陳): 뇌의(雷義)와 진중(陳重). 후한 사람으로 친교가 지극히 두터워 교칠(膠漆)보다 더하다고 하였다.

須訪逍遙自在身 모름지기 마음대로 소요하는 사람을 찾아가게나.

• 寄明雄二友 / 명(明)·웅(雄) 두 벗에게

緬惟太白諸禪友 아득히 생각나는 태백산의 여러 선방의 벗들
近歲參尋道幾多 요사이 얼마나 많이 도에 참심(參尋)했는가?
流水光陰侵老祟 흐르는 물 같은 세월은 늙음이 찾아오는 재앙이며
浮雲名譽損禪魔 뜬구름 같은 명예는 선정을 방해하는 마물이라네.
茶爐茗熟懷同飮 차 화로에 차 끓이면 함께 마시고 싶네.
書幌詩成憶共哦 글씨 쓰는 휘장에 시 쓰며 함께 읊조리고 싶네.
君旣與吾情不淺 그대들과 나의 정 얕지 아니하니
秋風連袂訪如何 가을바람 불면 소매 이어 함께 찾아옴이 어떤가.

• 禪餘述懷奉鄭使華棗溪閣下 / 선정을 끝내고 가슴에 둔 생각을 써서 중국 사신으로 가는 정계조(鄭棗溪) 대감께 바침

掬溪深僻懶衣裳 국계암(掬溪庵) 깊고 외져 옷매무새 갖추는 일 게을리하고
黃卷縱橫亂展床 가로세로 어지럽게 책들은 자리에 펼쳐있네.
無少隱憂終日睡 조금도 숨긴 근심 없어서 진종일 낮잠 자고
有多佳興一亭凉 아름다운 흥취 많아 한 정자 시원하네.
山蔬作飯盈腸飽 산나물로 밥을 지어 창자 채워 배부르고
地草煎茶滿口香 이곳 풀로 차 끓이니 입 가득히 향기롭다.
愛把棗溪詩數紙 조계(棗溪) 선생 몇 장의 시 손에 잡고 사랑하며
浪吟無愧比羲皇 낭랑하게 읊으니 복희씨 비교해도 부끄럽지 않네.

• 憶舊隱 / 예전에 살던 곳을 생각하며

奉恩臨衆愧無能　봉은사 대중 앞에 나서니 내 무능함이 부끄럽다.
古寺荊扉入夢恒　옛 절 가시 사립문 늘 꿈길에 들어오네.
茶井苔深空鎖月　찻물 긷던 우물에는 이끼 깊어 공연히 달만 잠기고
石門春暖謾垂藤　돌문에 봄빛 따스하면 부질없이 등 능굴 늘어지네.
禪宗跡忝紅腰客　선종에 몸담은 자취 분수 넘어 허리에 붉은 띠를
　　　　　　　　둘렀으나
楓岳心期白髮僧　마음으로 금강산에서 백발의 스님 되기 기약하네.
櫛標橫擔何日是　지팡이 어깨에 가로 메는 그날 어느 때일까?
不禁歸思近彌增　돌아가고픈 생각 참지 못함이 요즘 더욱 더하다.

• 復用前韻寄李居士 / 다시 앞의 시운을 따서 이 거사에게 보냄

雲間淸興語人難　구름 사이 맑은 흥취 다른 사람에게는 말하기 어려워
倘說君應骨欲寒　설명한다면 그대 아마도 뼛속까지 으스스 추워지리라
楮島睡餘撑小艇　저자도(楮子島)에서 낮잠 잔 뒤 작은 배 떠받치고
蓮池齋罷照衰顔　연지(蓮池)에서 재 끝나면 늙은 얼굴 비추어 본다.
松軒敎演三支論　송헌에서 삼지론(三支論)[71]의 가르침 베풀고
月榭茶烹五味酸　달 밝은 정자에서 달이는 차 다섯 가지 맛이 시구나
緬想萬鍾卿相樂　우두커니 생각하니 만종(萬鍾)[72] 벼슬아치의 즐거움도
逍遙未必此中閑　세상 밖 소요하는 한가로움만 낫다곤 할 수 없지

• 遣興 / 흥에 겨워

宇宙逍遙수我當　우주를 소요 하는 흥취 누가 나를 당하리오

---

71) 三支論: 불교 논리학에서 논리 전개의 세 가지 명제. 즉 주장(宗)·이유(因)
　·실례(喩) 세 가지를 말한다.
72) 萬鍾: 후하고 많은 녹봉

尋常隨意任彷徉 무심히 마음대로 생각 따라 서성거리네.
石床坐臥衣裳冷 돌 침상에 앉고 누우니 옷가지 서늘하고
花塢歸來杖履香 꽃피는 언덕에서 돌아오니 지팡이 짚신 향기롭네.
局上自知閑日月 이곳에서 스스로 한가한 세월임을 알고 있는데
人間那識擾興亡 인간 세계 어찌 알랴, 흥망에 마음 어지러움을
淸高更有常齋後 보통 식사 끝난 뒤에는 다시 맑고 고상함 있으니
一抹茶煙染夕陽 한 줄기 차 끓이는 연기 석양을 물들이네.

• 示敎宗判事來訪 / 교종판사(敎宗判事)가 찾아왔기에

喜君雲蓋訪嶔岑 그대 구름 첩첩이 쌓인 높은 산중에 찾아와 기쁘네
月下烹茶手自斟 달빛 아래 차 끓여 손수 부어 주노니
蘇到廢眠談四夜 깨어나 잠 없어질 때까지 나흘 밤을 이야기하고
情窮無隱露三心 정 다해 숨김없이 삼심(三心)[73]을 토로했네.
憂宗白髮隨時禿 종문 근심해 흰 머리카락 수시로 벗겨지고
戀國丹誠逐日深 나라 사랑하는 참된 정성 날로 깊어지네.
爲報大師知此意 알리노니 대사여, 이 뜻 아는가?
莫敎魔外似前侵 마군 외도를 그대 앞에 침입하는 일 없게 하게나!

• 月夜聞子規 / 달밤에 소쩍새 울음을 듣고

小窓高閣冷禪床 작은 창문 높은 누각 선상(禪床)은 서늘한데
汲水煎茶月滿鐺 물 길어 차 끓이니 달빛 솥에 가득하다.
不識子規何所樂 모르겠노라, 소쩍새 무엇을 즐기는지

---

73) 三心: 《관무량수경》에 따르면 지성심(至成心)·심심회향(深心廻向)·발원심(發願心)을 말하고 《무량수경》에는 지심(至心)·신락(信樂)·욕생(欲生)을 말하고, 기신론에서는 직심(直心)·탐심(貪心)·대비심(大悲心)의 세가지 마음을 칭한다. 또한 근본심(根本心)·의본심(依本心)·기사심(起事心)을 이른다.

與吾同夜叫南崗 나와 함께 밤에 남쪽 언덕에서 부르짖고 있으니

• 夜聞童子洗鐺聲有省 / 밤에 동자 솥 씻는 소리에 옛일을 회고하며

淸香一炷坐高堂 맑은 향 사르며 높은 법당에 앉았으니
忽破多生夢一場 홀연히 맑은 생(生) 깨지고 한바탕 꿈이로구나.
人靜古廚明月夜 사람 소리 고요한 옛 부엌 달 밝은 밤에
汲泉童子洗茶鐺 개울물 길어온 동자 차 끓이는 솥 씻고 있구나.

• 華嚴不思議妙用頌 / 화엄의 묘한 작용을 칭송함

欲知眞妙用 진정으로 묘한 작용 알고 싶다면
日用事天然 일상생활에서 천연(天然)을 섬겨라.
汲水烹茶飮 물 길어 차 끓여 마시고
登床展脚眠 자리에 올라 다리 뻗고 잠잔다.
鳶飛橫碧漢 솔개는 날아 푸른 하늘을 가로지르고
魚躍入深淵 물고기는 뛰어올랐다가 깊은 못 속 으로 들어간다.
潑潑無間斷 만물은 그지없이 활발하여 잠시도 중단되는 일 없으니
靑雲起遠巓 푸른 구름 먼 산마루에 일어나도다.

• 示小師輩 / 제자들에게 교시함

小子以吾爲隱歟 제자들아, 내가 무엇을 숨겼다고 생각하느냐
靈光一道露無餘 신령한 빛 비추는 한 가닥 길 남김없이 들어내리라
湯尋古鼎烹香茗 목마르면 옛날 솥 찾아서 향기 좋은 차를 끓이고
飢向幽林斸軟蔬 배고프면 그윽한 숲에 가서 연한 채소 잘라 온다.
澗石掃塵雲觸箒 개울 반석의 먼지 쓸면 빗자루에 구름 부딪치고

岩花培土蝶隨鋤 바위틈 핀 꽃 흙 북돋우면 나비 따라 호미질한다.
若能於此開淸眼 만약 여기서 맑은 눈 뜰 수 있다면
始識吾無與汝疎 비로소 알게 되리, 내가 너희와 소원하지 않음을

• 春山卽事 / 봄 산에서

春到還多事 봄 돌아오니 일이 많아져
人應不自閑 사람들은 스스로 한가하지 못하네.
求齋僧下市 양식 구하러 스님은 저자로 내려가고
尋友客來山 친구 찾아 손님은 산으로 오네.
茗得風柔嫩 차나무는 봄바람에 싹을 틔우고
禽因日煖喧 새들은 따사로운 햇살에 울어대네.
唯吾緣病懶 오직 내가 병들고 게을러
無計動禪關 선관(禪關)에서 움직일 계획 없네.

• 淸平雜詠 / 청평의 감흥

天能敎我入杉蘿 하늘이 능히 나를 삼나무 덩굴에 들어오게 하여
泉石榮華與世賖 개울과 반석의 영화로 세상과 멀게 하였네.
深碧坐臨西澗水 깊고 푸른 서편 시냇물에 와 앉고
淺紅行見後山花 엷고 붉은빛 뒷산의 꽃 걸으면서 보네.
茶爐備火收松子 차 달이는 불 준비하려고 솔방울 모으며
丹竈添差采蕨芽 단(丹) 굽는 화덕 반찬 하려고 고사리 싹 모으네.
更有十分堪畵處 다시 충분히 그림 그리는 곳에 있으니
南峯舒卷紫煙霞 남쪽 봉우리에 펴지고 걷히는 자줏빛 노을 보거나.

• 雜咏 / 느낌을 읊다

禪罷生幽興 참선 마치니 그윽한 흥취 생겨
扶筇樂有餘 지팡이 잡는 즐거운 여유 있으니
捫蘿入洞수 덩굴 끌어당기며 골짜기 들어가
舒嘯上菴虛 휘파람 불며 빈 암자 오르네.
金竈茶烟冷 금빛 화덕에는 차 연기 싸늘하고
禪壇桂影踈 선단(仙壇)에는 계수나무 그림자 성기다.
鸞笙方待聽 난새의 생황 소리 듣기를 기다리는데.
鶴駕已催余 학을 탄, 신선 이미 나를 재촉하네.

• 見山茶花 / 산다(山茶)의 꽃을 보면서

齋餘仙洞訪雲中 재 끝나 구름 속의 선동(仙洞)을 찾아가니
鶴老人歸菴自空 학은 늙고 사람은 돌아가 암자가 저절로 비었네.
唯有山茶花萬朶 오직 만 송이 산다(山茶)의 꽃이 있어서
倚岩依舊笑春風 바위에 의지해 옛날처럼 봄바람에 웃는다.

• 洗心亭上望見性蘭若遂賦詩以示俊水鍾 / 세심정 위에서 견성암을 바라보며 시를 지어서 수종사(水鍾寺)의 준(俊) 스님에게 보여 줌

丹崖松栢鬱靑靑 소나무 잣나무 빽빽이 푸르고 또 푸른 절벽에
蘭若三間半露甍 세 칸 작은 암자 용마루 지붕 절반이 드러났네.
造化一山鍾秀氣 조화로운 한 산의 빼어난 기운 모아
岳靈諸地割精英 산신령이 여러 땅에 정령한 정기 나누었나.
蕩胸煮茗烟成篆 가슴 텅 비우고 끓이는 차 연기 꼬부랑글씨 이루고
決眥穿林客到楹 눈 부릅뜨고 바라보니 숲길 뚫고 찾아온 손님 기둥

앞에 이르렀네.
恩眷倘能垂報盡 임금께서 은혜 드리우신 것 혹 다 갚을 수 있다면
會當歸臥共餘生 당장 돌아가 그곳에 누워 남은 생애 같이하리.

• 牛頭寺 / 우두사

牛頭寺在野中坡 우두사 들 가운데 언덕이 있어
擾擾車塵卽紫霞 시끄러운 수레 먼지가 곧 붉은 노을이라네.
問枕桑麻田萬頃 산문은 뽕나무와 삼 일만 고랑 밭을 베고 서 있고
窓聞鷄犬響千家 창문에선 일천 집에 울리는 개소리 닭소리 들리네.
茶烹楊口江流水 양구의 흐르는 강물로 차 끓이고
飯熟獜蹄桴上楂 인제의 뗏목 위 조각 나무로 밥 짓는다.
漁火五更僧罷夢 오경의 고기잡이 불빛에 스님 꿈 깨어나면
擔囊乞粟向村賖 바랑 걸머지고 멀리 식량 구걸하러 마을로 향하네.

• 月夜聞子規 / 두견새 노래를 듣다

작은 창 높은 누각 선상은 싸늘한데
물 길어 차 끓이니 솥 안에 달 가득
두견새 노래 즐김 알 수 없으나
같은 밤 나와 함께 남쪽 향해 노래하네.

小窓高閣冷禪床　汲水煎茶月滿鐺
不識子規何所樂　與吾同夜叫南崗

• 寄醉仙 / 취선에게 보내다

君獨慕眞隱 그대 오직 참다운 은사(隱士) 사모해
舍笏來飄然 벼슬 버리고 표연히 여기 왔네.
月夕話幽趣 달밤엔 그윽한 아취 얘기하고
丹竈生茶煙 신선의 부뚜막에선 차 연기이네.
奇遇豈偶爾 기이한 만남 어찌 우연만이겠나
宿誓喜相圓 숙세(宿世)의 서원으로 끊임없이 잘 만난 것이지
意擬堅靜節 마음에는 절조 굳게 지키며
共老靑山邊 청산에서 함께 늙으리라 생각했는데.

17. 淸虛 休靜(청허 휴정)

① 생애(生涯)

　청허 휴정(淸虛 休靜)은 조선 중기의 스님으로 자는 현응(玄應)이고 속명은 여신(汝信)이다. 묘향산에 살아 서산(西山)이라고 하며, 호는 백화도인(白華道人)·풍악산인(楓岳山人)·두류산인(頭流山人)·묘향산인(妙香山人)·조계퇴은(曹溪退隱)·병로(病老) 등이다.

　속성은 최 씨이고 본관은 완산이다. 아버지는 최세창(崔世昌)이고 어머니는 한남 김 씨로 평남 안주(安州)에서 태어났다. 9세에 어머니를, 10세에 아버지를 여의고 안주 목사 이사증(李思曾)의 양자로 입적하여 양아버지를 따라 상경하여 성균관에서 공부했다. 진사과에 낙방하고 지리산에 들어가 숭인(崇仁)에게 공부했고, 영관에게 스님이 되었다. 33세에 문정대비(文定大妃)와 허응 보우(虛應 普雨)에 의해 부활된 승과(僧科)에 급제했다. 선교양종판사(禪敎兩宗判事)가 되었다.

　휴정은 1557년 선교양종 판사를 물러나고 1592년 임진왜란이 일어나자 팔도십륙종도총섭(八道十六宗都摠攝)이 되어 승병 5천 명을 규합 그 총수가 되고, 서울 탈환에 공을 세우고 환도 후 노환을 이유로 제자인 유정(惟政)과 처영(處英)에 총섭의 자리를 부탁하고 묘향산으로 돌아갔다. 1604년 세수 85세, 법랍 70년으로 묘향산 원적암에서 입적했다. 저술로는 《선가귀감》《청허당집》《심법요》등이 있다.

　하동의 화개동천(花開洞川)에서 선문(禪門)에 들기로 작정하고 경전을 읽기 시작하여 3년만인 열여덟 살 때 머리를 깎고 불도에 정진하기 시작했던 휴정(休靜)은, 승병장이란 명성으로 그의 특출한 시재(詩才)와 다인으로서의 진면목이 들어나지 않은 점이 있다.
 불교를 질시하던 시대적 배경이 있긴 했지만 나라가 위기에 처했을 때 은둔처를 뛰쳐나와 전쟁터를 누볐던 대사의 애국충정 못지않게 특출했던 그의 재능과 인간상은 후인들이 길이 전해야 할 것이다. 시는 유유자적한 삶의 자세와 간결함이 그려져 있다.

② 차시(茶詩)

• 행주 선자에게 보이다 / 示行珠禪子

白雲爲故舊 흰 구름은 오랜 내 벗이요
明月是生涯 밝은 달은 곧 내 삶이거니
萬壑千峰裏 일만 골짜기 일천 봉우리 속에서
逢人卽勸茶 사람이 오면 차를 권하네.

 이 시는 20여 년 세월을 화개동천에서 보내면서 숱한 기문(記文)과 시를 남겼던 대사가, 첩첩산중에서 오직 푸른 하늘에 유유히 흐르는 흰 구름과 밝은 달을 바라보며 바깥세상 사람을 그리워하던 마음이 짙게 배어있어 인간적 모습을 보는 것 같다.

松風檜雨到來初 소나무에 바람 불고 전나무에 비 내리듯 물 끓거든
急引銅甁移竹爐 지체없이 동병을 죽로(竹爐)에 옮겨와야 한다.
待得聲聞俱寂後 물 끓는 소리 듣는 내 마음마저 다 고요해진 뒤에
一甌春雪勝醍醐 한 잔의 춘설차 맛은 제호(醍醐)보다 수승하다.

선은 맑고 밝고 간결하고 소박하고 탈속하다. 그리고 고요하고 자연스럽다. 조작과 군더더기가 없고 겉치레나 불필요한 것이 일체 없어 절제의 극치이며 깊고도 유연하다. 그러면서 어딘가 모르게 위엄이 있다. 이러한 정신이 모든 분야에 깃들어 있다.

차를 한잔 마시면서 자신의 깊은 선심(禪心)을 드러내는 일은 선자(禪者)의 당연한 일상사다. 차를 마시려면 먼저 동병(銅瓶)에 좋은 물을 떠다가 물을 끓여야 한다. 물이 끓는 소리가 마치 소나무에 바람이 불 듯하다가 다시 전나무에 비가 내리는 듯하다. 그 이상을 끓이면 안 된다. 그때를 기다려 곧바로 물 끓이던 동병을 얼른 죽로(竹爐)에 옮겨 온다.

그리고 지금 막 법제한 첫차의 찻잎을 넣는다. 그리고 물이 끓던 소리도 잦아들고 그 소리를 듣던 사람의 마음도 함께 고요해지면, 그때 가만히 찻잔에 부어 마신다. 무엇보다 선심이 젖어 든 한 잔의 차 맛은 도인의 세상을 살아가는 맛이다.

이것이 선차이다. "물 끓던 소리도 잦아들고 그 소리는 듣던 사람의 마음과 번뇌도 고요해지면…"이라는 말에 뜻이 매우 깊다.
무릇 선차를 하는 사람들은 외적인 격식보다는 이 말에 마음을 써야 한다. 마음이 여기에 이르면 그때는 어떤 행동도, 어떤 자세도 무애자재 할 것이다.

• 천옥선자 / 天玉禪子

畫來一椀茶 　낮에는 차 한 잔
夜來一場睡 　밤에는 잠 한숨
靑山與白雲 　푸른 산과 흰 구름 더불어
共說無生死 　함께 無生死를 말함이여

박좌상(朴左相) 순(淳)에게 드림
-한 봉지 차와 쌍죽지(雙竹枝)를 주심에 감사함.

귀한 글월 겸하여 운유(雲腴)와 옥지(玉枝)를 엎드려 받으니, 이 두 물건은 각각 능히 갈증을 그치게 하고 병든 몸을 의지하게 하는 것이라 감사함을 다 말할 수 없습니다. 또 학슬(鶴膝)과 용각(龍角)74)은 청려(靑藜)와 적등(赤藤)75)의 유가 아닙니다. 그 서리 같은 지조는 늠름하여 영상(領相)의 기풍을 생각게 하고, 그 무쇠와 같은 절개는 갱갱(鏗鏗)하여 영상의 풍채를 생각게 합니다. (하략)

• 頭流山 內隱寂庵 / 두류산 내은적암

有僧五六輩 스님 대여섯 명이
築室吾庵前 내 암자 앞에 절을 지었네.
晨鍾卽同起 새벽 종 치면 함께 일어나고
暮鼓卽同眠 저물 때 북 울리면 같이 자네.

共汲一澗月 한 시냇물 속의 달을 함께 길어
煮茶分靑烟 차 달여 그 푸른 연기 나누며
日日論何事 날마다 무슨 일 의논하는가
念佛及參禪 염불과 참선일세.

---

74) 학슬(鶴膝)과 용각(龍角): 대로 만든 지팡이를 가리키는 말. 학슬은 학의 다리 모양으로 미끈한 대나무 지팡이, 용각은 대나무의 뿌리가 위로 간 대나무 지팡이.
75) 청려(靑藜)와 적등(赤藤); 지팡이 이름. 청려는 청려나무 지팡이, 적등은 등나무에 기름을 먹여 빨갛게 된 지팡이.

• 偶吟 / 우연히 읊다

松榻鳴山雨 산비는 솔밭을 울리는데
傍人詠落梅 옆 사람은 지는 매화를 아쉬워하네.
一場春夢罷 한바탕의 봄 꿈 끝나니
侍子點茶來 시자가 차를 달여 오누나.

• 道雲禪子 / 도운선자

衲子一生業 스님의 한평생 하는 일이란
烹茶獻趙州 차를 달여 조주(趙州)에게 올리는 것
心灰髮已雪 마음은 재가 되고 머리 이미 희었나니
安得念南州 어찌 다시 남주(南州)76)를 생각하리오.

• 次尹方伯韻 / 윤방백(尹方伯)의 운을 이어

一吟相國詩 상국(相國)의 지은 시 한 번 읊으니
鄙吝如氷釋 비린(鄙吝)77)한 마음 얼음 녹듯 하여라.
何況對高標 하물며 높은 풍채 마주하여
烹茶松下石 소나무 아래 바위에 앉아 차를 다림에랴.

• 山中辭 / 산중사

山人之南兮白雲頭流 / 산인이 남쪽으로 가니 백운산과 두류산이요
山人之北兮妙香楓嶽 산인이 북으로 가니 묘향산과 풍악산이네.

---

76) 南州: 염부제(閻浮提)를 말함. 부처님이 태어난 인도를 가리킴.
77) 비린(鄙吝): 마음이 고상하지 못하고 더러움

一沙彌進茶　　한 사미 차를 달여 오고
一沙彌洗衲　　한 사미 누더기를 빨아 주네.

- 遊香峯 / 향봉(香峯)에 놀다

步步又步步　걷고 또 걸어서
層崖幾重重　층층한 벼랑 몇 겹이던고?
白雲生洞壑　동학(洞壑)에 흰 구름 일어나니
忽失香爐峰　문득 향로봉을 잃었네.
汲澗然秋葉　시냇물 긷고 가을 잎 태워
烹茶一納胸　차 달여 한 번 마시고
夜來嵒下睡　밤 되어 바위 밑에 자니
魂也御飛龍　혼(魂)은 나는 용을 탔네.
明朝俯天下　내일 아침 천하를 굽어보면
萬國列如蜂　모든 나라가 벌처럼 줄지어 있으리.

- 白雲子 / 백운자(白雲子)에게

靑松子白石　　푸른 솔 씨와 흰 돌로
烹茶兮厖眉　　눈썹이 긴 늙은이가 차를 달이네.
僧一宿兮告別　스님이 하룻밤 자고 이별을 고하니
赤脚兮如氷　　맨다리가 얼음 같구나.
長天寥廓兮雲悠悠　넓은 하늘 끝이 없는데 구름은 유유하고
遠山無限兮碧層層　먼 산은 끝이 없어 층층이 푸르네.

18. 靜觀 一禪 (정관 일선)

① 생애(生涯)

　정관 일선(靜觀 日禪: 1533~1608)은 성은 곽(郭). 연산 사람이다. 15세에 출가한 뒤 백하 선운(白霞禪雲)에게 법화 사상을 배웠고, 나중에 청허 휴정의 법을 받았다. 사명 유정·편양 언기·소요 태능과 함께 휴정의 4대 제자 중의 한 분이다. 그는 임진왜란 중 승려들이 僧軍으로 참전하는 것을 보고 승려의 본분이 아니라 하여 승단의 장래를 깊이 걱정했으며, 유정에게 글을 보내 '전쟁이 끝났으니 빨리 관복을 벗고 승가의 본분을 다하라'고 권했다. 1608년 나이 76세, 법랍 61년으로 덕유산에서 입적했다. 《정관집(靜觀集)》 1권이 현존하고 있다.

② 차시(茶詩)

・題大芚寺 / 대둔사에서

松韻淸人耳　솔바람 소리는 사람의 귀를 맑혀 주고
溪聲惹夢魂　산골 물소리는 꿈을 이끌어 간다.
齋餘茶一椀　불공이 끝난 뒤의 한 잔 차에
風月共朝昏　아침저녁의 풍월이 더불어 있네.

　이 시는 해남 대둔사에서 정관(靜觀) 스님이 읊은 시다. 산사에서 듣는 솔바람 소리는 유난히 운치가 있다. 그 소리에 사람의 귀를 맑게 하고 산골에서 흐르는 물소리에 인간은 꿈속에서도 인연의 실타래를 따라다닌다. 불공 후 스님이 마시는 한 잔의 차야말로 산사에서 사는 스님들의 청복(淸福)이 아니겠는가.

• 古寺 / 옛 절에서

客尋蕭寺正春天 정월 봄 하늘에 객이 쓸쓸한 옛 절에 찾아들어
煮茗岩前起夕烟 바위 앞에서 차 달이는데 저녁연기 일어나네.
古塔隔林人不管 숲속에 떨어진 고탑은 사람이 관리하지 않는데
暮鴉飛入白雲邊 흰 구름 가에 갈가마귀들 날아들고 있네.

• 歸兜率山 / 도솔산으로 돌아가다.

庚辰元月曙光微 경진년 정월 새벽빛 속에
步自孤雲向兜率 고운사(孤雲寺)에서 걸어 도솔산으로 향하였다.
渡水經丘幾萬重 물 건너고 구름 지났는데 그 얼마나 중첩되었든가
行行忽至山腰歇 걷고 걸어 홀연히 산허리에 이르러 쉬었다.
踰嶺暮到藥師庵 저문 날 산 넘어 약사암에 이르니
老納出門迎入室 노승이 맞이하여 방으로 인도하네.
漢茗自煎餽我勤 한명(漢茗)을 손수 달여 은근히 전하나니
趙州餘風今無歇 조주(趙州)의 끼친 풍도 아직도 남았구나.

19. 雲谷 沖徽 (운곡 충휘)

① 생애(生涯)

 운곡 충휘(雲谷沖徽: ?~1613) 스님의 호는 운곡(雲谷)이며 정관일선(靜觀一禪. 1533~1608)의 법제자로 시에 매우 능했다. 당대의 문장가인 이안눌(李安訥)·이수광(李睟光)·장유(張維) 등과 교유하며 시를 지었다. 해인사·백련사 등지에서 오래 머물렀다. 하지만 자세한 행적은 알 수 없다. 저술로는 1663년 적멸암에서 발간한 《운곡집》 1권이 현존한다.

② 차시(茶詩)

• 春晚遊安心寺 / 늦봄 안심사(安心寺)에서 노닐다.

夜雨朝來歇 밤비가 아침이 되어서야 그쳤는데
靑霞濕落花 푸른 안개가 습하여 꽃이 떨어진다.
山僧留野客 산승과 야객(夜客)이 절에 머물러
手自煮新茶 손수 새 차를 달이네.

• 敬次松雲金判書韻 / 송운 김 판서의 운을 받들어 따라

巖竇靈泉細脉長 바위 구멍의 영천에서 가는 물줄기 길게 흐르고
跳波流入小池塘 건너 물들이 흘러들어 작은 못을 이루고 있네.
山童睡起敲茶臼 산동(山童)이 잠에서 깨어나 차 절구를 찧는데

一抹輕烟旱夕陽 한 줄기 가벼운 연기가 석양을 맴도네.

   이 시는 정관 일선(靜觀一禪)의 법제자로서 시에 능한 그의 면모를 유감없이 보여주고 있다. 바위 구멍의 샘에서는 가는 물줄기가 길게 흐르고, 산동(山童)은 낮잠에서 깨어나 차 절구(茶臼)를 찧고 있다. 아마 충휘 스님 일행에게 말차(抹茶)를 대접하기 위해서일 것이다. 영천(靈泉)의 물이 있고 말차가 준비되었으니 그들은 석양에 피어오르는 연기를 바라보면서 차를 마셨으리라.

• 贈信安師 / 신안(信安) 스님에게 줌

世界多煩惱 세상에는 번뇌가 많으니
宜居獨化城 편안히 홀연 화성(化城)에 산다.
山從沙際斷 산은 그 끝에 단애를 이루고
水到石稜鳴 물은 돌무더기에 닿아 울부짖으며
拋食魚爭唼 먹을 것을 던지니 고기들이 다투어 벙긋거리는데
忘機鳥不驚 망기(忘機)하니 새들도 놀라지 않는다.
呼兒煮新茗 아이 불러 햇차를 달이게 하고
吟對亂峯靑 수많은 봉우리의 푸르름을 음미한다.

• 贈惠天師 / 혜천(惠天) 스님에게 주다.

歲去頭全白 세월이 흘러서 머리는 모두 희어지고
春來晝正長 봄이 오니 낮이 길구나.
詩書付流水 시서(詩書)는 흐르는 물에 부치고
老兵戀殘陽 늙은이의 병은 남은 햇볕을 그리워한다.
靄雜爐烟碧 아지랑이는 화덕의 푸른 연기와 섞이고

泉和茗味香 샘은 차의 맛과 향이 화합한다.
一宵江上寺 하나의 작은 강 위의 절에서
淸話廢眠床 잠자지 않고 맑은 얘기를 하세.

　충휘 스님이 신안(信安) 혜천(惠天) 스님에게 준, 위의 두 시도 주위의 경계를 묘사한 서경(敍景)과 함께 차가 등장한다. 아이 불러 차를 달이게 하고 봉우리의 푸르름을 음미하거나, 아니면 샘물을 길어 차를 달이며 청담(淸談)을 나누기도 한다. 정취가 그윽한 차시다.

• 廢寺 / 폐사

獨把靑藜杖 홀로 청려장 짚고
來尋古寺前 옛 절 앞에 찾아왔다.
廢池窺渴猿 황폐한 연못에는 갈증 난 원숭이가 엿보고
喬木조寒蟬 키 큰 나무에는 매미가 차갑게 우네.
茶竈雲爲鎖 차 화덕에는 구름이 자물쇠 인양 서려 있고
禪階草作氈 선원 계단에는 풀이 담을 이루고 있네.
題詩生百感 시를 지으려니 온갖 느낌이 일어나고
回首夕陽天 고개 돌려 석양의 하늘을 바라본다.

• 敬次西山大師贈雪梅長老韻 / 서산대사에게 준 운을 받들어 따라서

西湖一去林君復 서호에 한번 가서 임군을 다시 만나니
皎皎氷姿人未識 교교하고 차가운 자세는 사람을 알아보지 못하네.
風來香逐藥杵淸 바람 불어와서 약절구의 맑은 향들 쫓아 버리고
月出影　茶鐺白 달뜨자 그림자는 물에 잠기고 차 솥은 비어 있네.
纖柯不帶盡埃氣 옷깃에는 티끌 세상의 기(氣)가 묻어 있지 않으니
異根喜托霜雪壑 이근(異根)은 기꺼이 서리와 눈구덩이에 밀어버려라.

赤憎狂飈捲地號 붉은 증오와 미친바람은 지호(地號)로 한껏 힘쓰면
萬片飄向泥中落 만 갈래 되어 회오리바람 인양 수렁으로 떨어지리.

• 九千洞白蓮社敬次東岳李明府韻 / 구천동 백련사 동악의 운을 따서

山勢周遭小洞幽 산세가 주위를 둘러싸 작은 동네가 유현한데
白猿啼處有高樓 흰 원숭이가 우는 곳에 높은 누각이 있네.
雲遮石逕苔全潤 구름이 돌길에 서렸는데 이끼가 덮여 빛나고
樹挾溪橋葉盡流 나무는 협계의 다리를 끼고 있는데 잎은 모두 흘러내렸네.
童子煮茶深院夜 백련사 깊은 밤에 동자는 차를 달이고
眞僧說偈古壇秋 진승은 가을 옛 단에서 게(偈)를 설하네.
吟詩步出疎林外 시를 읊으며 숲 밖으로 걸어 나가니
風起寒沙柳拂頭 찬 땅에 바람 일어 버들가지가 머리를 스친다.

• 雙溪寺 / 쌍계사

琳宮倚在大江隈 아름다운 범궁(梵宮)은 큰 강을 의지해 서 있고
步出瑤階剝錦苔 걸어 나가 아름다운 계단에서 금빛 이끼 두드리네.
茶竈掃雲聞客至 객이 이르렀음을 듣고 차 화덕을 소제하니
松門演法見僧來 솔 문에는 법을 강연하는 걸 보려고 스님들이 오네.
靑歸柳眼烟初合 푸름이 돌아와 버들눈이 연기와 처음 만나고
香入梅腮暖始催 향이 풍기니 매실은 따뜻해지기를 재촉하네.
今日幸投花界宿 오늘은 다행히 화계(花界)에서 자나니
固知人世有蓬萊 굳이 알 수 있으랴 인간 세상에 봉래산이 있음을.

• 天眞臺寄上大提學谿谷張相公 / 천진대에서 대제학 계곡 장상공께 부쳐

山高精舍半藏雲 산 높은 곳에 절은 반쯤 구름에 잠겨 있는데
長晝開扁遠世紛 긴 날 빗장을 여니 세상은 분분하구나.
苔逕細穿杉影轉 이끼 낀 길을 가늘게 통해 삼나무 그림자 옮기는데
玉溪深向石稜分 옥계(玉溪)는 깊이 돌 사이로 흐른다.
香飄小竈敲茶臼 작은 화덕에서 향 풍기고 차 절구를 찧으니
烟颺空壇熟寶薰 연기 날려 빈 단을 보훈(寶薰)하며 사르네.
巢燕不知淸淨界 둥지의 제비는 알지 못하리. 청정한 세계가 있음을
啣泥時汚妙蓮文 이름이 수렁에 빠져 더러워졌을 때는 묘한 불법의 글뿐
　　　　　　　아니니라.

• 次東岳李明府韻 / 동악 이명부의 운을 빌려

童子煮茶深院夜 깊어가는 절 밤에 동자는 차를 끓이고
眞僧說偈古壇秋 가을의 옛 단에선 스님이 게를 설한다네.
吟詩步出疎林外 시를 읊으며 성긴 숲으로 걸어 나가니
風起寒沙柳拂頭 찬바람이 일어 버들가지가 머리에 스치네.

20. 浮休 善修(부휴 선수)

① 생애(生涯)

　부휴 선수(浮休 善修: 1543~1615)의 호는 부휴이고 성은 김(金), 전북 오수(獒樹)에서 태어났다. 20세에 지리산에 들어가 신명(信明)에게 출가하고 뒤에 부용 영관(芙蓉靈觀)의 법을 이어받았다. 독서를 많이 했고 글씨에도 뛰어나 사명 유정(四溟惟政)과 함께 명성을 떨쳐서 당시에는 이난(二難)이라 했다. 1592년 임진왜란 때에는 덕유산의 초암에 있었는데 왜병들이 온다는 소문을 듣고는 바윗굴에 몸을 숨겼다가 해 질 녘에 적병이 갔으리라 판단하고 암자로 돌아가다가 왜병 수십 명에게 포위되었다. 왜병들은 칼을 휘두르며 덤볐으나 그는 태연히 서서 움직이지 않았다. 그러자 그들은 기이하게 여기고 절을 하고 물러갔다. 전쟁이 평정된 뒤 해인사에서 명나라 장수 이종성(李宗城)을 만나서 대화를 나누었다. 이어 구천동으로 옮겨서 《원각경》을 읽었는데, 한 마리의 큰 구렁이가 와서 이를 듣고서 환생했다고 한다.
　무고로 옥에 갇힌 적도 있으나 그의 뛰어난 인품과 덕화에 도를 묻는 무리가 항상 7백여 명에 달했다. 1614년(광해군 6) 송광사에서 칠불암으로 들어가 1615년 11월 1일 벽암 각성(碧巖 覺性)에게 법을 부촉하고, 세수 73세, 법랍 54년으로 입적했다. 저술로 《부휴당집》3권이 있고 그의 법맥은 청허 휴정 문하와 더불어서 오늘날 한국 승단의 주축을 이루고 있다. (《조선불교통사》《광해군일기》《백곡집》《한국불교인명사전》) 참조

② 차시(茶詩)

• 次高秀才 / 고수재(高秀才) 운을 따라

詩思經春亂 시를 생각하며 봄의 어지러움을 겪고
離情入暮饒 정든 고 수재와 헤어져 황혼 속 들어가니
明朝茶一椀 내일 아침 차 한잔하자며
相送虎溪橋 호계(虎溪) 다리에서 서로 헤어졌네.

• 贈巖禪伯 / 암선백(巖禪伯)에게 주다

默坐虛懷獨掩門 사립문 닫고 잠자코 앉아 마음을 비웠는데
一聲春鳥碧山雲 푸른 산 구름 속에 한 소리 봄 새가 운다.
煙霞剩得閑中趣 저녁노을 아래서 한가로움을 한껏 맛보지만
只自熙怡不贈君 다만 혼자 즐거워할 뿐 그대에게 줄 수 없네.

獨坐深山萬事輕 깊은 산에 홀로 앉아 일마다 기쁜데
掩關終日學無生 하루종일 사립문 닫고 무생(無生)을 배웠노라.
生涯點檢無餘物 생애를 낱낱이 살펴봐야 별다른 것 없나니
一椀新茶一卷經 햇차 한 잔에 한 권의 경전일세.

• 寄松雲 / 송운(松雲)에게 부쳐

朝採林茶暮拾薪 아침에는 잎차 따고 저녁에는 섶을 줍고
又收山果不全貧 또 산과(山果)까지 거두니 가난하진 않네.
焚香獨坐無餘事 향 사르고 홀로 앉아 일이 없으면
思與情人一話新 정다운 사람과 할 이야기를 생각하네.

송운(松雲)은 사명대사 유정(惟政)의 호이다. 부휴와 사명은 당대의 고승이다. 부휴는 아침에 차잎 따고 산 과일을 따는 자신의 일상을 얘기하면서 그 어간(語間)에 자신의 법 살림을 은근히 자랑하고 있다. 그러면서 그는 시대의 걸물인 사명당에 대한 자신의 정을 토하고 있다. 홀로 앉아 새 이야기를 생각하는 것은 같은 고난의 시대를 사는 승려로서 친근함과 정을 나타낸 것이다. 초탈한 산승들의 은근한 마음 씀이 부럽다.

• 山居雜詠 / 산거잡영

俛仰天地間 굽어보고 우러러 천지 사이에
暫爲一時客 잠간 동안 한 때의 나그네 되었구나.
穿林種新茶 숲을 헤쳐서 새로 차를 심고
洗鼎烹藥石 솥을 씻어 약석(藥石)을 달인다.
月夜弄月明 달 뜬 밤에는 달빛을 희롱하고
秋山送秋夕 가을 산에서 가을 저녁을 보낸다.
雲深水亦深 구름도 깊고 물도 또한 깊어
自喜無尋迹 찾을 사람 없으니 스스로 즐거워하네.

21. 四溟堂 惟政(사명당 유정)

① 생애(生涯)

　본관은 풍천(豊川), 속성은 임(任) 씨로 속명은 응규(應奎)이며, 자는 이환(離幻), 호는 사명당(泗溟堂 또는 四溟堂)·송운(松雲)·종봉(鍾峯), 시호는 자통홍제존자(慈通弘濟尊者)이다. 형조판서에 추증된 임수성(任守城)의 아들로서 경상남도 밀양에서 태어났다. 어려서 조부 밑에서 공부를 하고 1556년(명종 11) 13세 때 황여헌(黃汝獻)에게 《맹자(孟子)》를 배우다가 황악산(黃岳山) 직지사(直指寺)의 신묵(信默)을 찾아 승려가 되었다.
　1561년(명종 16) 승과(僧科)에 급제하고, 1575년(선조 8)에 봉은사(奉恩寺)의 주지로 초빙되었으나 사양하고 묘향산 보현사 휴정(休靜; 서산대사)의 법을 이어받았다. 명산을 찾아다니며 도를 닦다가, 상동암(上東菴)에서 소나기를 맞고 떨어지는 낙화를 보고는 무상을 느껴 문도(門徒)들을 해산하고, 홀로 참선 정진했다.
　1592년(선조 25) 임진왜란 때 승병을 모집, 휴정의 휘하로 들어갔다. 이듬해 승군도총섭(僧軍都摠攝)이 되어 명(明)나라 군사와 협력, 평양을 수복하고 도원수 권율(權慄)과 의령(宜寧)에서 왜군을 격파, 전공을 세우고 당상관(堂上官)의 위계를 받았다. 1594년(선조 27) 명나라 총병(摠兵) 유정(劉綎)과 의논, 왜장 가토 기요마사[加藤淸正]의 진중을 3차례 방문, 화의 담판을 하면서 적정을 살폈다.
　정유재란 때 명나라 장수 마귀(麻貴)와 함께 울산의 도산(島山)과 순천(順天) 예교(曳橋)에서 전공을 세우고 1602년 중추부동지사(中樞府同知使)가 되었다. 1604년(선조 37) 국왕의 친서를 휴대하고 일본에 건너가 도쿠가와 이에야스[德川家康]를 만나 강화를 맺고 이듬해 잡혀간 조선인 3,000여 명을 인솔하여 귀국했다.

  선조가 승하한 뒤 해인사(海印寺) 홍제암에 머물다가 그곳에서 입적하였다. 초서(草書)를 잘 썼으며 밀양의 표충사(表忠祠), 묘향산의 수충사(酬忠祠)에 배향되었다. 저서에 《사명당대사집》《분충서난록》 등이 있다.

② 차시(茶詩)

• 奉別回答使 / 회답사를 보내며

通明殿下受明詔 통명전(通明殿) 아래서 조서(詔書)를 받들고
鯨海鯤波發此行 고래 바다 곤(鯤)의 물결 이 길을 떠나네.
北極暮雲將日遠 북극(北極)에 저문 구름 해와 함께 멀어지고
東州歸路與天長 동주(東州)의 돌아가는 길 하늘과 더불어 길다.
黃柑每見班兒獻 황감(黃柑)은 아롱옷 입은 아이 드림을 볼 것이요
靑茗時同染齒嘗 푸른 차는 때때로 염치(染齒)와 함께 마실 것이다.
竣事還携多赤子 일 마치고 많은 적자(赤子) 이끌고 올 제
秋洋隨意泛回黃 가을 바다에 돌아오는 배 뜻대로 띄우리라.

• 贈智湖禪伯 / 지호 선백에게 주다

係出曹溪百代孫 조계(曹溪)를 이은 오랜 후손
行裝隨處鹿爲羣 행장(行裝) 가는 곳마다 사슴과 벗을 한다.
傍人莫道虛消日 사람들아 헛되이 날을 보낸다고 하지 말라
煮茶餘閑看白雲 차를 달이는 여가에 흰 구름을 본다.

• 次仙巢韻 / 선소의 운을 따라

黃檗老人轟霹靂 황벽 선사는 벼락을 쳤고
白拈臨濟捲風雲 백염한 임제 종풍을 일으켰다.
固知佛法無多子 실로 불법이 별것 아닌 줄 알면
八兩元來是半斤 여덟 냥이 원래 반 근이니라.

城市曾聞大隱在 성시(城市)에 대은이 있다는 것을 일찍 들었더니
老師方丈正依然 노사의 방장이 바로 그러하구나.
點茶示我宗門句 점다하고 나에게 종문의 구절을 보이니
知是西來格外禪 서역에서 온 격외선임을 알겠네.

• 次元吉韻 / 원길(元吉)의 운을 따라

聚散皆因宿有緣 모이고 흩어짐이 숙세의 인연인데
海東那料此同筵 바다 동쪽 한 자리에 만날 줄 뉘 알리
春亭烹進仙茶飮 봄날 정자에서 선다를 달여 마시려니
靑草煙花滿眼前 청초와 이끼 낀 꽃이 눈앞에 아득하다.

欲把黃庭問神訣 황정경(黃庭經)을 손에 들고 신결(神訣)을 묻고자
遠路桑海疑仙扁 멀리 바다 건너 신선의 문 두드렸더니
喚沙彌進茶三琓 사미승 불러 차 석 잔 내오니
東院宗風古典刑 동원(東院)의 종풍(宗風) 예와 같구나.

• 次承兌韻 / 승태(承兌)의 운을 따라

故國別經歲 고국 이별한 지 해가 지났는데

遠遊天一隅 먼 이역 하늘 아래 노니누나.
無心窮勝覽 좋은 경치 볼 마음도 없건만
有客勸提壺 손님이 술병 들고 놀러 가자네.
翫月期王老 달 보는 건 왕로(王老)와 기약하고
登山擬子湖 산 오르는 건 자호(子湖)와 함께하네.
沙彌開茗琓 사미승이 찻잔을 내놓고
胡伯展團蒲 호백(胡伯)은 방석을 펴네.

• 題上野守竹林院壁上 / 상야수죽림원에 제하다.

竹院茶煙翠 죽림원에 차 연기 푸르고
晴花三月時 비 개고 꽃 피는 3월이라
江湖淨暖氣 강호에 따뜻한 기운 서리고
楊柳弄靑綠 버들가지는 푸른 실 잎 춤추는데
遠嶽波中畵 먼 산은 물결 속 그림이요
斜風搜裏吹 비끼는 바람 소매 속에 불어오고
同遊心不盡 함께 노는 마음 다하지 않으니
重結上方期 다른 세상 가더라도 또 만날 기약하네.

사명당은 고요한 산속에서 산과 더불어 차를 즐겼다. 즉 다선삼매(茶禪三昧)의 경지에서 살았다. 산의 푸르름, 맑은 솔바람, 우짖는 새소리, 뛰는 사슴, 차를 달여 마시며 흰 구름 바라보는 다승(茶僧)인 그의 모습을 여러 편의 차시에서 엿 볼 수 있다.

22. 靑梅 印悟(청매 인오)

① 생애(生涯)

　청매 인오(靑梅印悟: 1548~1623)는 조선 중기의 스님이다. 자는 묵계(默契), 법명은 인오(印悟)이고 호는 청매(靑梅)이다. 일찍이 출가하여 청허 휴정의 문하에 들어가 법을 얻었다. 줄곧 묘향산에서 휴정을 모시고 있다가 임진왜란이 일어나자 휴정을 따라 승병장의 한 사람으로 3년 동안 싸워 공을 세웠다. 그 뒤 명산을 두루 다니면서 산수를 즐기다가 전라도의 부안 변산에 이르러 아차봉(丫嵯峯) 마천대(摩天臺) 기슭에 월명암(月明庵)을 짓고 살았다. 1617년(광해군 9) 왕명으로 벽계 정심(碧溪淨心)·벽송 지엄(碧松智嚴)·부용 영관(芙蓉靈觀)·청허 휴정·부휴 선수(浮休善修) 등 다섯 스님의 초상을 그려서 조사당에 모시고 제문을 지었다. 지리산 천왕봉 아래의 연곡사에서 1623년 세수 76세로 입적했다.
　제자로 벽운 쌍운(碧雲雙雲)이 있고 쌍운의 뒤는 무영 탄헌(無影坦憲)이 있다. 저술로는《청매집》2권 1책을 비롯하여《십무익송(十無益頌)》이 있다. 《십무익송》은 마음을 반조하지 않으면 경전을 보는 것도 무익하다는 등의 열 가지 무익한 것에 대해 서술하고 있다.

② 차시(茶詩)

・逢人勸茶 / 사람을 만나 차를 권함

竭羅一滴漲閻浮 갈라의 한 방울 물이 염부(閻浮)[78]를 붇게 하는데

不必浮梁市井求 반드시 부량(浮梁)의 시정에서 구하지 않네.
雖曰施財無彼此 재물을 베푸는데 피차(彼此)가 없다지만
臨鋒赤手恨未曾 임봉(臨鋒)79)의 적수(赤手)80)는 일찍 한(恨)이 없다.

• 石床 / 석상

香龕像虛立 향나무 감실(龕室)에는 불상이 공허하게 서 있고
茶竈沒人隨 다조에는 차 따르는 사람 없네.
獨臥石床上 홀로 돌 상위에 누웠으니
月林啼子規 달빛 어린 숲속에는 자규(子規)만이 울어대네.

• 春日 / 봄날

友也江村乞食去 벗과 강촌에서 걸식하며 가노라니
知廚童子煮松茶 주방에는 동자가 송차(松茶) 달임을 알겠네.
出門驚見春歸盡 문을 나서니 봄이 다 되어 감을 보고 놀랐고
風打桃源欲落花 바람이 도원(桃源)을 스치니 꽃이 떨어지려 하네.

---

78) 閻浮: 염부수(閻浮樹)의 삼림 속으로 흐르는 강에서 나는 사금(砂金), 또는 수미산 남쪽에 있는 인도를 뜻함.
79) 임봉(臨鋒): 강서성(江西省)에 있는 지명. 차(茶)의 산지
80) 적수(赤手): 빈손. 맨손

23. 逍遙 太能(소요 태능)

① 생애(生涯)

　소요 태능(逍遙太能: 1562~1649)의 호는 소요(逍遙), 성은 오(吳), 호남의 담양 출신이다. 1574년 13세에 장성 백양사에서 진(眞)에게 출가하여 경과 율을 익혔고, 황벽(黃檗)에게 계속 공부하여 많은 사람을 교화했다. 부휴 선수(浮休善修)에게 공부하여 선수 휘하의 많은 제자 중 운곡 충휘(雲谷沖徽)・송월 응상(松月應祥)과 함께 법문 삼걸(三傑)이라 불렀다. 다시 청허 휴정 밑에서 20년간 공부하고 법을 받았다.
　임진왜란 때에는 전투에 승병을 모아 참가하기도 했다. 1601년부터 금강산・오대산・구월산 등지에서 교화를 펼쳤다. 지리산 연곡사에서 1649년 11월 21일 나이 88세 법랍 75년으로 입적했다. 효종이 혜감선사(慧鑑禪師)라 시호 했다. 휴정의 제자 중 편양 언기(鞭羊彥機)와 함께 ·양대 고승으로 추앙되었다. 저술로《소요당집》1권이 있다.《소요당행장》《조선불교통사》《동사열전》《한국불교인명사전》참조

② 차시(茶詩)

・詠趙州茶 / 조주차를 읊음

三等茶甌換眼睛　세 등급 찻잔으로 눈동자를 바꿔주는데
幾人言下入門庭　그 말끝에 몇 사람이나 문에 들었는가.

應機隨手用無盡 임기응변 교화함이 끝이 없어
後代兒孫直使用 뒷날 자손들의 눈을 밝혀 주네.

又 / 또

雷例逢人喫茶去 만나는 사람마다 의례 차 마시고 가라 하니
淸平一曲少知音 청평(淸平)의 한 곡조 알아듣는 사람 적구나,
叢林待客只如此 총림의 손님 대접이 다만 이와 같으니
劫外家風直至今 겁(劫) 밖의 가풍(家風) 지금까지 전해오네.

• 奉默長老 / 묵(默) 장로에게 올림

妙香雲水昔同遊 지난날 묘향산의 구름과 물가에 함께 노닐었지
屈指如今二十秋 손꼽아 헤아려 보니 이제 20년이 지났구나.
茶罷不知山欲暮 차 마시느라 산이 저무는 줄도 알지 못했는데
一聲疎磬水西樓 한 소리 경쇠의 울림이 수서루(水西樓)에서 울리네.

24. 鞭羊彦機(편양 언기)

① 생애(生涯)

　편양 언기(鞭羊彦機: 1591~1644)의 호는 편양(鞭羊), 성은 장(張), 죽주(竹州: 경기도 안성시 죽산) 사람이다. 장박(張珀)의 아들이며, 어머니는 이(李)씨이다. 1581년(선조 14) 7월 태어났다. 11세에 출가하여 현빈 인영(玄賓印英)을 따랐다가 뒤에 청허 휴정의 문하에서 법을 얻었다. 남부 지방을 두루 다니면서 선에 밝은 장로들을 찾아다니면서 학식을 넓히고, 금강산의 천덕사(天德寺) 구룡산의 대승사(大乘寺) 묘향산의 천수암(天授庵) 등지에서 개당(開堂)하여 선과 교를 강의했다. 그에게는 사방에서 배움을 찾는 사람이 끊이지 않았고 그림에도 능했다. 1644년 5월 10일 묘향산 내원암에서 세수 64세, 법랍 55년으로 입적했다. 금강산 백화암(白華庵)에 비가 있다. 문하에는 법손이 매우 번창했는데 휴정의 법맥 4대파 중에서도 문손들을 가장 많이 배출했다. 저술로는 《편양당집》 3권 1책이 현존하고 있다. (《조선금석총람》《동사열전》《조선불교통사》《편양당비문》《편양당집》《한국불교 인명사전》 참조

② 차시(茶詩)

· 次法輪總攝韻 / 법륜 총섭의 운을 따라

新年不覺添衰鬢 새해에도 귀밑털 더한 것 깨닫지 못하다가

關塞逢師强破顔 변방에서 스님 만나 억지웃음을 머금었네.
勸盡山茶三五椀 산 차 서너 댓 주발을 비우도록 권했는데
春風依舊曉窓寒 봄바람은 예와 같고 새벽 창이 차갑네.

25. 翠微 守初(취미 수초)

① 생애(生涯)

취미 수초(翠微守初: 1590~1668)의 호는 취미(翠微)이고 자는 태혼(太昏), 성은 성(成)씨이다. 서울 출신으로 사육신인 성삼문(成三問)의 후손이다. 벽암 각성(碧岩覺性)의 직계 제자로서 어려서 제월 경헌(霽月敬軒)에게서 스님이 되었으며, 1606년 두류산의 부휴 선수(浮休善修)를 만났는데, 선수가 제자인 각성에게 '후일 우리의 도를 크게 할 사미(沙彌)이니 잘 보호하라.'고 일렀다고 한다. 여러 스님을 방문하고 서울로 와서 이름난 유학자들과도 사귀다가 각성의 법을 이어받았다. 옥천 영취사, 오도사, 설봉사 등지에서 선과 교로써 교화활동을 펴다가 1668년(현종 9) 6월 오봉산 삼장암(三藏庵)에서 세수 79세로 입적했다. 저술로는 《취미대사집》이 있다.

② 차시(茶詩)

• 示問禪僧 / 선을 묻는 스님에게 주다.

無事臨風戶半開 일없이 바람을 맞아 문을 반쯤 열었는데
有來要我便陳懷 내게 와 문득 마음 늘어놓기를 바라는 스님이 있어
分明示指平常趣 평소의 뜻을 분명히 가리켜 보이고
飯後山茶吸一盃 밥 먹은 뒤에 산 차 한잔을 마시네.

26. 白谷 處能(백곡 처능)

① 생애(生涯)

  백곡 처능(白谷處能: 1617~1680)의 호는 백곡(白谷), 자는 신수(愼守), 성은 김(金)씨 이며, 15세에 출가하였고, 18세 무렵 서울로 가서 신익성(申翊聖)에게 한문과 유학을 익혀 문장이 뛰어났다. 지리산 쌍계사 벽암 각성(碧巖覺性)의 제자가 되어 23년간 공부하고 그 법을 이었다. 1674년(현종 15) 팔도선교십육도총섭(八道禪敎十六都摠攝)이 되었으나 3개월 만에 사직했다. 대둔사 안심암에서 오래 있었다. 처능이 다시(茶詩) 5편을 쓴 것도 대둔사에 오래 주석했기 때문으로 보인다. 1680년(숙종 6) 금산사에서 대법회를 열고는 그 해 7월 세수 64세, 법랍 49년으로 입적했다. 그의 시문은 일세를 떨쳤고 특히 불교 탄압의 잘못을 항의하는 〈간폐석교소(諫廢釋敎疏)〉가 유명하다. 저술로는 《백곡집》과 《임성당(任性堂)대사 행장》이 있다. 《백곡집》《조선불교통사》《불조원류》《한국불교 인명사전》 참조

② 차시(茶詩)

• 幽居雜興 / 그윽한 곳에 살면서

淸晨汲甘井 이른 새벽에 맛난 우물을 긷고
薄暮烹良茶 어스름 저녁에는 좋은 차를 달이나니
飮之내沃喉 그것 마셔 내 목을 적시려는데

釀味何其多 어쩌면 신맛은 그리 많은가?

• 滯雨敬呈白軒相國 / 비에 막혀 백헌(白軒)81) 상국에게 드림

細草迷春渚 애기풀은 봄의 가는 풀 아득한데
孤烟起晚沙 외로운 연기는 저문 모래밭에 이네.
幾時携道伴 언제나 그 도반(道伴)들과 함께
相勸煮新茶 새 차를 달여 서로 권하리.

• 次寄鄭秀才 / 또 정수재(鄭秀才)에게

淸狂有客到嵒扃 청광82)한 어떤 나그네가 바위문에 이르렀는데
古貌衣冠想大庭 낡은 모습과 의관은 대정83)을 생각하게 하였다.
宜學劉伶誇酒頌 마땅히 유령(劉伶)84)이 자랑한 주송을 배울만하고
唯探陸羽著茶經 오직 육우(陸羽)가 지은 다경(茶經)을 읽었다.

• 春日寄林師 / 봄 날 임(林) 스님에게

春來幽興十分加 봄이 오매 그윽한 흥취가 몇 갑절 더하나니
古調誰知白雪歌 옛 가락의 백설가(白雪歌)를 그 뉘가 알리
童子荷薪烹早蕨 동자는 섶을 지고 와 올 고사리를 삶는데
老僧將鍤種新茶 노승은 삽을 들고 새 차나무를 처음 심네.

---

81) 白軒: 이경석(李景奭, 1595~1671)의 호. 선조 때 사람. 벼슬은 영의정에 이르고 시문에 뛰어났다.
82) 청광(淸狂): 지나치게 청렴결백한 것.
83) 대정(大庭): 외조(外朝)를 말함. 군주가 국정을 듣는 곳. 또는 고문(庫門) 밖에 있어서 최종의 심판 등을 관장하는 곳.
84) 유령(劉伶): 진(晋) 패국(沛國)의 사람으로 용모는 아주 추하고 술을 즐겨 주덕송(酒德頌) 한 편을 남겼다. 죽림칠현(竹林七賢) 중의 한 사람

• 效回文體 / 회문체[85]를 본받아

心初定後三杯酒 마음이 처음으로 선정에 들고나면 세 잔의 술이요
興逸飛時一椀茶 흥이 솟구쳐 일어날 때는 한 잔의 차이네.
今古變移推往事 예와 지금은 변해 가는데 지난 일 생각하면
琴絃七曲韻橫斜 거문고 줄 일곱 가락은 그 운(韻)이 옆으로 비끼네.

---

85) 회문체(回文體): 바로 읽거나 거꾸로 읽거나, 세로 가로로 읽어도 뜻이 성립하는 시.

27. 寒溪 玄一(한계 현일)

① 생애(生涯)

한계 현일(寒溪玄一: 1630~1716)은 그동안 불교사나 다사(茶史)에 잘 알려져 있지않다. 《한계집(寒溪集)》 말미에 수록된 기록에 의하면 스님의 호는 한계(寒溪)이고 보령(寶寧) 사람이며 속성은 황(黃) 씨이다.

그는 출가하여 명산을 편력하고 선지식을 참방하여 공부와 수행에 박학하였다. 《한계집》의 서문에 의하면 현일은 당대의 유명한 승려였던 백곡 처능(白谷處能, 1617~1680)과 쌍벽을 이룰 정도였다고 한다. 1716년 세수 87세로 입적하였다. 부도는 송광사 동록(東麓)에 세웠다. 저술로는 《한계집》이 있는데 시 146편이 현존하고 있다. 出典: 〈한계집(寒溪集)〉, 《한국불교전서》 제1책

② 차시(茶詩)

· 天藏庵 / 천장암

庵掛碧岩嶢 암자는 푸른 산 높은 곳에 걸려 있고
無人訪寂寥 방문하는 사람 없어 적막하구나.
窓開孤峀遠 창을 여니 외로운 산골짜기가 멀고
眼豁十州遙 눈에 먼 넓은 10주(州)가 보이네.
今竈茶烟起 쇠화덕에 차 김이 서리는데
松岩鶴影飄 소나무 바위에 학의 그림자가 표연하네.

萬般殊勝景 온갖 빼어난 승경(勝景)
把筆未能描 붓으로는 능히 그려낼 수 없구나.

• 月精寺 / 월정사

山號五臺寺月精 산 명은 오대요 절 이름은 월정이로다
畵欄高枕碧溪聲 그림 난간은 높고 푸른 계곡의 물소리
日中金竈茶烟起 한낮에는 쇠화덕에서 차 김이 일어나고
夜靜瑤壇玉磬鳴 고요한 밤 아름다운 다에서는 옥 경쇠가 울리네.

• 表訓寺 / 표훈사

踏盡靑山百里霞 걸음도 다 했는데 푸른 산 백 리의 저녁노을!
琳宮瀟洒布金沙 범궁(절의 전각)은 옥같이 아름답고 물속 바닥에는
                 금모래가 깔렸네.
瑤臺方士燒丹液 요대의 방사(方士)[86]는 단액을 끓이는데
石室眞僧煮茗茶 석실의 참된 스님은 차를 달이네.

---

86) 方士: 도교의 수행자

28. 栢庵 性聰(백암 성총)

① 생애(生涯)

　백암 성총(栢庵性聰: 1631~1700)의 호는 백암(栢庵), 성은 이(李)씨, 인조 9년 11월 15일 남원에서 태어났다. 1646년(인조 24) 16세에 순창의 취암(鷲岩)에게 출가해 계를 받았다. 1648년 지리산의 취미 수초(翠微守初)에게 9년 동안 사사하고 법을 이었다. 1660년(현종 11) 강사가 되어 순천의 송광사, 낙안(樂安)의 징광사(澄光寺), 하동의 쌍계사 등을 편력하면서 학인들을 가르쳤다. 외전에도 통했으며 시에도 능하여 당시의 명사들과 교유가 많았다.
　1681년(숙종 7) 큰 배 한 척이 서해의 임자도(荏子島)에 표류해 왔는데, 배 안에는 명나라의 거사 평림섭(平林葉)의 교간본(校刊本)인 《화엄경소초》《대명법수(大明法數)》《회현기(會玄記)》《금강기》《기신론소》《사대사소록(四大師所錄)》《정토보서(淨土寶書)》 등 190여 권의 불전이 실려 있었다. 그는 이 불서(佛書)들을 얻어 1695년(숙종 21)까지 15년 동안 약 5천 판을 만들어 간행했으며, 이에 사방의 불자들이 존경하여 당대의 대종사로 받들었다. 1692년 선암사의 창파각(滄波閣)에서 화엄대법회를 개설했다. 1700년(숙종 26) 7월 25일 쌍계사 신흥암(新興庵)에서 나이 70세 법랍 54년으로 입적했다. 문하에는 무용 수연(無用秀演)·석실 명안(石室明眼) 등의 제자들이 있다. 저술로는 《치문집주》《정토보서》《백암집》《지험기(持驗記)》 등이 있다. 《백암대선사비문》《동사열전》《조선불교통사》《한국불교 인명사전》 참조

② 차시(茶詩)

• 送春 / 봄을 보내며

流鶯間囀燕差池 앵무새 나무에서 지저귀고 제비는 못 위를 노니네
一盌淸茶數首詩 한 잔의 차를 마시고 몇 수의 시를 읊네.
外客不來春自去 손님은 오지 않는데 봄은 스스로 물러가고
滿簾風雨落茶芽 억센 비바람에 차 싹이 떨어지는구나.

• 幽去雜咏 / 그윽한 곳에 사는 느낌

綠樹靑林深復深 녹색나무는 푸른 숲을 이루었는데 깊고 또 깊으며
谷鶯終日送淸音 계곡의 앵무새는 종일 맑은소리로 우짖네.
沙彌汲澗煮新茗 사미승은 물을 길어 햇차를 달이고
一縷細烟生竹森 한 줄기 가는 연기 대숲에 피어오르네.

• 際黃嶺蘭若 / 황령난야(黃嶺蘭若)에서

古寺無人到 옛 절에 사람도 오지 않는데
空山晝掩關 빈 산에는 낮에도 문이 닫혀있네.
茗煎春雨細 가는 봄비 속에 차를 달이고
林暝宿禽還 어두운 숲에는 새들이 돌아와 잠드네.

• 山中書懷示張秀才 / 산중의 느낌을 써서 장 수재에게 보이다

竟歲忘機坐 한 해가 저물도록 망기(忘機)하고 앉았으니
寒梅又一春 한매(寒梅)가 또 봄을 맞이하네.

有營皆世苦 경영함이 있는 것은 모두 세상 고통이 있나니
無事乃吾眞 일없음이 나의 참됨이네.

石鼎烹溪瀨 돌솥에 계곡물을 길어다 차를 달이니
柴門遠市塵 사립문 밖 티끌 세상은 멀고
肯將榮與辱 장차 영욕을 함께하리니
虛負百年身 백 년도 못사는 몸에 헛된 짐만 많구려.

• 寄上昇平安使君后泰 / 승평 안사군 후태님께 부침

蕭蕭五馬下江南 쑥쑥 5마리의 말이 강남으로 내려가고
擢用龔公聖化覃 공을 뽑아 쓰니 성은이 미쳤도다.
日晏廚烟烹紫蟹 저문 날 부엌에는 연기 오르고 자순차는 게 눈으로
　　　　　　　　끓고 있으니
秋深霜菓摘黃柑 가을 깊어 서리 내리니 노란 감을 따네.

• 寄上萬休任參議 / 만휴 임 참의에게 부쳐

操觚不必賦高軒 술잔 잡을 필요 없이 마루에 올라 부(賦)를 읊으니
已有詩名眾口喧 이미 그 시명(詩名)이 세인들 사이에 떠들썩하네.
敏速優於三步柳 민첩하고 우아하게 3보에 버드나무를 읊고
淸新邁却八吟溫 맑고 깨끗하게 나아가 8구절을 금방 읊네.
歌懷嘯志樽盈酒 노래는 뜻을 술회하니 잔에 술을 가득 채워라
種藥移茶日涉園 약초 심고 차나무 옮기며 낮엔 원(園)에서 보낸다.
遙想小齋春寂寂 소재(小齋)를 생각하며 노니는데 봄은 고요하구나.
滿庭花落掩荊門 뜰에는 가득 꽃이 떨어지고 가시나무 문은 닫혔네.

29. 月渚 道安(월저 도안)

① 생애(生涯)

월저 도안(月渚道安: 1638~1715)의 호는 월저(月渚)이고 평양 태생이다. 유보인(劉輔仁)의 아들로 태어나서, 9세에 소종산(小鍾山) 천신(天信)에게 출가해 구족계를 받았다. 금강산의 풍담 의심(楓潭義諶)에게서 20여 년을 수학하고 풍담의 심법을 얻었다. 1664년 묘향산에 처음 교화했고 편양과 풍담이 미처 이루지 못한 《화엄경》의 한글풀이를 완성하였으며 《화엄경》《법화경》 등 대승경전을 간행 유포했다. 1697년 무고로 옥에 갇혔다가 석방되었고 왕이 팔도선교도총섭으로 삼으려 했으나 사양하였다. 1715년 묘향산 진불암에서 세수 78세, 법랍 70년으로 입적했다. 저술로는 《화엄경》《불조종파도(佛祖宗派圖)》 1첩이 있다. (《월저대사비문》《동사열전》《조선불교통사》《한국불교 인명사전》) 참조

② 차시(茶詩)

• 又次八韻 / 또 여덟 운을 따라

又不見　　또 보지 못하였는가?
東海蓬萊山　동해의 봉래산이
一萬二千岑　1만 2천 봉인 것을
雪月瀉玉溪　눈과 달은 옥계에 쏟아지네.
風松奏瑤琴　솔바람은 옥 거문고를 연주하고

草食飢來餐 채소는 시장하면 먹고
山茶渴卽斟 산다는 목마르면 곧 따르네.
兀然無事坐 움직이지 않고 할 일 없이 앉았는데
春廻花滿林 봄이 돌아오니 숲에는 꽃이 가득하네.

　이 시는 금강산의 절경을 읊은 작품이다. 금강산의 풍광(風光)이야 시인 묵객들이 읊은 절창이 무수히 많다. 그 기승(奇勝)한 경색(景色) 속에서 수행자는 배고프면 채식도 맛있게 먹고 갈증이 나면 산차(山茶)를 마신다. 금강산의 절경과 수행자의 삶이 조화를 잘 이룬 茶詩이다.

30. 楓溪 明察(풍계 명찰)

① 생애(生涯)

풍계 명찰(楓溪明察: 1640~1708)의 호는 풍계(楓溪), 자는 취월(醉月), 성은 박. 아버지는 박원진(朴圓振)이다. 1640년(인조 18) 6월 3일 서울에서 태어났다. 11세에 춘천 청평사 양신암에서 환적 의천(幻寂義天)에게 득도했다. 금강산 풍담 의심(楓潭義諶)의 문하에서 10여년 경론을 배워 그 법을 이었다. 1690년 해인사에서 환적이 입적하자 그의 행장을 지었다. 1704년 통도사의 사리탑을 중수하였다. 1708년(숙종 34) 6월 8일 해인사 백련암에서 나이 69세, 법랍 58년으로 입적했다. 시문으로도 이름을 떨쳐 명산을 유력하면서 지은 시를 모은 《유완록(遊翫錄)》 1권과 《풍계집》을 저술로 남겼다. 《조선불교통사》《풍계집》《한국불교인명사전》 참조

② 차시(茶詩)

・次妙瓊 / 묘경의 운을 따라

靈源一別日將淹 영원사에서 헤어지고 오래되었네
僻洞幽菴我獨潛 궁벽한 동네 그윽한 암자에서 나는 홀로 숨어 사네
紅樹晚風披短褐 나무는 단풍 들고 짧은 베옷에 늦가을 바람 부는데
靑山微雨卷踈簾 청산에 옅은 비 내려 발을 걷네.

牢落道心貧不屈 굳어 떨어진 도심(道心)은 가난에도 굴하지 않으나
寂寥身世病相兼 적막하고 쓸쓸한 몸에 병까지 겹쳤네.
誰人到此同襟席 누가 이곳에 와서 자리를 함께할까?
共點茗茶也未嫌 함께 차를 끓여 마실 뜻도 없으면서.

• 五臺山 / 오대산

當時擇地竪層墳 당시 땅을 택할 때 층층의 봉분 위에 세웠네
歷銓名區來卜築 역사가 가려낸 이름난 곳에 집을 지었으니
居僧盡時學禪徒 스님이 살고 무리들이 선(禪)을 배우며
煮茶燒香排玉軸 차 달이고 향 사르며 옥축에 배열하네.
天神하護地嫗견 천신이 가호하고 지신(地神)이 아껴주어
萬歲千秋無變革 천만년 가도록 변혁(變革)하지 마소서.

• 孤雲寺 / 고운사

鱗鱗傑閣在雲端 번쩍번쩍하는 큰 전각이 구름 끝에 있고
洞口奇岩萬疊連 동구의 기암은 겹겹이 이어졌네.
密密樹陰豹虎逕 빽빽한 나무 그늘은 승냥이와 호랑이의 길이고
重重山影梵王天 중중한 산 그림자 안에 범왕천(梵王天: 法堂)이 있네.
香因篆影歸禪榻 향과 전서(篆書)의 그림자 선탑(禪榻)으로 돌아가고
茶爲燒腸汲淨泉 맑은 샘물 길어 차 달여 창자를 채우고
讀罷蓮花經七軸 묘법연화경 7축을 독파하니
數聲淸澈不能眠 맑은 물소리 잠들지 못하네.

• 定光庵 / 정광암

香龕無篆影 법당(香龕)에는 전서(篆書)의 그림자도 없고
茶臼沒人隨 차 절구는 사람들의 발길에 묻혔네.
獨臥石床上 홀로 돌상 위에 누웠는데
月林啼子規 달빛 숲에는 자규가 우네.

　위의 시 〈고운사〉는 번창한 사찰이고 〈정광암〉은 퇴락한 암자이다. 풍계 스님은 고운사에서 샘물 길어 차 달여 마시고 묘법연화경 7축을 모두 독파했는데 정광암에는 차 절구조차 묻어버려 차도 마시지 못하고 돌상에 누워 자규 소리를 듣고 있다. 이 두 시는 그 규모나 성쇠의 대비가 아주 격심한 사찰과 암자를 읊은 작품이다. 더구나 다시로 앞뒤에 배열해 놓고 읽으니 더욱 차이가 부각 되는 것 같다. 풍계는 번성한 대찰이든 쓰러져 가는 암자든 차 얘기를 빠뜨리지 않는 걸 보면 차를 상당히 즐긴 다승(茶僧)이었다.

31. 雪巖 秋鵬(설암 추붕)

① 생애(生涯)

　설암 추붕(雪巖秋鵬: 1651~1706)은 조선 중기 대둔사(대흥사)의 유명한 13대종사 중의 한 분이다. 그의 다시(茶詩)가 10편이나 되는 것도 그가 차로 유명한 대둔사에 오래 주석했기 때문일 것이다. 스님의 호는 설암(雪巖), 성은 김(金). 평안남도 강동(江東) 사람이다. 1651년 (효종 2) 8월 27일 태어났다. 1660년(현종 1) 10세에 원주 법흥사(法興寺)의 종안(宗眼)에게 득도하였다. 벽계 구이(碧溪九二)에게서 경론을 배웠다. 묘향산 보현사 월저 도안(月渚道安)에게 10여 년 동안 공부하여 그 법을 이어받았다. 선과 교 양종에 통달하고 시문을 잘했으며, 한때 총림에서 종사로 추앙받았다. 대둔사 13대종사 중 다섯 번째 대종사다. 1706년(숙종 32) 8월 5일 묘향산에서 나이 56세, 법랍 46년으로 입적했다. 다비 후 사리 5과가 나와 승주 징광사(澄光寺)와 해남 대흥사에 분장했다. 대둔사 백설당(白雪堂)에서 법회를 열던 때의 《화엄강회록》이 전한다. 저술로는 《설암잡저》 3권, 《설암난고》 2권, 《선원제전집도서과평》, 《법집별행록절요사기》, 《묘향산지》 등이 있다. 《동사열전》《조선불교통사》《한국불교 인명사전》 참조

② 차시(茶詩)

・幽居 / 그윽한 곳에 살며

幽居無事少逢迎 내 유거에는 일이 없어 작은 것을 만나도 반갑다
起坐偏宜養性靈 일어나 앉아 오직 성령을 기르는 데만 치우치네.
摘果穿林秋露滴 이슬 내린 가을날 숲을 헤쳐 과일을 따고
煉茶然桂暮烟生 계수나무로 차 달이는 저녁연기 피어오르네.

• 謝眼法師見訪 / 안법사(眼法師)가 방문한 것을 감사하며

烟花三月柳條春 아름다운 꽃 피는 3월 버들가지에 봄이 오고
鳥語淸狂興更新 새들 맑은소리로 미친 듯 울어대니 흥이 새롭다.
遠別客來懸榻下 멀리 헤어졌던 손님이 와서 선탑 아래로 달려와
少時茶罷戀懷陳 차 마시며 얘기하던 젊은 시절 돌이켜 그리워하네.

贈惠亮 / 혜량(惠亮)에게 주다

金繩一路幾年行 금승 한 길로 다닌 지 벌써 몇 년이며
點石玄機後道生 현기(玄機)를 헤아리는가, 후도생(後道生)아
山外不知人世變 산 밖을 알지 못해도 인간 세상은 변하니
枕邊閑聽石泉鳴 베개 베고 한가로이 석천(石泉)의 소리를 듣네.
踏花歸徑春雲濕 꽃 밟고 돌아오는 길, 봄 구름이 습하고
然桂烹茶暮靄淸 계수나무로 차 달이는데 저녁노을이 맑다.
林鶴野麋盟旣厚 숲의 학과 야생 고라니가 서로 믿으니 후덕한데
朱門何必繡衣榮 붉은 문에 하필 빛나는 수놓은 옷인가?

• 次翠律師韻 / 취율사(翠律師)의 운에 따라

生涯入作一寥天 이번 생애 지은 것 하나의 적요(寂寥)의 세계이니
夢冷花村酒肆邊 꽃마을 술집(酒肆)[87] 가에서도 찬 꿈을 꾸고

閒把丹爐燒桂葉 한가히 계수나무 잎 태워 끓이는 화로를 잡고 있네
煮驚雷笑護殘年 경뢰소(驚雷笑)88)를 달여 마시며 만년을 보호하소서.

• 山房偶吟 / 산방(山房)에서 우연히 읊다

霽日明虛室 맑은 날89) 방안은 밝게 비어 있고
閑花落半庭 뜨락의 반에는 한가로이 꽃이 지네.
老僧茶夢倦 노승은 게으른 차 꿈(茶夢)에 잠기고
風卷蘂珠經 바람이 예주경(蘂珠經)을 말아버리네.

• 次贈大方沙彌 / 운을 따서 대방사미(大方沙彌)에게 주다

襟期秋水質如蘭 금도(襟度)의 기대되는 바는 가을 물 같고 그 질은
　　　　　　　　난과 같은데
笑脫人寰世網揮 소탈하게 웃으며 세상 그물과 부딪치리라
觀壁住心應有得 마음을 가라앉혀 벽을 관(觀)하면 마땅히 얻는 바가 있으리니
拈花擊竹可爭端 꽃을 들고 대나무 부수면 가히 싸울 수 있는 단서는 되리라
窓前白象狂機息 창 앞의 흰 코끼리가 광기를 식히니
袖裏靑蛇膽氣寒 소매 속 푸른 뱀의 담기가 차다
珍重委尋香岳寺 진중(珍重)히 위임하노니 향악사(香岳寺) 찾아가라
共携茶鼎點龍丹 함께 차 솥을 갖고 용단(龍丹)에 점을 찍으리.

• 白蓮庵贈淸眼上人 / 백련암에서 청안상인에게 드림

藥傳丹竈茶烟散 단(丹) 화덕에서 약을 전하는데 차 연기가 흩어지네

---

87) 주사(酒肆); 술집, 주점
88) 경뢰소(驚雷笑); 뇌소(雷笑)는 곡우 전에 딴 차. 경뢰소는 뇌소의 한 종류 차.
89) 霽日: 맑은 날. 晴日(청일)

夢破瑤臺瀑水喧 꿈을 깨니 요대에서 쏟아지는 물소리가 시끄럽다.
春日梅堂驚拭眼 봄날 매당에서 놀라 눈을 비비며
一般眞趣正堪論 일반적으로 진취는 바르게 견딜만 하다고 논하네.

• 次吳季纘 / 오계찬(吳季纘)의 운을 따라

小庵幽靜擁層岑 작은 암자는 그윽하고 고요해 층층의 봉우리가 옹호하고
無事跏趺緣樹陰 일없이 녹색 나무 그늘에서 가부좌하고 있고
盃裡柴茶香代酒 잔에는 자줏빛 차가 있고 향 대신 술이로세
門前綠水響傳琴 문 앞의 녹수(綠水)는 거문고 소리를 전하네.

• 贈朗惠上人 / 낭혜상인(朗惠上人)게 주다

紫地茶吸白雲鍾 자지차(紫地茶)를 마시는데 흰 구름 가에 종소리 들리고
深宏西來象教宗 깊고 큰 서쪽에서 온 코끼리가 근본을 가르치나니
刹海江山輸座地 절의 바다와 강산에 들어와 땅에 앉았는데
義天星象落簷峰 의로운 하늘의 코끼리 하계에 와 봉우리를 쳐다보고 있네.

• 秋興 / 가을 흥취

病餘秋事正芳華 앓고 나서 가을 일로 바로 향기로운 꽃 매만지니
白日幽居漫興加 한낮의 그윽한 곳, 흐드러진 흥이 이어져
山果足當韶石餅 산 과일로 족한데 돌 병에도 흥취 이어져
野泉心許趙州茶 들 샘에 마음 허락하니 바로 조주차로다.

32. 無竟 子秀(무경 자수)

① 생애(生涯)

　무경 자수(無竟子秀: 1664~1737)의 자는 고송(孤松), 호는 무경(無竟), 성은 남양 홍(洪), 1664년(현종 5) 2월 14일 전주에서 태어났다. 12세에 문식(文式)에 출가했고 16세에 구족계를 받았다. 운문사의 추계 유문(秋溪有文)을 찾아 법을 이었다. 숙종 때 전국의 고승 49인을 뽑아 사나사(舍那寺)에서 대법회를 열었을 때 참여하여 설법을 했다. 1737년(영조 13) 7월 23일 나이 74세, 법랍 62년으로 입적했다. 탑은 전주 송광사에 있다. 저술로는 《무경집》《불조선격(佛祖禪)》등이 있다. 《불조원류》《한국불교 인명사전》 참조

② 차시(茶詩)

・彌勒庵 / 미륵암

古庵在上方　옛 암자 위쪽에 있는데
飛甍掛巖角　나는 듯한 용마루는 바위 모서리에 걸려 있고
山高絶攀躋　산이 높아 휘어잡고 오를 것이 끊어져 있어
不到人間客　인간의 손님이 이를 수 없어라.
秋天積雨霽　가을 하늘은 쌓인 비가 개고
涼風生虛閣　서늘한 바람이 허허롭게 전각에 이네.
飛泉掛巖層　비천(飛泉: 샘)은 바위층에 걸려 있고
雪練三百尺　눈(雪)에 익숙해져야 될 곳은 3백 척이구나

就臥不成眠 누워도 잠을 이룰 수 없는데
滿窓山月白 산 달(山月)이 창 가득히 희게 비치네.
淸曉煮新茶 맑은 새벽 햇차를 끓이니
快然非人世 상쾌하구나, 인간 세상이 아닌 듯한 이곳이
氣毫如飛越 호탕한 기상이 나는 듯하다.
誓今不下山 이제 맹세하노니 하산하지 않으리라
百年長自悅 백 년 동안 길게 스스로 즐기리라.

  절경의 미륵암 그곳의 맑은 새벽에 햇차를 달여 마시며 느끼는 상쾌한 기분이 전해져 오는 듯한 다시다. 그곳이 어디인지 알 길은 없으나 혹 안다면 미륵암 산방에 앉아 차를 달여 마시고 싶은 생각이 드는 작품이다. 시의 형식은 오언고시(五言古詩) 이다.

• 贈故人 / 고인(故人)에게 주다

石逕無人廻 돌길에 사람이 다니지 않고
柴扉晚不開 사립문은 늦게까지 열지 않았구나.
忽聞童子報 문득 들으니 동자가 알리길
有客入門來 손님이 문안에 들어온다네.
舊貌愛單衲 객은 옛 모습의 단아한 남자
新茶傾一杯 햇차를 한 잔씩 기울였네.
乍留還卽去 그는 잠깐 머물고 곧 갔으니
別恨更悠悠 이별의 한(恨)이 유유하구나.

• 贈道圭頭陀 / 도규두타(道圭頭陀)[90]에게 주다

---

[90] 두타(頭陀): 번뇌의 티끌을 털어 없애고, 의식주에 탐착하지 않으며, 청정하게 불도를 수행하는 것.

一杖穿雲入翠微91) 지팡이로 구름 헤치고 산정 아래로 들어가
庵中茶罷細烟飛 암자에서 차를 마시는데 가느다란 연기 날으네.
客無塵想僧無語 객은 티끌 세상 생각이 없고 스님은 말이 없으니
半日浮生解息機 반나절 뜬 인생 쉬는 기틀(息機)을 해소하네.

---

91) 翠微(취미): 산정(山頂) 조금 못 미치는 곳. 조선 중기의 스님 수초(守初)의 호

33. 松桂 懶湜(송계 나식)

① 생애(生涯)

송계 나식(松桂懶湜, 1684~1765)의 호는 송계(松桂)·회암(檜巖), 자는 취화(醉花), 속성은 이(李) 씨. 일찍이 침계 현변(枕桂 懸辯)으로부터 배운 뒤 춘파(春坡)·백암 성총(栢庵性聰)·환성 지안(喚惺志安)·낙암(落巖) 등 당대의 큰 스님들에게 공부했다. 저술로는 《송계대사문집》 3권 1책이 있다. 《한국불교찬술문헌총록》《한국불교 인명사전》 참조

② 차시(茶詩)

• 瀑流 / 폭류

萬丈崖頭玉一泉 만장(萬丈)의 낭떠러지 끝에 옥같은 샘 하나 있다
潺湲寒聲入戶圓 잔잔하게 흐르는 찬 물소리를 내며 호에 들어가 원을 그리네
強將小鉢烹茶飮 권하기에 작은 바리때로 떠서 차 달여 마시니
快解山人老病纏 산인을 괴롭히는 늙은이의 병이 쾌히 없어지네

• 贈寶上人 / 보상인(寶上人)에게 주다

松花織地映恒沙 송홧가루로 땅을 짜니 항하사에 비치고
仙草烹來飮露茶 선초(仙草)를 달여 오니 감로차로 마시네
見客欣迎迎客室 손님 보고 흔쾌히 맞아들여 객실로 안내하여

共登樓翫夕陽斜 함께 누각에 올라, 지는 석양을 완상하네.

• 過洪上舍草亭 / 홍상사(洪上舍)의 초정(草亭)을 지나면서

龍潭路過釣翁家 용담으로 가는 길에 낚시하는 노인 집을 지나는데
庭對翠巖侵碧霞 뜰 맞은편 취암에는 푸른 노을 서려 있네.
曉月松茶飮竹葉 새벽달 바라보며 송차와 죽엽차(竹葉茶) 마시는데
晩風蘭籟喫桃花 늦바람이 난과 대쑥에 불어 도화 향기 맡게 하네.

34. 涵月 海源(함월 해원)

① 생애(生涯)

　함월 혜원(涵月海源: 1691~1770)은 조선 후기의 스님으로 함월(涵月)은 호이고, 자는 천경(天鏡), 성은 이(李) 씨이다. 본관은 완산(完山)이다. 함흥에서 1691년(숙종 17) 1월 23일 태어났다. 1704년(숙종 30) 14세에 문주(文州: 文川) 도창사(道昌寺)의 석단(釋丹)에 출가했고, 영지(英智)에게 구족계를 받았다. 6년 동안 환성 지안(喚醒志安)으로부터 사사하여 삼장을 독파하고, 특히 화엄과 염송에 통달해서 지안의 법을 이었다. 40여 년간 강사로서 전국에 이름을 떨쳤으며, 1770년(영조 46) 12월 13일 세수 80세, 법랍 66년으로 입적했다. 저술로는 《천경집》과 《법집별행록사기증정》이 있다. 《천경집》《함월혜원선사비명》《동사열전》《한국불교인명사전》 참조

② 차시(茶詩)

• 寄海印師 / 해인(海印) 스님에게 부침

滿堂高友盡東南　마루에 가득한 높은 손님들 다 각처에서 왔는데
千里間關此處參　천 리의 험한 길 걸어 모두 여기 모였구나.
俱是客中無所慰　우리 모두 나그네라 위로할 것 없으니
只將茶椀勸君三　다만 찻잔 들고 그대에게 세잔 권하네.
• 次贈貞仁大師 / 또 정인(貞仁) 대사에게 주다.

隻手能擎佛日傾 외짝 손으로 기우는 부처의 해를 잘 떠받들어
昏衢大野忽重明 어두운 거리와 큰 들판이 갑자기 다시 밝아졌다.
承顔已吐片心白 얼굴을 뵙고 조각 마음의 깨끗함을 이미 보였는데
論道還開雙眼靑 도를 이야기하다 다시 두 눈의 푸르름이 열리었네.
眉宇春風花自發 미우92)에 봄바람 불어 꽃이 스스로 피는가?
天庭和氣日初晴 천정의 화사한 기운에 날이 처음으로 갠다.
一瓢茶味超塵慮 한 잔의 차 맛에 세상 티끌 생각을 닦았나니
三昧正因想不輕 삼매의 바른 인연이 아마 가볍지 않으리라.

• 挽楓嶽 / 풍악(楓嶽)을 만(挽)함

世言南北惟楓嶽 세인들이 말하기를 남북에 오직 풍악이라 했는데
豈意今朝訃告聞 어찌 뜻 했으리, 오늘 아침에 부음을 들을 줄을
七十人間常勉講 70년의 인간에서 항상 강론을 힘쓰더니
三千界外忽乘雲 삼천세계 밖으로 갑자기 구름을 탓네.
從前道鏡明禪窟 앞사람의 도경(道鏡)을 좇아 선의 세계를 밝혔고
道後玄機闢敎門 뒷사람의 현기를 지도하여 교(敎)의 문을 열었다.
寂寞齋壇無形跡 고요하고 쓸쓸한 재단에 아무 형적 없거니
淸茶一椀與誰分 맑은 차 한 잔을 누구와 더불어 나눌꼬.

• 白洋山 / 백양산

地僻人皆入定僧 땅이 궁벽하매 사람들아 다 선정에 든 손님과 같아
出門迎客似無能 문을 나와 손님을 맞이해도 마치 무능한 것 같구나
秋霜染樹紅羅鋪 가을 서리는 나무를 물들여 붉은 비단 폈는데
冬雪封山白玉增 겨울눈은 산을 봉해 흰 옥을 보태었다.

---

92) 미우(眉宇): 이마의 눈썹 언저리. 얼굴

一抹茶烟和竹冷 한 줄기 차 달이는 연기는 대와 어울려 차갑고
半輪蘿月落溪澄 반 바퀴의 덩굴 속 달은 시내에 떨어져 맑나니
逍遙淨界忘塵世 깨끗한 세계에 소요하면서 티끌 세상 잊었나니
不必天台攝棧登 구태여 천태산의 잔교를 밟고 오를 것 없네.

35. 鰲巖 毅旻 (오암 의민)

① 생애(生涯)

 오암 의민(鰲巖毅旻: 1710~1792)의 호는 오암(鰲巖), 성은 김(金). 아버지는 김준(金俊), 어머니는 권(權) 씨이다. 어머니가 난치병을 앓다가 죽자 그 해 22세에 인생의 허망함을 느끼고 보경사(寶鏡寺)의 각신(覺信)에게 출가했다. 사교와 대교과를 공부하고 통도사에서 경을 연구하다가 팔공산 운부암(雲浮庵)의 쌍운(雙運)에게 화엄학을 배웠고, 다른 큰스님들께 전등록과 선문염송을 공부했다. 1741년(영조 17) 보경사의 강주가 되어 평생 후학들을 지도했는데, 그를 영남종장(嶺南宗匠)이라 불렀다. 또한 늙은 아버지를 절 가까이 모시고 지극한 효성으로 봉양했다. 또한 유생들의 그릇된 불교관을 시정하는 데도 많은 노력을 기울였다. 1792년(정조 16) 9월 세수 83세. 법랍 61년으로 입적했다. 저술로는 《오암집》이 있다. 《오암집》《보경사의 사적과 사화》《한국불교인명사전》 참조

② 차시(茶詩)

• 次李院長韻 / 이원장(李院長) 운을 따라

騷仙問我疾 소선(騷仙)이 내 병을 묻는다.
門外乍停駒 밖에 잠깐 망아지가 서 있는 사이에
道念雲生岫 길을 생각하는데 구름이 골짜기에서 일어나

詩情月出湖 호수에 달뜨니 시정(詩情)이 익어라.
興酣花雨席 꽃과 비가 어우러지니 흥이 일고
衣襲爇香爐 옷 껴입고 향로를 쬐네.
爲壽回庚日 장수하려 경일(庚日)에 돌아오면
茗茶替日酥 차로 흰 죽을 대신하리.

 달뜨는 호수, 꽃과 비가 어우러진 풍광, 흥이 날만 한 상황이다. 그러한 경관 속에 우유죽 대신 차른 마시는 오암 스님의 정취가 우아하다.

• 謹次權判書嚴遊內延山韻 / 판서 권암이 내연산에 노닐던 운을 땀

瓶鉢隨緣生 병과 발우가 인연 따라 머물러
十年於此山 이 산에서 10년이 이라네.
朝哺茶數椀 아침에 밥 먹고 차 몇 잔 마시니
雲樹屋三間 구름 숲에 3칸 집이 있네.

• 起寢 / 잠자리에서 일어나다.

堆臥溫房蝶夢回 따뜻한 방에 누워 나비 꿈을 회상하고
起看斜月況東開 일어나 기운 달을 보며 황망히 동창을 여네.
茶鐘一旨必忙打 차의 맛을 한번 보고는 모름지기 바쁘게 목탁 치며
參拜天神恐未來 천신을 참배하니 염려할 일은 닥치지 마소서.

 사찰에서 새벽 일찍 일어나 '다종(茶鐘)'으로 차 맛을 보고 그날의 일과를 시작했다는 이 시로 '다종'이 절에서 쓰였음을 확인할 수 있다. 그 생김새가 범종과 닮아서 사찰이나 사찰 부근의 요(窯)에서

많이 만들긴 했지만 실제 사용한 예를 이렇듯 시를 통해 확인할 수 있는 일은 흔하지 않다.

• 次松雲集韻 / 송운집(松雲集)의 운을 따라

覺岸仙槎涉遠溟 깨달음에 이른 선인 멀리 아득한 곳까지 다니며
秋霜慧劒喝犇鯨 추상같은 지혜의 칼로 고함지르니 고래도 놀라고
淸潭綠水珠先鑑 맑은 못 푸른 물 같은 구슬을 앞선 거울삼아
白日紅駒雨冣靈 한낮 붉은 망아지같이 바빴던 영(靈)에 비가 내려.
忠節菩提道上一 충절과 정각의 지혜는 가장 첫째이고
功名麟閣畵中幷 공명은 기린각의 그림 속에 어우를지니
家山古廟天恩洽 집안과 조상들, 천은(天恩)에 흡족하리라
丹茘淸茶替醴腥 단여(丹茘)와 맑은 차로 고기와 술을 대신합니다.

송운(松雲)은 사명당의 호이다. 사명당의 문집 《송운집》을 읽은 오암(鰲巖)의 뛰어난 정각의 지혜와 사명당의 위기에 처한 국가를 위해 헌신한 충절을 기리고 있다. 왜적을 무찌르고 일본에 수신사로 다녀온 사실을 시적인 비유로 읊고 있다.
 그러한 사명당의 업적이 인정받아 조정에 기록되고 집안과 그 조상들까지 영예가 돌아갔으니 어찌 인척과 승도(僧徒)들이 흡족해하지 않으랴. 그러한 사명당의 뛰어난 업적과 인품을 기리면서 산야의 나물과 차로 대신하는 것은 또한 승가(僧伽)의 법도가 아니겠는가.

36. 默庵 最訥(묵암 최눌)

① 생애(生涯)

묵암 최눌(默庵最訥: 1717~1790)의 호는 묵암(默庵). 자는 이식(耳食), 성은 박(朴), 본관은 밀양이다. 1717년(숙종 43) 4월 18일 흥양(興陽)에서 태어났다. 4세에 부모를 따라 낙안(樂安)으로 이사하였다. 14세에 징광사(澄光寺)에서 출가하고 송광사 풍암 세찰(楓巖世察)에게, 4, 5년간 불법을 배웠으며 또한 호암(虎岩)·용담(龍潭)·상월(霜月) 등의 스님들에게서도 공부했다. 명진(明眞)에게 선지(禪旨)를 얻었으며, 세찰로부터 법을 이었다. 순천 대광사(大光寺) 영천암(靈泉庵)에서 학인들을 지도했다. 특히 화엄학에 조예가 깊어 화엄 종장으로 손꼽힌다. 1790년(정조 14) 4월 27일 조계산 보조암(普照庵)에서 나이 74세, 법랍 60년으로 입적했다. 저술로는 《화엄과도(華嚴科圖)》,《내외잡저》,《묵암집》이 있다.

② 차시(茶詩)

• 除夜 / 제야

換歲雲林道誼新 운림(雲林)에 해가 바뀌니 도(道)가 더욱 새롭네
清茶共飮養吾身 맑은 차 함께 마시며 내 몸을 기르네.
寒貧不改安眞樂 춥고 가난한 것 고쳐지지 않고 편안하게 참된 낙을 즐기고
肯向朱門願效嚬 기꺼이 주문(朱門)을 향하여 본받기를 원하네.

• 戊子三月初五夜夢 / 무자년 3월 5일 밤의 꿈

夢跨靑騾上天台　꿈에 푸른 노새를 타고 천태(天台)에 올라가
先飮仙茶意豁開　먼저 선다(仙茶)를 마시니 뜻이 활짝 열리네.
主者厖眉存碩德　주(主)된 이는 눈썹이 크고 많은 석덕들 있었는데
其徒五百摠英材　그 무리 5백 명이 모두 영재였네.

• 次澄光寺韻 / 징광사(澄光寺) 운을 따라

奈苑幽閑靜　뜰은 한가하고 고요하여 그윽한데
罔巒體勢開　언덕(罔巒)은 세(勢)가 열려 있네.
潭澄涵皎月　맑은 못에는 흰 달이 어려 있고
山淨洗浮埃　산은 티끌을 씻은 듯 깨끗하구나.
詠菊香生頰　국화를 읊으니 뺨에 향기 어리고
傾茶雪滿盃　잔 기울여 차 마시니 잔 속에 눈이 가득하네.
法門何處至　법문(法門)이 어느 곳에 이르렀는가?
白馬馱經來　백마에 경전 싣고 오네.

　〈무자년 3월 5일 밤의 꿈〉이라는 제목의 시는 글자 그대로 꿈에 천태(天台)에 올라 선차(仙茶)를 마시고 고승 석덕들을 친견했다는 내용이다. 〈징광사 운을 따라〉의 시는 사찰의 정경과 묵암이 느끼는 정취를 읊으며 차를 마신 이야기가 아취(雅趣) 어린 필치로 그려져 있다. 국화를 읊는데 그 '향기가 뺨에 어리고 차 마시는데 잔 속에 눈이 가득하다.'라는 시구는 다시로서는 빼어난 작품이다.

37. 大圓 無外(대원 무외)

① 생애(生涯)

　대원 무외(大圓無外: 1714~1791)의 호는 대원(大圓), 성은 문(文), 아버지는 문수원(文壽遠), 어머니는 김 씨이다. 1728년(영조 4) 무신년 국란에 남한산성 방어에 공을 세워 포상받았고 벼슬하기를 권유받았으나 사양하였다. 출가하려고 하자 부모가 만류함에 19세에 집을 나와 설악산 신흥사에서 출가했다. 선과 교를 닦고 유학 서적도 읽었으며 후학들을 지도하다가 중년에 다시 선(禪)을 닦아 깊은 경지에 이르렀다. 1971년 (정조 15) 신흥사 극락암에서 나이 78세, 법랍 59년으로 입적했다. 다비 후 사리 1과를 얻어 부도에 안치했다. 신흥사에 비가 있다. 저술로는 《대원당문집》이 있다.
《건봉사본말사지》《한국불교인명사전》 참조

② 차시(茶詩)

• 次贈道覺上人 / 도각상인(道覺上人)에게 주다

•申處士卽余方外友也今行自南而至和杜律十韻以示其意 / 신 처사는 곧 나의 방외의 친구인데 이번에 남쪽에서 이곳에 왔다. 두율십운으로 화답하여 그 뜻을 보인다.

處士曾逢話 처사와는 일찍 만나 애기하였는데
而今又我堂 지금 또 내가 사는 곳으로 왔네.

天寒歸北邑 하늘이 찬데도 북쪽 읍으로 돌아가는데
日暝過南梁 막막한 날 남양을 지나야 한다.
語吐百家妙 백가(百家)의 묘한 말을 토하고
文含諸子香 글에는 제자(諸子)의 향이 들어 있네.
山高松鬱鬱 산은 높고 소나무는 울창하며
雪擁路茫茫 눈은 길을 망망하게 감싸고
物外乾坤好 물 외의 하늘과 땅이 좋으니
壺中日月光 병 속의 해와 달이 빛난다.
客宜留杖久 객의 지팡이는 오래 머물러 있고
僧可點茶長 스님의 차 달이는 것이 오래다.

 첫 번째 시는 금강산에 머무는 대원 스님에게 찾아오는 벗이 없다가 마침 건봉사 천경(天鏡) 노스님이 오셨다. 두 스님은 애기 꽃을 피우다 송차(松茶)를 마신다. 여기에는 녹차가 아닌 대용차인 송차(松茶)가 등장한다. 필자도 1970년대 초에 예산 수덕사의 견성암에 들렸다가 더 높은 곳에 있는 비구니 암자에 들어가 송차를 대접받은 일이 있고, 50여 년이 지난 지금도 그때의 정경을 잊을 수가 없다.
 두 번째 시는 대원스님의 세속 친구인 신(申) 처사가 와서 그의 당(堂)에 묵으며, 있었던 일을 시로 읊은 것이다. 신 처사는 말과 글로 제자백가(諸子百家)를 들먹이는 호담한 인물이었고 더구나 그는 눈 쌓인 겨울이라 돌아갈 생각 없이 머물러 있다. 대원은 그를 위해 차 달이는 시간을 길게 가진다. 승가의 대화에 차가 필수임을 대원은 시를 통해 보여준다.

38. 秋波 泓宥(추파 홍유)

① 생애(生涯)

추파 홍유(秋波泓宥: 1718~1774)의 호는 추파(秋波)·경암(鏡巖), 성은 이(李)씨, 본관은 전주. 1718년 (숙종 44) 5월 20일 경기도 광주(廣州)에서 태어났다. 고창 방장산(方丈山)에서 스님이 되었고, 용담 조관(龍潭慥冠) 에게서 공부하고 성안(性眼)의 법을 이어받았다. 유교에도 밝아 두 종교를 비교한 저술을 남겼다. 선과 교에 모두 능통했으나, 만년에는 주로 선종에 귀의하여 후학을 가르쳤다. 1774년(영조 50) 5월 31일 나이 57세로 입적했다. 저술로 《추파집》 3권이 있다. 《조선불교통사》《한국불교인명사전》 참조

② 차시(茶詩)

• 謹次花峯長老寄示 / 삼가 운을 따라 화봉장로에 부쳐 보이다

法門重踏空中雲 법의 문 거듭 밟으니 공중에는 구름이요
萬行爛漫錦上花 만행(萬行)[93]이 난만하니 비단 위의 꽃이로다.
火宅每逢燥渴者 매번 화택(火宅)[94]을 만나 갈증이 난 자에게는
慇懃輒勸趙州茶 번번이 은근히 조주차를 권하네.

---

93) 만행(萬行): 안거 기간을 마친 승려가 한곳에 머물지 않고 자유롭게 돌아다니며 제각기 수행하는 것
94) 화택(火宅): 삼계(三界: 욕계, 색계, 무색계)가 시끄러운 것을 불타는 집에 비유한 것. 즉 고뇌(苦惱)가 가득한 사바세계

• 疊前韻 / 거듭 앞의 운을 따라

跏趺幾得肩巢鶴 가부좌로 무엇을 얻나, 어깨에 학이 둥지를 틀었네.
講說頻見天雨花 강설할 때 하늘에서 꽃비가 내리는 것을 자주 보네
或爲病客採塢藥 혹 병든 자가 오면 산언덕에서 약을 캐 오고
時因禪朋酌山茶 때로 참선 도반이 오면 산다(山茶)를 대작하네.

　이 시는 칠언율시로 32구로 된 작품이지만 그중 차 이야기가 나오는 부분의 4구이다. 결가부좌를 하여 선정에 들면 어깨에 학이 둥지를 틀고 강설(講說)하면 하늘에서 자주 꽃비가 내리는 법력(法力)을 지닌 스님이 있다. 그는 병든 자가 오면 약초를 캐서 치료해 주고 함께 참선하던 도반이 오면 산차(山茶)를 달여 함께 마신다. 매우 훌륭한 선승의 삶에 대해 홍유 스님이 시의 형식을 취해 기리고 있다.

39. 适虛 取如(괄허 취여)

① 생애(生涯)

　괄허 취여(适虛取如: 1720~1789)의 호는 괄허(适虛), 성은 여(余), 의령 사람이다. 1732년(영조 8) 13세에 사불산(四佛山) 대승사(大乘寺)로 가서 능파(凌波)에게 출가하고 진곡(眞谷)에게 구족계를 받았다. 환암 선흠(幻庵善欽)의 법을 이었다. 영남의 여러 절을 다니며 법을 가르치고, 절을 중수하는 등 불교중흥에 힘썼다. 1789년(정조 13) 경북 운봉사 양진암(養眞庵)에서 나이 70세, 법랍 57년으로 입적했다. 법을 이은 제자로는 척전(陟詮) 등이 있다. 저술로는 《괄허집》이 있다. 《한국불교찬술문헌총록》《한국불교인명사전》 참조

② 차시(茶詩)

• 逢故友 / 옛 친구를 만나

故友來何晩　옛 친구가 왔으니 얼마 만인가?
松茶勸舊顔　낯익은 얼굴 보며 송차(松茶)를 권하네.
丹心終不改　단심(丹心)은 끝내 고치지 않았고
綠髮始成班　젊은 머리에 반점이 섞이기 시작하네.
臨水同觀影　물가에 이르러 함께 그림자 보았고
看春共出山　같이 산을 나가 봄을 보았었지.
焚香開鉢外　분향하고 바리때 펴는 외에
閑坐說玄關　한가로이 앉아 현관(玄關)을 얘기하네.

• 寶林寺 / 보림사

舟渡大津去 배로 큰 나루를 건너가니
三和有寶林 삼화(三和)에 보림사가 있네.
門臨滄海遠 문에 이르니 푸른 바다가 있고
僧語翠微深 스님들의 말이 산 깊이 울린다.
揮塵談禪偈 티끌 세상을 떨치고 선계를 말하면서
烹茶慰客心 차 달여 손님 마음 위로하네.
臨分猶惜別 갈림길에 이르러 석별하는데
斜日轉松陰 지는 해에 소나무 그림자 움직인다.

 배를 타고 나루를 건너 찾아간 보림사에서는 스님들이 선(禪)에 관한 게송을 말하면서 차 달여 손님의 마음을 위로하였다. 문득 찾아간 산사에서 스님이 달여 주는 차를 마시면 여독(旅毒)이 풀리고 나그네의 고단한 심사도 위로되는 것이다. 이런 산사의 소담스러운 풍경이 오늘날 관광객들의 떠들썩함으로 사라져 가는 게 아쉽다.
 스님들이 산사를 찾으면 비록 객승(客僧)일지라도 차 대접하는 법도는 그대로 살아 있다. 일반인들은 인연이 닿지 않으면 누리기 어려운 청복(淸福)이다.

40. 蓮潭 有一(연담 유일)

① 생애(生涯)

　연담 유일(蓮潭有一: 1720~1799)의 호는 연담(蓮潭), 자는 무이(無二), 성은 천(千), 본관은 개성, 1720년(숙종 46) 4월 30일 전남 화순에서 태어났다. 아버지는 천만동(千萬童), 어머니는 밀양 박(朴)씨다. 어려서 《통감(通鑑)》《맹자(孟子)》를 배우고 18세에 법천사(法泉寺)의 성철(性哲)에게 득도함. 호암 체정(虎岩體淨)의 법맥을 잇고, 당시의 노숙(老宿)인 용암 혜언(龍巖慧彦), 풍암(楓巖), 상월(霜月), 용담(龍潭), 영해(影海), 설파 상언(雪坡尙彦) 에게도 배우거나 법우의 관계를 맺었다. 31세에 보림사(寶林寺)에서 강석을 열고 30여 년 간 머물렀다.
　저서는 《연담대사임하록》《화엄유망기(華嚴遺忘記)》《원각사기(圓覺私記)》, 능엄・현담사기, 제경회요(諸經會要), 염송착병(拈頌着柄), 기신사족(起信蛇足), 금강하목(金剛鰕目), 도서과목병사기(都序科目幷私記) 등 14부 24권에 이른다. 1799년(정조 23) 2월 3일 장흥 보림사 삼성암(三聖庵)에서 나이 80세, 법랍 62년으로 입적했다. 《연담대사비문》《조선불교통사》《동사열전》《조선도서해제》《선학사전》《한국불교인명사전》 참조

② 차시(茶詩)

・又 / 또 지음

招提何事號深源(隱) 절 이름 어찌하여 심원이라 지었던가(호은)
　洞邃藤盤日月昏 깊은 계곡 댕댕이 서려 해와 달을 가리네.
數占雲浮當石逕(一) 두어 점 뜬구름 돌길에 이르고(유일)
　一聲磬至近沙門 한 점 풍경소리 들리니 절집이 가까워라.
肩輿信釋凌危閣(隱) 가마 메는 스님 위태한 누각도 겁내지 않고(호은)
　手錫扶行陟晩軒 지팡이로 행보 도와 마루에 오르네.
飯進胡麻紛洗椀(一) 깨와 함께 밥이 나오니 주발을 씻었고(유일)
　蔬兼石笋細傾樽 채소와 대순 반찬에 술잔을 기울였네.
茶爐烟歇饒高興(隱) 차 끓이는 화로에 연기 그치니 흥이 나고(호은)
　蓮榻香銷說法言 연화 자리에 향기 사라짐에 법언을 설하네.
白髮翁能趨跪佛(一) 백발노인은 부처님 앞에 무릎 꿇고(유일)
　紅粧妓亦起張幡 홍장(紅粧) 기생은 휘장 안에서 일어서네.
翠屛千劫經蘿月(隱) 푸른 병풍 천 겁 동안 달이 떠 지나고(호은)
　黃卷一床護木猿 불서(黃卷)가 놓인 책상을 원숭이가 받쳤네.
燕語不辭貂尾續(一) 거친 말로 초미를 잇는 일95) 사양치 않네(유일)
　通宵只爲眷情存(隱) 밤새도록 사랑하는 정 때문일세(호은).

• 和中峯樂隱寺 / 중봉(中峯)의 낙은사(樂隱寺)에 화답함

行增功加　　행실도 더 닦고 공력도 더욱 쌓으니
漸抽道芽　　점점 도(道)의 싹이 트네.
日用事種菜灌花 날마다 하는 일은 나물을 심고 꽃에 물 대는 것
明月爲友　　밝은 달로 벗을 삼고
白雲爲家　　흰 구름으로 집을 삼으니
足一衲衣　　한 벌의 헤진 옷(승복)과 한 발우의

---

95) 초미(貂尾)는 돈피의 꼬리로 고관의 관을 짜는 재료이니, 곧 고귀한 물건이다. 이 말은 고귀한 사람의 문장에 이어 연구(聯句)를 짓는다는 말이다.

一鉢飯一椀茶　밥과 한 잔의 차로 만족할 일.

幽庵短笆　　　깊은 암자 짧은 발
瑤草琪花　　　희귀한 풀과 꽃
一叢竹三曲四斜　대밭 속의 길은 굽고 경사졌네.
簾生雲氣　　　발 밖에 구름 생기고
溪印月華　　　시내에는 달빛 비추니
喜盤有蔬　　　소반에 나물 있고
鼎有餗瓶有茶　솥 안에는 먹을 것 있고 병에는 차가 있네.

- 和石屋和尙山中四威儀 / 석옥화상의 '산중 네 가지 위의'라는 시에 화답함

山中行 芒鞋似虎獰　산중을 걸으니 짚신은 영악한 범과 같네.
岩花開劫外　　　바위의 꽃은 겁(劫) 밖에 피었고
溪鳥話無生　　　냇가의 새는 무생을 말하네.
山中住 猿鳥以爲友　산중에 머무르며, 원숭이 새들과 벗을 하네.
運水方朝炊　　　물을 길어 아침밥 지으니,
人間日卓午　　　인간 세상은 해가 높이 뜬 점심때 이라네.
山中坐 七箇蒲團破　산중에 앉아, 일곱 개의 포단 누더기 되었네.
出定捲簾看　　　나가거나 앉거나 발을 걷고 보니
虛空成粉碎　　　세속의 일은 허공에 가루처럼 부서지네.
山中臥 忘世又忘我　산중에 누워, 세상도 잊고 나도 잊네.
客到煮新茶　　　손님이 오면 새로운 차를 끓이려
隣庵去討火　　　이웃 암자에 가서 불을 빌려오네.

- 詠檐梅 / 처마 아래 매화를 읊음

今年二月凍全深 금년 2월은 깊이 얼어
檐外梅花冷不禁 처마 밖의 매화 차가움을 금할 수 없네.
風送暗香經案入 바람 불어와 책상에 향기 보내고
月移疏影茗杯侵 달은 엉성한 그림자를 옮겨 찻잔에 담그네.
莫敎折去傷春色 매화를 꺾어 봄빛을 상하게 하지 말라
且可看來慰客心 감상하노라면 나그네 마음 위로가 되네.
灞上仙翁今不在 파교(灞橋)의 신선96) 지금은 없는데
雪中誰復策驢尋 눈 속에 누가 당나귀 타고 찾겠나?

---

96) 파교(灞橋)의 신선: 당나라의 정계(鄭綮)를 말한다. 매화가 눈 속에 피었는데도 시인이 찾아오지 않는다는 말이다. (全唐詩話) 참조

41. 蒙庵 箕潁(몽암 기영)

① 생애(生涯)

  생몰 연대를 알 수 없으나 연담 유일(蓮潭有一: 1720~1799)을 '법노(法老)'라 칭하며 주고받은 서신이 몽암의 문집에 있는 것으로 보아 연담 스님의 후배로, 1700년대 후반에서 1800년대 전반기에 활동했던 스님으로 추정된다.

② 차시(茶詩)

• 和金碩士韻 / 김석사(金碩師) 운에 화답하여

虎溪一曲信難酬 호계(虎溪)의 곡조는 믿고 주고받기 어렵나니
遇釋那堪繼厥猷 어리석은 스님의 작은 힘으로 감내하기는 힘드네.
行托靑山同隱豹 다행히 청산에 의탁하여 표범과 같이 숨어 지내고
愧無餘刀解全牛 부끄럽게 남음 없는 칼로 소를 전부 해부하네.
風斤事業荒來久 바람의 무게를 재는 사업은 황당하여 오래 걸리고
月露佳聲笑已休 달, 이슬, 좋은 소리로 웃으며 쉬고 있네.
惟奉茶香祝聖上 오직 다향(茶香)을 받들어 성상(聖上)을 축원하고
不須麋半學優遊 모름지기 고라니 짝하여 노니는 것을 배울 뿐이지.

• 鴻師隨余自頭流 / 홍(鴻) 스님을 따라 내가 두류산에서

至黃山其情不 황산(黃山)에 이르렀다. 그 정이 남달라

泛邃箚諸師韻 여러 스님의 운(韻)과 부(賦)를 따라
賦一偈一律以 일게 일률(一偈 一律)로 그 뜻에 힘쓰고
勵其意侑其行 그 행(行)에 짝하려 한다.

平生無過門前別 평생에 허물없이 문 앞에서 헤어지고
數里靑山爲子登 몇 리의 청산을 올랐었지.
樵笛短長蘿逕月 풀피리 소리는 길고 짧은데 넝쿨 길에 달뜨고
樹陰高下石梯層 나무 그늘 높은 아래에는 층층이 돌계단.
茶傾雲液眞堪餞 차 마시고 구름 물로 헤어짐을 감내하고
詩出疏腸不道僧 시 쓰고 채식함이 스님의 도가 아니네.
今去須明葱嶺屐 이제 가면 모름지기 밝게 재를 넘어가라
人間萬事盡風燈 인간 만사가 바람과 등불이 다함이네.

42. 鏡巖 應允(경암 응윤)

① 생애(生涯)

경암 응윤(鏡巖應允)의 초명은 관식(慣拭). 호는 경암(鏡巖), 성은 여흥 민(閔)씨. 경호(鏡湖) 사람이다. 15세에 지리산 진희(震熙)에게 출가하여 한암 성안(寒巖性岸)에게 구족계를 받았다. 두루 스님들을 찾아가 공부하다가 추파 홍유(秋波泓宥)의 문하에서 수학했다. 28세에 강의를 열고 20년 동안 교화하다 "남의 돈을 세는 것이 무슨 이익이 있으랴." 하고 환암(喚庵)으로부터 선지를 전해 받고 두류산 꼭대기에 작은 암자를 지어 정진했다. 교(敎)와 선(禪)에 통달한 대종사(大宗師)로 존경받은 그는 1804년(순조 4) 1월 13일 세수 62세, 법랍 47년으로 입적했다. 저술로는 《경암집》 3권 1책이 있다.

② 차시(茶詩)

• 別玘師 / 기(玘) 스님과 헤어지면서

來時知有去 오는 때를 알았는데, 가는 것도 있구나.
去後幾時來 간 후에는 어느 때 오려는가.
世事還如許 세상일이 이와 같은데
携茶上月臺 차 가지고 월대(月臺)에 오르네.

• 送餽友人 / 궤우인(餽[97]友人)을 보내며

雲門胡餠趙州茶　운문 선사의 호떡98)과 조주선사의 차
看取王師翫月華　왕사(王師)가 간파하고 달을 완상하네
盡是當年供養物　당년의 공양물은 이로써 다했으니
今人多不作生涯　이 사람은 생애에 지은 것이 많지 않노라.

• 次順天衙客 / 순천아객(順天衙客)에게

阿彌陀佛無量壽　아미타불의 수명은 무량하나니
百福莊嚴是我師　백 가지 복(福)으로 장엄한 나의 스승이네.
曉夕茗香延聖祚　아침저녁 차와 향으로 성조(聖祚)께 축원 드리나니
一般忠義報君知　충의가 한 가지로 보답 되는 것을 그대는 아는가.

• 次答木犀齊 / 목서제(木犀齊)에 답하다

銅爐茶化香飄屋　동(銅)화로의 차 향기는 집안에 피어오르고
靜夜殘燈僧影獨　조용한 밤, 흐릿한 등불에 스님의 그림자가 외롭네
浮世功名夢外消　뜬세상의 공명은 꿈 밖의 소식인데
宿生緣業心頭熱　전생의 인연과 업(業)으로 마음과 머리가 아프네.

---

97) 궤(餽): 보낼 궤자 인데, 제사를 뜻하기도 한다. 이 시에서는 제사의 의미로 해석됨.
98) 운문호병(雲門胡餠): 공안의 하나이다. 어떤 스님이 운문 문언(雲門文偃)에게 물었다. "부처도 조사도 초월한 것이 무엇입니까?" 운문이 대답했다. "호떡이니라."〔벽암록 77 · 從容錄 78· 禪門拈頌 1022〕, (《禪學辭典》, 1995, 佛地社)〕

43. 澄月 正訓(징월 정훈)

① 생애(生涯)

 징월 정훈(澄月正訓: 1751~1823)의 법명은 정훈(正訓), 자는 경호(鏡昊), 호는 징월(澄月), 속성은 김(金) 씨로 문소(聞韶: 경북 의성) 사람이다. 신라 경순왕(敬順王)의 후예로 1751년(영조 27) 탄생하였다. 어려서부터 준수했고 효성이 지극했으며 독서를 좋아했다. 금강산에 들어가 책을 읽다가 서암(瑞巖) 화상이 성성(惺惺)하게 참선 수행을 하는 것을 보고 독서를 그만두고 탄식하여 말하기를 "사람을 능히 존재케 하는 것은 일개 심성(心性)이구나"하고는 부처님의 관심견성(觀心見性)을 배우고자 머리를 깎고 계를 받았다.
 그는 관월(冠月)에게 금강경 능엄경을 배우고 설파 농암(雪坡聾巖) 문하에서 학문을 더욱 익히고, 1781년 31세에 개강하였다. 이로서 그의 명성이 드러나고 불문(佛門)의 사표로 존경받았다. 그는 여러 명산을 돌면서 사찰이 황폐한 것을 보고 상심하였다. 그는 팔공산 북쪽 옛 사찰 수도사(修道寺)를 중창하였다. 이는 당시 영백(嶺伯)인 김희순(金羲淳: 1757~1812)의 도움을 받아 이룩했다. 김희순은 또 '수도난야(修道蘭若)·해회루(海會樓)·염화실(拈花室)'의 편액(扁額)도 손수 써 주었다. 징훈 스님의 성품은 단중근엄(端重謹嚴)하고 또 시에 능해 그 이름이 널리 알려졌었다. 1823년(癸未) 2월 은혜사 운부암(雲浮庵)에서 세수 73세로 압적 했다. 저술로는《징월대사시집》3권 1책이 전한다.《징월대사시집》《징월대사행장》《한국불교전서》참조

② 차시(茶詩)

• 次永和堂惟仁軸中韻 / 영화당 유인(永和堂惟仁)의 시축 중 운을 따라

十載忘機不出庵 10년간 망기(忘機)하고 암자를 나가지 않았고
隔籬幽鳥做淸談 울타리 속의 유현한 새가 맑은 이야기 지어내네.
松茶滿椀尨眉老 송차를 잔에 가득 부어 눈썹 큰 노장 스님께 드리나니
樂道淸名大嶺南 도를 즐기는 맑은 명성을 영남에 크게 드날리네.

• 題百興社 / 백흥사(百興社)에서

登臨蒼壁栢森森 푸른 절벽 오르니 잣나무가 빽빽한데
錫杖辛勤訪此菴 석장 짚고 고생스레 이 암자를 방문하니
老少爭迎新歲賀 노소(老少)가 다투어 환영하며 새해를 축하하고
滿盤茶果故人心 상 가득 차와 과자 내놓으니 이것이 인심이로다.

• 偶吟 / 우연히 읊다

白石僧房舊讀書 흰 돌 승방에서 옛 책을 읽고
今春輸與趙君居 금년 봄에는 조군(趙君)과 함께 기거하네.
桃花曉暗靈源是 영원사의 도화(桃花)는 피려면 멀었고
茶竈朝虛幻縠如 차 화덕 아침부터 비어 환(幻) 속의 곡식과 같네.
養病或爲詩所惱 병중에서도 시 쓰느라 고뇌하기도 하며
愛禪遮莫酒全疎 선을 사랑한다고 술과 완전히 멀어졌다고 하지 말라.
葛洪泉底丹砂汁 칡 맑은 샘 밑에 단사(丹砂)의 즙이 있는지
乞粱衰毛雪丈餘 팔팔하던 머리카락도 시어 눈과 같이 덮혔네.

• 奉和龜山冊室沈公能守 / 구산책실 심능수 공에게 삼가 화답하다

錦繡玲瓏結晚霞 금수 영롱하게 저녁노을 맺혔고
洞天晴旭畵中嘉 동천(洞天) 청명하게 빛나니 그림 속같이 아름답네.
人閒茶熟看秋色 사람은 한가하게 차를 달이며 가을빛을 바라보네.
木落霜淸感歲華 나뭇잎 지고 서리가 내려 세월의 무상함을 느낀다.

44. 兒庵 惠藏(아암 혜장)

① 생애(生涯)

아암 혜장(兒庵惠藏: 1772~1811)은 유배 중인 다산 정약용(丁若鏞)에게 다도를 가르쳐 준 다승(茶僧)이자 해남 대둔사의 강사로 명성을 떨친 스님이다. 초의가 24세 때인 1809년 강진으로 가서 다산을 만났을 무렵에는 이미 다산이 아암에게 다도를 배운 후였다. 초의와 아암은 함께 대둔사에 살았으므로 초의는 아암에게 차에 관해 배웠을 것이고 또 그로부터 다산의 얘기를 들었음이 틀림없다. 말하자면 한국 차의 중흥조라고 추앙받고 있는 초의는 아암에게서 차를 익혔던 것이다. 즉 아암은 초의의 차 스승이다.

혜장의 호는 아암(兒庵)·연파(蓮坡)이고, 성은 김(金), 초명은 팔득(八得), 자는 무진(無盡)이다. 옛날 백제의 변방인 새금현(塞琴縣) 화산방(花山坊)에서 태어났다. 어릴 때 대둔사에서 출가하여 춘계 천묵(春溪天默)에게 수학하였다. 그는 지혜가 특출하여 불문에 들어온 지 수년만에 이름을 날렸다. 연담 유일(蓮潭有一)과 운담 정일(雲潭鼎馹)에게 내전을 배웠다. 1801년(순조 1) 30세가 되던 해 대둔사에서 《화엄경》 대법회를 주관한 이래 대둔사의 강사로서 크게 교화를 떨쳤으며, 1805년 (순조 5) 가을에는 유배 중인 정약용에게 다도를 가르치며 교류를 두터이 하였다. 아암은 《수능엄경》과 《기신론》을 각별히 좋아하였으나 《조왕경》이나 측주(厠呪) 따위는 입에 올리지 않았다. 1811년(순조 11) 9월 16일 세수 40세로 입적했다.

병려문(騈儷文)을 잘했다. 제자로는 수룡 색성(袖龍賾性)·철경 응언(掣鯨應彦)·침교 법훈(枕鮫法訓) 등이 유명했다. 저서로는 《아암집》이 있다.

② 차시(茶詩)

• 山居雜興 / 산중에 살며 느끼는 여러 가지 흥미

一簾山色靜中鮮 둘러쳐진 산빛은 조용한 가운데 더욱 새롭고
碧樹丹霞滿目姸 푸른 나무에 붉은 노을 눈에 부시네.
叮囑沙彌須煮茗 사미들에게 차 달여라 일렀으니
枕頭原有地漿泉 베갯머리엔 원래 약수(地漿泉)가 있다네.

• 長春洞雜詩 / 장춘동(長春洞) 잡시

海南之頭輪山 해남 두륜산 골짜기 바다 유다(油茶)⁹⁹⁾가
滿谷皆油茶   가득하므로 장춘동이라 함. 12수 중 세 번째,
號曰長春洞   여섯 번째, 열 번째 수

寶塔豊碑匝數行 탑과 비석을 몇 바퀴 돌아보니
一花五葉摠芬芳 한 떨기 난초꽃과 다섯 잎의 지초 향기로워라.
香臺每湧栴檀氣 향대엔 언제나 전단(栴檀) 향기 나고
紺殿頻浮舍利光 법당엔 사리(舍利) 광채 자주 비치네.
水遠山長魂往復 산수는 의구한데 혼백만 떠돌고
天荒地老夢飛揚 천지는 아득한데 꿈자리만 사납구나.
高僧此日還蕭索 덕 높으신 고승조차 오늘날엔 찾는 이 없으니
佳節誰能薦茗觴 이 좋은 계절 누가 찻잔을 올릴까?

---

99) 유다(油茶): 차의 일종으로 한 해에 세 번 꽃이 피고 두 번 열매가 맺음.

花木天生摠不凡　꽃과 나무야 예사로운 것이 아니라고 하나
蒙茸滿逕那須芟　샛길에 무성한 잡초라 하여도 어찌 벨 수 있으리.
渴麐齊赴將軍水　목마른 사슴은 장군수(將軍水)100)로 나란히 달려가고
乳雉交鳴學士巖　새끼 꿩은 학사암(學士巖)에서 소리 내어 우네.
藥塢閒携烏竹杖　차밭에서 한가로이 대지팡이를 꺾고
松壇徐拂白麻衫　소나무 사이에서 흰 적삼을 터네.
吾行遂決終焉計　나의 일생 여기에서 마칠 생각이니
未必前程問季咸　계함(季咸)101)에게 앞일 묻지 않으리.

金塘小澗自瀠回　아름다운 연못과 작은 시내는 저절로 휘감고
芳草垂楊一洞開　방초와 수양버들 가득한 무릉도원 열려있네.
春入雪山長不出　봄은 구름 낀 산에 찾아들어 오래도록 나가지 않고
水流人世定無回　물은 인간 세상으로 흘러가 정녕 돌아오지 않네.
行持硏匣時濡筆　벼루집을 가지고 다니다 수시로 붓을 적셔보고
坐擁茶鑪試畫灰　차 화로 안고 손가락으로 재에다 그려도 보네.
憶與琴湖游岸上　아득히 금호(琴湖)와 물가에 노닐 때 회상해 보니
幾年玄觀賞桃來　어느 해에 현도관(玄都觀)102)의 복숭아를 감상하리.

• 奉簡黃庭李公台升 / 황정(黃庭) 이태승(李台升)에게 편지로 보냄

病後花已謝　병이 나았을 땐 꽃은 이미 다 졌으니

---

100) 將軍水: 대둔사에 있는 샘으로 물이 좋아 약과 차를 끓이는 데 사용한다. 이 이름은 윤고산(尹孤山)이 대둔사에서 출중한 스님이 많이 배출되었다는 데서 연유하여 지었다.
101) 계함(季咸): 정(鄭)나라 때 무인(巫人). 길흉과 화복을 귀신같이 알아냈다고 한다. 열자(列子)에 "어떤 신무(神巫)가 제(齊)에서 정(鄭)에 와서 살았는데 이름이 계함이었다. 그는 사람의 사생존망(死生存亡)과 화복요수(禍福夭壽)를 잘 알아냈다"라고 했다.
102) 현도관(玄都觀): 도쿄의 사원으로 장안(長安)에 있는데 이곳에는 복숭아나무가 많다고 한다.

惆悵誤良辰 좋은 시절 지난 것 슬프구나.
飄蕭計難畵 나부끼는 쑥은 헤아려 보기 어렵고
委茶氣不仁 시든 찻잎은 입맛 당기지 않네.
只有念醇醲 다만 막걸리 생각나지만
囊空未濡脣 돈 없어 입술도 적시지 못하네.
忽聞伊几聲 홀연히 그대의 행차 소문을 듣고
驚瞿出松筠 놀라 솔과 대나무 우거진 숲을 가보네.
使君欲春遊 마침 그대가 봄나들이하고자
竹輿上嶙岣 대나무 가마 타고 산비탈을 올라왔네.
初筵便傾倒 처음 마주하는 자리에서 흉금을 털고
禮我如道人 나를 도인처럼 대접하였네.
挈壺至兩三 술 단지 비우기를 두세 번이나 하였으니
豈惟醉一巡 어찌 한 순배만 취했으리.
浩蕩論今古 호탕하게 고금의 일을 논하니
華燭繼明晨 촛불이 새벽까지 켜져 있네.
嗟哉粥飯僧 슬프다, 밥이나 축내는 중이
寥落靑海濱 외로이 청해(靑海: 완도) 가에 와 있네.
胡爲無所用 어쩌다 보잘것없는 몸이
虛名動搢紳 선비 사이에 헛되이 이름만 떨쳤는고?
幸玆遇君子 다행한 것은 군자를 벗하여
爛漫卽相親 반가움에 눈물 흘리며 서로 사귐일세.
分別未十日 헤어진 지 열흘도 안 되었지만
倏忽如三春 홀연히 3년이나 지난듯하네.
回首日星山 고개 돌려 일성산(日星山)을 바라보니
意緖重繽繽 회포가 겹겹이네.

• 奉和東泉坤卦六爻韻 / 동천의 곤괘 육효의 운을 따서 화답함

嶮巇人世上 험난한 인간 세상
步步凜如霜 발길마다 서리처럼 차갑네.
置屋成三逕 집에 머물며 삼경(三逕)을 닦아 놓고
安身著一方 몸을 추스려 외진 곳에 머무네.
碧窓看古蹟 벽사창으로 옛 유적 바라보며
幽巷詠新章 외진 길가에서 새 시를 읊조려 보네.
貝葉曾盈篋 불서(佛書)는 상자에 가득 채웠고
茶芽更貯囊 찻잎은 주머니에 담아두었네.
煙霞隨長履 안개와 노을은 지팡이와 신을 따르고
風月滿衣裳 바람과 달빛은 옷에 가득하네.
卽此爲身計 이것이 몸을 보존하는 계책이니
何須羨綺黃 어찌 기리계(綺里季)와 하황공(夏黃公)103)이 부러우리.

• 和中峰樂隱詞 / 중봉(中峰)의 낙은사에 화답함

登嶺採茶	산마루에 올라 차를 따고
引水灌花	냇물을 끌어와 꽃밭에 물을 대다가
忽回首山日已斜	홀연히 돌아보니 이미 산위의 해는 기울었네
幽菴出磬	깊은 산 속 암자에는 경쇠 소리 울려 퍼지고
古樹有鴉	고목에는 갈가마귀 모이니
喜如此閑如此樂如此嘉	이렇게 기쁘고 이렇게 한가하여 즐겁구나.
閒咲頭輪	두륜산에서 한가로이 휘파람 불며
傲視紅塵	여유롭게 티끌 세상 내려다보니

---

103) 기리계(綺里季)와 하황공(夏黃公): 상산사호(商山四皓) 중의 두 사람. 하황공은 하리(夏里)에서 수행했다 하여 붙여진 칭호이다. 이들은 진(秦)의 학정(虐政)을 피하여 상산(商山)에 은거하여 살았다.

三峰秀九曲㸌㸌	세 봉우리 우뚝하고 아홉 계곡 굽이쳐 도네
油茶慈竹	유다(油茶)와 자죽(慈竹)104)에
四序長春	따뜻한 봄 찾아오니
似鹿門山仇池穴武陵津	녹문산과 구지혈과 무릉의 나룻배인 듯하네.

• 大芚寺 碑閣 茶禮祝文 / 대둔사 비각 다례 축문

 엎드려 생각건대 끝없는 자비심으로 천추(千秋)까지 은혜를 베푸셨으니 그 원력 크고 깊어 여러 사찰에 부도를 만들었다. 멀리 조사의 기르침을 만들었으니 남종선(南宗禪)을 크게 떨쳤다.
 우리 서산(西山) 노사께서는 1만 무리 오랑캐를 공중을 메우는 모기떼 잡듯이 하였고, 1천 호걸들을 동이에 가득한 날 파리로 보았다. 사명 선사 같은 분은 머리만 깎고 수염은 남겨두어 장부(丈夫)의 표상을 버리지 않으셨으며, 험한 지역을 누비면서 보살의 기풍도 전해 주었다. 우리 소요(逍遙: 1562~1649) 스님 뒤로 열반하신 스승들 진흙소를 빗대어 깊은 도리 살펴서 옥(玉) 불자로 진심을 깨우쳤다. 신령스런 법의 인연 만나니 눈물 쏟으며 법문을 듣는다. 법열에 젖어 절굿공이로 계단 모퉁이 울리네(화악(華嶽: 1629~1707) 대사에 대하여 지은 것임). 사자좌(獅子座)를 만들어서 금산사(金山寺)에 대중을 모으고 자라 등을 배 삼아 타고 바다에서 중생을 제도했다(환성(喚惺, 1624~1729) 대사에 대하여 지은 것임). 문장은 세상을 울리고 풍도(風度)는 사람을 놀라게 하네(연담(蓮潭: 1720~1799) 대사에 대하여 지은 것임). 달빛이 붉은 언덕을 비출 때 도량(杏臺)을 거닐다 법을 꾸짖었네(정암(晶巖: 1738~1794) 대사에 대하여 지은 것임). 운무(雲霧)가 푸른 못을 휘덮을 때 대숲에 노닐

---

104) 자죽(慈竹): 대의 일종으로 자모(子母)가 서로 의지하여 산다고 함.

며 고기를 기르네〔송파(松坡, 법명은 覺暄, 雪峰 懷浮의 제자) 대사에 대하여 지은 것임〕. 고성(孤星; 여명 때 보이는 잔별)에 감응 받아 잉태되고 쌍옥(雙玉)을 삼키는 태몽을 꾸었네〔응성(應星) 대사에 대하여 지은 것임〕. 대중에게 철추를 들어 보이면서 격외의 높은 도리 설파했네.〔만화(萬化: 1694~1758, 법명 圓悟) 대사에 대하여 지은 것임〕. 법고(法鼓)를 두드려 하늘까지 들리게 하시어 참으로 인간 세상에 위대한 업적을 드날리셨네〔춘계(春溪, 법명 天默, 아암이 그에게 경전을 배운 적이 있다). 대사에 대하여 지은 것임〕.

다만 여기서 장춘동은 정녕 여러 세대를 거친 도량이어서 층층의 보배로운 탑들이 한 곳의 언덕에 설켜 있고, 수많은 공덕비는 아홉 계곡의 다릿가에 옹기종기 모여 있으며, 푸른 찻잔은 오히려 새로우나 밝은 구슬 여전하다. 옛 사당 우뚝하니 넉넉히 공경심을 일으킬 만하며, 남아있는 그 영정이 깨끗하고 맑으니 정성을 표하는 예를 올릴 만하였다. 이에 꽃과 과일을 진설(陳設)하고 또 떡과 차를 올리니 흠향하소서.

*다산(茶山) 선생이 평하기를 "이 글은 관각(館閣: 弘文館과 藝文館)의 대문장(大文長)이 지은 것 같아 이윤보(李潤甫)와 임이호(林彛好)의 빼어난 문장을 이을 만하다. 내가 항상 산사에서 약간 취하기만 하면 무릎을 치면서 높게 읊조릴 적엔 글자마다 치달리고 구절마다 용솟음치는 듯함을 느끼니 나물만 먹어 초췌한 승려들의 어투가 아니다."라고 했다.

• 茶山과 아암, 그리고 대둔사의 차맥

정약용(丁若鏞)이 강진에 유배 가서 그와 친분이 두터웠던 아암 혜장의 도움으로 고성사(高聲寺)에 옮겨 살면서 차를 늘 마셨다. 다산은 1805년(乙丑年) 겨울 고성사 보은산방(寶恩山房)에서 혜장 선사에게 그 유명한 차를 구걸하는 〈걸명소(乞茗疎)〉를 지어 주었다. 아암은 초의스님에게 대둔사 다풍을 전해 주었고, 그로 인해 초의 의순(草衣意恂), 철선 혜즙(鐵船 惠楫), 범해 각안(梵海覺岸), 보제 심여(普濟心如: 1828~1875)로 이어지는 대둔사의 차맥(茶脈)을 형성하였다.

철선 혜즙은 초의보다 5세 연하로 두륜산 대둔사 출신이다. 혜즙의 문집인 〈철선소초(鐵船小艸)〉를 읽어보면 〈또 초의화상에게 드리다〉라는 시를 비롯하여 몇 편의 시에서 초의에 대하여 읊고 있다. 범해 각안은 14세에 대둔사에서 출가하여 초의에게 비구 및 보살계를 받았다. 범해는 은사인 호의 시오(縞衣始悟) 선사의 법맥을 이었지만, 초의에게 비구계를 받았으므로 초의의 수계(受戒) 제자라고도 할 수 있다. 범해는 계사(戒師)인 초의의 다맥(茶脈)을 잘 계승하여 차시(茶詩) 26편과 〈다약설(茶藥說)〉이란 산문 1편을 남겼다. 범해의 차시 26편 속에 있는 〈다가(茶歌)〉는 7언 4구로 된 장시인데 〈동다송〉의 전통을 충실히 계승하고 있다.

보제 심여는 철선의 법을 이은 스님으로 역시 16세에 대둔사에서 출가했다. 그는 초의에게 보살계를 받았다. 심여 스님은 스승 철선과 마찬가지로 비록 훗날이겠지만 초의에게 보살계를 받았으므로 초의의 수계 제자라고 할 수 있는데, 그는 초의·철선·범해로 이어지는 대둔사의 음다풍(飮茶風)을 잘 이어 2편의 차시를 지었다. 이로서 볼 때 아암 혜장으로부터 비롯하여 초의·철선·범해·보제로 이어지는 대둔사의 차맥은 아암 혜장이 그 중흥의 씨앗을 뿌린 것이다. 아암도 어릴 때 대둔사에서 출가하였고 그곳에서 차를 마시고 그 차를 승가에서는 초의에게, 속인으로는 다산에게 전수하였다. 따라서 한국 차의 중흥조는 초의의 스승격인 아암으로부터 시작하여 초의와 범해에 이르러 크게 음다풍(飮茶風)이 일어났으며 또 그 두 사람(초의·범해)은 각기 많은 차시를 비롯한 차에 관한 뛰어난 작품도 남겼던 것이다.

45. 草衣 意恂(초의 의순)

① 생애(生涯)

　초의 장의순은 전남 무안군 삼향리에서 興城 張氏의 후손으로 태어났다. 자는 中孚, 호는 초의(草衣)로 한국의 다성(茶聖)으로 알려져 있으며, 다신전(茶神傳)과 동다송(東茶頌)을 저술하였으며 해남 대흥사에 주석하며 따로 일지암(一枝庵)을 짓고 거처하며 주위에 차를 심고 따서 법제한 참 다인(茶人)이었다.
　추사 김정희와 다산 정약용 등 당시 명유(名儒)들과 더불어 교제하였고 그의 다법(茶法)은 대흥사와 송광사 쪽으로 전해져 많은 차인들을 태어나게 하였다.

② 차시(茶詩)

• 奉和山泉道人謝茶之作 / 산천도인의 '謝茶之作'을 받들어 화운

古來賢聖俱愛茶　예부터 현인과 성현들 모두 차를 아끼니
茶如君子性無邪　차는 군자와 같아서 거짓됨이 없네.
人間草茶差嘗盡　사람들 풀과 차를 가려 맛본 뒤
遠人雪嶺採露芽　멀리 설령을 찾아 노아차를 만드니.

法制從他受題品　법제를 좇아 제품 얻으니
玉壜盛裏十樣錦　옥단지 속에 담아 십양금을 두르고.

水尋黃河最上源 물은 황하 맨 위 원천을 찾으니
具含八德美更甚 팔덕을 다 갖추어 더욱 좋구나.

深汲輕軟一試來 깊은 경연수(輕軟水) 길어 한 번 맛보니
眞精適和體神開 참 정교(精巧) 적화하여 몸에서 열리는 다신(茶神).
麤穢除盡精氣入 먼지 때를 다 없애니 정기 스미는데
大道得成何遠哉 대도(大道)를 이룸이 어찌 멀기만 하랴.

持歸靈山獻諸佛 영산에 가져가 부처님께 드리고자
煎點更歲考梵律 차 달이며 다시금 범율을 헤아림에
閼伽眞体窮妙源 차의 참모습 묘원을 다하였고
妙源無着波羅密 묘원 집착 없음이 바라밀이라오.

嗟我生後三千年 아, 내 깊은 삶 삼천 년이건만
潮音渺渺隔先天 아득한 독경소리 선천 사이 뜨고
妙源欲問無所得 묘원을 물으려 해도 물을 곳 없어
長恨不生泥洹前 니원 앞의 태어나지 못함을 한 한하노라.

從來未能洗茶愛 종래에 조촐히 차를 사랑하지 못하고
持歸東土笑自隘 우리나라에 가져오니 스스로 편협함을 웃었네.
金纏玉壜解斜封 비단으로 싼 옥 단지 봉함을 비껴 열고
先向知己修檀稅 먼저 지기(知己)께 보냅니다.

• 달 하나를 오롯이 건져 마음에 품어가시게

無盡山下泉 내가 사는 일지암에 다함이 없는 샘이 있으니
普供山中侶 그 물로 시방(十方)의 중생들이 다 나눠 마실 수 있는데

各持一瓢來 그대들이여 표주박 하나씩 가져와
總得全月去 달 하나를 오롯이 건져 마음에 품어가시게.

• 蔓香閣與酉山共賦 / 만향각105)에서 유산(酉山)106)과 함께 지음

一生參學了今年 일생의 참선 수행 금년에야 마쳤으니
未妨北窓淸晝眠 북창에 편히 누워 낮잠 자도 무방하리.
白屛山尖孤照水 백병산 높고 높아 홀로 물에 비치고
黃曉江色澹連天 황효강 빛 맑아 하늘에 닿네.
筆牀茶竈春風裏 책상과 차(茶) 부엌은 봄바람 속
藥末香塵小醉邊 약 찌꺼기 옅은 향내에 가벼이 취했네.
已信誌公譚實相 이미 지공(誌公)107)의 참모습 믿나니
要知喧靜兩皆禪 시끄럽고 고요한 곳이 모두 참선임을 아는 것이지.

• 東莊奉別東老金承旨在元覃齋金承旨敬淵黃山金承旨逌根秋史金待敎正喜 / 동쪽 별장에서 동로(金在元), 담재(金敬淵), 황산(金逌根) 세 승지와 추사 김대교를 이별하면서 -丁丑 八月(1817)-

旅館違良知 여관에서 이별한 좋은 친구들
竟日愁悄悄 종일토록 슬프게 근심했네.
獨憐霽後峯 개인 뒤 봉우리만 홀로 가련한데
姸姸露林表 곱고 고운 숲은 밖으로 드러나네.
掩冉墨暉淸 바람에 흔들리는 먹물 흔적 맑고

---

105) 만향각(蔓香閣): 유산 정학연의 당호(堂號).
106) 유산(酉山): 정학연(鄭學淵)의 호. 다산 정약용의 맏아들로 시문과 세예에 능했고 초의 선사의 친한 지기(知己)였다.
107) 지공(誌公): 중국의 고승. 중국 추평의 예천사에 있는 지공비(지공비) 뒷면에 그의 초상이 새겨져 있는 것으로 유명하다.

繞繚茶烟碧 얽히는 차 연기 푸르다.
瞻眺自藹然 바라보니 시선 절로 온화해
鉛華籠淨壁 부처님 얼굴이 깨끗한 벽에 둘러 있다.

• 題山水圖八帖 / 여덟 폭 산수도

氈摺承案淨 큰 책상은 모직물을 받쳐서 정갈하고
膽瓶傍爐香 물병은 화롯가에 향기롭게 놓여 있다.
古石含蒼潤 묵은 바위 이끼 머금어 윤이 나고
新苗舒嫩黃 새싹은 노랗게 눈을 띄우네.
裊裊茶烟碧 하늘하늘 차 연기 푸르고
冉冉雲氣凉 드린 구름 기운도 서늘하다.
側想幽人意 그윽한 사람의 생각 상상하니
姣姣潔冰霜 얼음과 서리처럼 맑고 깨끗하여라.

• 金道邨寄一律次韻却寄 / 김도촌이 율시를 보내옴에 그 운을 땀

道邨恬養處 도촌이 편안하게 수양하는 곳은
心遠日遲遲 마음이 원대하니 시간도 더디 가네.
徑逼幽蘭砌 길은 그윽한 난초 뜰에 붙어 있고
門臨曲沼碕 문은 굽이진 연못 계단에 임해 있네.
鍊藥消閒疾 약을 달여 병을 치료하고
品茶減睡癡 차를 가꾸어 졸음을 줄이네.
宿昔烟霞約 옛날 산수에 의지하여 살자던 약속을
淸秋始赴宜 해맑은 가을에 실현함이 마땅하다.

• 金剛石上與彦禪子和王右丞終南別業之作 / 금강석 위에 언 선자

와 왕우승108)의 종남별업(終南別業)의 시에 화답함

聽鳥休晚參 새소리 들으려 저녁 예불도 쉬고
薄遊古澗陲 가벼이 노니는 옛 시내 언덕
遣興賴佳句 흥을 따르기에는 시구가 좋고
賞心會良知 마음 통하는 좋은 벗들과의 만남
泉鳴石亂處 바위 널린 곳에서는 여울물 흐르고
松響風來時 바람 불자 소나무가 울리네.
茶罷臨流靜 차 마시고 고요한 물가에 와
悠然忘還期 그윽한 심사 돌아갈 기약도 잊었네.

• 金道邨見過草菴 / 김도촌이 지나는 길에 초암을 찾았기에

去聖三千載 성인 가신 지 3천 년
道喪世方渾 도는 사라져 세상이 혼돈하네.
獨將閒日月 혼자 한가로운 세월을 보내면서
閉門詩書敦 문 닫고 시서(詩書)에 충실하네.
心事天眞古 마음의 일은 오래전부터 천진하고
德業忠孝尊 덕스러운 공업, 충과 효도 드높였지.
令聞掀一時 아름다운 소문 한 시대를 흔드니
軒蓋駐蓬門 높은 분의 발걸음 문 앞에 멈추네.
牢讓自潛跡 굳게 사양하고 스스로 자취를 감추어
厭被時人論 세상 사람의 논평받기를 피했네.
竟棄人間事 끝내 인간사를 던져 버리고
雲林來避喧 구름 숲으로 시끄러움 피해 왔네.
聞我巖居靜 내가 바위틈에 산다는 말 듣고

---
108) 왕우승(王右丞): 당나라 시인 왕유(王維). 상서우승(尙書右丞)을 지냈기 때문에 왕우승이라 불린다.

披雲到松軒 구름 헤치고 송헌(松軒)에 이르렀네.
掬泉烹雷笑 샘물 길어 뇌소를 끓이고
梵香演道言 향을 사르고 청담을 나누었다네.
英姿鶴毛古 영특한 자태 학인 양 고고하고
淸淡玉露繁 맑은 담론은 이슬이 서린 듯하네.
雅晤時將晚 저녁별도 장차 저물려 하니
頻嗟歲疾奔 세월 빨리 달아남을 한탄하네.
有如林中蘭 마치 숲속의 난초가
將謝藹菈菈 장차 그 풍성함을 하직할 듯하네.
丈夫知有道 장부가 만약 도 있음을 알았다면
唯當奮朝聞 마땅히 〈조문도〉[109]란 말을 되새겨야 하리.
旣能知深淺 이미 깊고 얕음을 알 수 있다면
也須辨僞眞 모름지기 참과 거짓 구별해야 하리.
精究消長理 사라지고 자라는 이치 자세히 탐구하여
明核死生根 죽음과 삶의 뿌리를 뚜렷이 밝혀야지.
細研窮微密 미세하고 오밀함을 자세히 연구하면
便悟可長存 곧 양생의 이치 깨닫게 되겠지.
苟能淸自守 청정으로 스스로 지킬 수 있다면
何足希人援 남의 도움을 무엇 하러 바라겠나.
富貴非天爵 부귀는 하늘이 준 복이 아니고
修飾非素薰 꾸밈도 본래의 향기는 아니라네.
靈臺元固基 영대(靈臺)가 원래 튼튼한 터전이니
智水本澄源 슬기로운 몸[110]은 원래 청정한 근원일세.
心遊白玉京 마음은 백옥경[111]에 노닐고

---

109) 조문도(朝聞道):《논어》이인(里仁) 편에 "아침에 도를 들으면 저녁에 죽어도 좋다(朝聞道夕死可矣)."라는 말이 있음
110) 슬기로운 몸(智水): 영대(靈臺)에 대응하는 말로써 '지혜로운 물'을 마시는 것은 신체적으로 '지수(智水)'를 '슬기로운 몸'으로 표현하였다고 본다.

名耀紫微垣 이름을 자미원(紫微垣)에 빛내었네.
回看營營者 돌아보면 갖가지 세상 만물을
天地卽一樊 하늘과 땅이 곧 하나의 울타리를 이루었네.

• 水鍾寺次石屋和尙韻 / 수종사에서 석옥 화상112)의 시운을 따서

夢回誰進仰山茶 꿈에 누가 앙산(仰山)113)의 차를 마셔
懶把殘經洗眼花 게으르게 남은 경전 잡고 눈꽃을 씻어내려
賴有知音山下在 다행히 산 아래 깊이 마음 아는 이 있어
隨緣來住白雲家 인연 따라 와 백운가(白雲家)114)에 머무네.

• 奉和酉山 / 유산(酉山)에게 화답함

蕪蕪蘭蕙世難分 우거진 난초와 혜초를 세간에선 구분 못해
移植栴檀物也薰 전단향115) 옮겨 심으면 온갖 물질도 향내 난다네.
鳳彩鸞章驚俗見 봉황의 채색 난새의 문양은 속인의 눈을 놀래키고
金聲玉振洗凡聞 쇠북소리 옥의 울림은 범상한 사람의 귀를 씻는다.
茶烟夜浥三淸露 차 연기는 밤에 삼청(三淸)의 이슬에 젖고
窓日朝含五色雲 창밖의 아침 해는 오색구름을 머금었네.
三樂人間兼亨了 인간 세상의 세 가지 즐거움116)을 다 누렸으니

---

111) 백옥경(白玉京): 신선이 사는 고장으로 특히 옥황상제가 있는 곳을 말한다.
112) 석옥화상(石屋和尙): 중국 임제종(臨濟宗)의 18대 법손(法孫).
113) 앙산(仰山): 중국의 스님인 혜적(慧寂)으로, 그에게 부처의 참뜻에 대해 물으니 항상 차를 한 잔 권했다는 공안(公案)이 있다.
114) 백운가(白雲家): 사찰을 의미한다.
115) 전단향(栴檀香); 향나무의 이름으로 단향목(檀香木)을 말한다.
116) 세 가지 즐거움(三樂):《맹자》에 "군자에게는 세 가지 즐거움이 있는데 부모님 살아 계시고 형제들에게 별 탈이 없는 것이 첫 번째 즐거움이요, 하늘을 우러러 부끄럽지 않고, 아래로 사람들에게 부끄럽지 않은 것이 두 번째요, 천하의 영재를 얻어 가르치는 것 세 번 째"라고 쓰여 있다.

何曾更使利名賁 이제 다시 명리의 장소로 내달아 가리.

山暉欲沒冷烟澄 산 햇살 지려 하자 서늘한 안개 밝고
暝色因依凍不騰 어두운 빛 그대로 얼어붙어 꼼짝 못하네.
雪壓千峯塵耗絶 봉우리마다 눈 덮여 티끌 한 점 없고
鳳鳴萬竅暮寒增 바람은 온 골에 울려 저녁 추위 심하고
淪茗且禮耽詩客 차 끓여 시 좋아하는 나그네에게 대접하고
劑藥相憐問字僧 약 지어 서로 글자 묻는 스님을 위로하네.
病起還尋舊遊跡 병에서 일어나 다시 옛 놀던 자취 찾아
留題催和更多情 시제 남겨 화답을 재촉하니 더욱 다정하구나.

畵屛不願借人模 병풍 그리기에 사람을 빌어 본뜨기를 원치 않고
千疊生陳造花圖 늘어선 조화도(造花圖)는 천 겹으로 살아있네.
列岳疑抽生彩筆 줄지은 큰 산은 그림 붓으로 뽑아내어 엄숙하게 서 있고
雙江可把灌香廚 두 강물은 움켜다가 부엌에 물댈 만 하네.
雲鋪似海潮方進 구름은 두루 미치어 바닷물이 널리 퍼져 나가는 듯
烟澹如塗潤未枯

張放四時無捲日 넓히어 놓은 사철은 분발하는 날이 없으니
春晴偏近煮茶爐 맑게 갠 봄날 오로지 차 화로 가까이하여 달이네.

• 七言絶句(酉山) / 칠언절구(유산의 시)

相公胸次本來寬 상공117)은 본래 도량이 넓은 분
貯得餐霞飮淥寒 봄 안개 찬하(餐霞)118)와 차를 많이 드셨겠지

---
117) 상공(相公); 재상(宰相)의 존칭. 여기서는 부마도위(駙馬都尉) 홍현주(洪顯周)를 지칭한 것임
118) 찬하(餐霞); 봄 안개를 먹는다는 뜻.

忘却明朝靑瑣直 좋은세상 만났어도 벼슬길(靑瑣)119)엔 오르지 않고
碧山無數倚松看 청산에 묻혀 살며 소나무를 의지했다네.

• 石泉煎茶 / 돌샘 물로 차 달이기

天光如水水如烟 하늘빛은 물 같고 물은 연기 같아
此地來遊已半年 이 땅에 와서 노닌 지 이미 반년
良夜幾同明月臥 좋은 벗 자주 모여 밝은 달에 엎드리니
淸江今對白鷗眠 맑은 강은 바로 잠든 백구를 대하는 것 같네.
嫌猜元不留心內 미워하고 시기하기는 원래 마음속에 남아있지 않고
毁譽何曾到耳邊 비방과 칭찬이 어찌 귓가에 이르러 합쳐지랴.
袖裏尙餘驚雷笑 소매에는 오히려 경뢰소120) 차가 남았으니
倚雲更試杜陵泉 구름에 기댄 채 다시 두릉천을 시험하리.

• 洌水泛舟 / 열수(洌水)121)에 배를 띄우고

斜日西馳雨散東 저무는 해 서쪽으로 달리고 비는 동쪽에 뿌리는데
詩囊茶椀小舟同 시 주머니와 다기를 작은 배에 실었네.
雲開正滿天心月 구름 걷히자 하늘 중앙에 달빛만 가득하고
夜靜微凉水面風 밤 고요하니 서늘한 바람만 수면 위를 스치네.
千里思歸何所有 천 리 밖에서 고향 생각한들 어찌 이를 수 있으리
一身餘累竟難空 한 몸에 남은 얽힘 끝내 비우기 어렵구나.
誰知重疊靑山客 누가 알랴 겹겹의 청산 속 나그네가
來宿金波滿頃中 황금물결 만 이랑 속에 와 자고 있음을.

---

119) 청쇄(靑瑣); 대궐의 궁(宮門).
120) 경뢰소(驚雷笑); 차의 이름
121) 열수(洌水): 한강(漢江)의 옛 이름

• 夏日西園與諸公雅集 / 여름날 서쪽 정원에 선비들과 청아한 모임

谷雲冉冉吐凉陰 아른아른 골구름 서늘함 토하고
選勝移來境轉深 좋은 곳 찾다가 경계 점점 깊어지네.
澗水琮琤寒射石 시냇물 쫄쫄 싸늘히 바위를 쏘고
茶煙繚繞細穿林 차 달이는 연기 하늘하늘 숲을 뚫고 오른다.
神淸膽覺松風在 정신 상쾌하여 넉넉한 솔바람 이해하고
心遠都無俗韻侵 마음 머니 세속의 운치는 도무지 없네.
千里誰知參雅會 누가 알랴, 천리 밖의 이 모임을
野聲終愧和高吟 거친 소리로 고상한 읊음에 화답할 자 없는 것을.

• 吳大山昌烈謁酉堂於古湖和石屋閑居韻見寄次韻奉呈 / 오창렬의 고옥에서 유당을 뵙고 석옥의 한거 운으로 시를 지어 보냈기에 차운해서 바침

有誰同此展弘模 누가 나와 함께 큰 법을 펼치며
遊戱靈丘得上圖 신령한 언덕에 노닐며 상도(上圖)122)를 얻을까?
法演三周來寶塔 불법 강연을 세 번 베풀면 보탑에 이르고
泉含八德近香廚 샘물이 팔덕(八德)123)을 품으면 향주(香廚)124)에 맞네.
林藏宿霧花仍濕 숲이 머무른 안개를 품으면 꽃은 이내 젖고
庭泊濃陰蘇不枯 뜰에 짙은 그늘이 머물면 이끼는 마르지 않네.
禪誦讒過竹爐冷 선을 거짓으로 말하면 실수하여 죽로(竹爐)가 식어

---

122) 상도(上圖); 상계(上界).
123) 팔덕(八德); 8종의 공덕을 갖추고 있는 물(八功德水). 경전에 따라 두 가지가 있다. ① 고요하고 깨끗함. 차고 맑음. 맛이 단 것. 입에 부드러운 것. 윤택한 것. 편안하고 화평한 것. 기갈의 근심을 없애 주는 것. 여러 근(根)을 발양(發揚)하는 것 ② 달고, 차고, 부드럽고, 가볍고, 깨끗하고, 냄새가 없고, 마실 때 목이 상하는 일이 없고, 마신 뒤 배탈이 나지 않는 것
124) 향주(香廚); 향을 넣어 두는 바리때.

更添殘火換銅爐 다시 남은 불 더하여 구리화로(銅爐)로 바꾸었네.

• 次北山牧官韻 / 북산목관(北山牧官)의 운을 따서

衆官縈細務 뭇 관리들 자잘한 일로 분주한데
一府獨蕭然 한 고을만 홀로 조용하구나.
府海看蛟舞 교룡125)이 춤추는 바다를 굽어보고
捨琴半鶴眠 거문고 거두고 학과 어울려 잠잔다.
紅飄落花雨 붉은색 번득임은 지는 꽃비이고
靑颺煮茶烟 날리는 푸르름 차 달이는 연기일세.
自釀賢人酒 스스로 빚은 현인주(賢人酒)를
淺斟不用錢 조금씩 마시니 돈이 들지 않는다네.

• 晶陽和余淸凉寺雅集韻 見寄復和答之 / 정양이 나의 청량사아집(淸凉寺雅集) 운에 화답했기에 다시 화답함

官淸政簡晴晝永 청렴한 관리, 간편한 정치는 한낮처럼 맑고 길어
綺思終日在詩境 아름다운 생각 종일토록 시경(詩境)에 머문다
篇終遠寄水雲鄕 글 지어 멀리 수운향(水雲鄕)126)에 보내리
氣多雄豪語淸省 영웅호걸의 기상 넘치고 시어는 맑고 간략하다
一醉本期買春閑 술 한 잔에 봄의 한가함을 사려고 하였더니
春光已老彈指頃 봄빛은 이미 손가락 튀길 사이에 쇠해버렸네
旣不將煥伯甘侯傳檄來 이미 환백(술)과 감후(차)가 격문을 가져올 수 없으니

---

125) 교룡(蛟龍); 용의 일종으로 상상의 동물. 바다나 큰 강에 살면서 파도를 일으킨다고 한다.
126) 수운향(水雲鄕); 물과 구름으로 둘러싸인 곳. 신선이 사는 곳을 말하는데, 여기에서는 초의가 사는 호남지방을 뜻한다.

又焉得驅憂來樂健且猛 어찌 근심 좇고 즐거움 맞아 건강하고 용맹하랴
逸興自乘方快暢 뛰어난 흥취에 절로 겨워 상쾌하고 맑으니
佛須好事折簡請 모름지기 좋은 일이라면 서신으로 청할 필요 없다.

• 琴湖留別山泉道人 / 금호에서 산천도인(山泉道人)127)과 헤어지며

夢宥上洛時居琴湖 죄 사함을 받아 서울 금호에 있으면서
三秋高會窮憐歡 가을에 만나 한없이 즐기었으니
甲午秋重會琴石亭 갑오년 가을에 거듭 금석정에 모여
閑碾鳳團燒鷄舌 봉단128)을 갈고 계설129)을 만들었나니.
人生聚散苦難常 인생에 모였다 흩어지는 것이 아직도 괴로움
凄勵風前復遠別 쓸쓸한 바람 따라 멀리 헤어지는구나.
醉德飽義更何時 덕에 취하고 의로움에 배부를 날 언제이려나
此身還復如飢餐 이 몸은 마치 허기증 난 꼴이네.

• 起山以謝茶長句見贈次韻奉和兼呈雙修道人 / 기산이 차를 보내준 일에 감사하면서 장구(長句)를 지어 보냈기에 삼가 차운하고 아울러 쌍수 도인(秋史)에게도 시를 지어 보낸다.

萬事從來春消雪 모든 일들 봄날 눈 녹듯 했으나
誰知個中自有一段難磨滅 뉘 알리오, 그중 일단의 마멸하기 어려움을.
秋空淨涵明月光 가을 하늘에 잠긴 밝은 달빛은
淸和難將比皎潔 그 청화함이 깨끗하기 이를 데 없구나.
殊相劣形誰擬議 뛰어난 모습과 못난 모양을 누가 구분했던고
眞名假號總元絶 참된 것과 거짓이 원래 없었던 것.

---

127) 산천도인(山泉道人); 추사 김정희의 동생 김명희의 호.
128) 봉단(鳳團); 차 이름으로 봉황무늬가 찍힌 덩어리 차
129) 계설(鷄舌); 향의 이름. 정향(丁香)나무의 꽃봉오리를 칭한다.

始未相動那假定 처음부터 가정(假定)130)에서 서로 움직이지 않았는데
誰道香火舊緣結 향불 올리는 것 옛 인연 맺는 거라 누가 말했나.
雙放雙收沒處尋 서로 풀고 서로 거두니 찾을 곳은 사라지고
同生同死休提挈 함께 살고 함께 죽으니 서로 필요도 없네.
一廻見面一廻歡 한번 얼굴 돌아보고 한번 기뻐하노니
有甚情懷可更切 깊고 깊은 정회는 정말 간절하구나.
三十柱杖曾不畏 서른 번 치는 막대기131) 두려워하지 않았고
等閑隨雲下巇辟 한가롭게 구름을 따르니 험한 산도 발아래라.
却看維摩方丈居 문득 유마힐132)이 거처하는 방장을 보니
白玉界中黃金埒 백옥계 안에서도 황금으로 담을 둘렀으니
玉女時將天花散 옥녀가 때때로 하늘 꽃을 흩뿌리는데
曼殊分陀蒂相擷 만수화133)와 분타화134) 꽃 마디를 뽑아 던지네
無底鉢擊衆香飯 바닥없는 바리때에다 중향반135)을 가득 담고
沒根耳聽無言說 들리지 않는 귀로 소리 없는 말을 듣는다네.136)
熱惱塵垢無着處 번뇌와 세상 티끌들은 붙을 것이 없다네.
有誰更願濯淸洌 누가 있어 물가에서 깨끗이 씻길 원하리오.
不二門中三十人 불이문(不二門)137) 안 30여 명 사람들에게는

---

130) 가정(伽定); '가(伽)는 '일체법일합불가득(一切法一合不可得)의 뜻으로, '최조밀무명암명(摧稠密無明闇冥)'의 소리라 한다. '정(定)은 마음을 한곳에 머물게 하여 흩어지지 않게 하는 것을 말한다.
131) 서른 번 치는 막대기(三十柱杖); 선종의 종장(宗匠)이 선을 배우는 사람들을 깨우치는 방편으로, 포(襃)하고 폄(貶)하는 두 가지 뜻.
132) 유마힐(維摩詰); 부처님의 속인 제자(俗人弟子)
133) 만수화(曼殊花); 묘한 뜻을 지닌 문수보살이 손에 들고 있는 꽃.
134) 분타화(分陀花); 백련화(白蓮華)
135) 중향반(衆香飯); 갖가지 향료를 넣어 만든 음식.
136) 들리지 않는 귀로……〔沒根耳聽無言說〕; '몰근이(沒根耳)'는 귀뿌리가 없는 귀로 있어도 들을 수 없는 귀를 말하고, '무언설(無言說)'은 소리가 없는 이야기를 칭한다. 참다운 대화는 물리적 수단을 거쳐서 이루어지는 것이 아니고 마음의 소리(心音)를 들을 수 있을 때 가능하다는 뜻.
137) 불이문(不二門); 불이법문(不二法門). 상대차별을 없애고 절대차별도 없는 이치를 나타내는 법문. 제법불이(諸法不二)의 이치는 불도의 표준이 되므로 법

都無所用廣長舌 부처님의 장광설138)도 일체 필요 없도다.
君不見末未後都將伊字喩 그대 보지 못했는가? 이자유(伊字喩)139)의 끝자리
縱橫竝分也離別 종횡으로 병립하기도 또한 떨어져 있는 것을
我從長者請下一轉語 내가 일전어(一轉語)140) 한 마디를 부탁해
法喜供禪悅食還將容饕餮 법희공과 선열식(禪悅食)141)을 배불리 먹
　　　　　　　　　　　 여줄 탐욕스런 인간들을142) 모두 용납해 주게.

• 借分一株又疊 / 차나무 한 그루를 얻고

天寒紅葉亂辭林 날씨 추우니 단풍잎 어지러이 숲속을 날고
不怨煩霜冷着襟 옷깃에 어린 싸늘한 서리 원망하지 않네.
月上落霞停水面 안개 뚫고 떠오른 달 수면에 비치고
風翻孤鶴舞庭心 바람에 나는 외로운 학 뜰 안에서 춤춘다.
多情欲與樽前語 다정히 너와 함께 술잔 앞에 두고 이야기하려고
留約還將夢裏尋 약속 남겨놓고 다 꿈속에서 찾았네.
分得白雲淸雨露 흰 구름, 맑은 이슬비 나누어 가져

　　이라 하고, 모든 성인이 이 법에 의해서 진리에 들어갔으므로 문이라 한다.
138) 장광설(廣長舌); 부처님이 하신 모든 법문
139) 이자유(伊字喩); 실담문자 모양이 세 점으로 이루어졌음을 뜻한다. 그 배열하
　　는 위치는 가로로 서지도 않고 삼각관계를 이루었으므로 삼즉일(三卽一)·일
　　즉삼(一卽三)·불일불이(不一不二)·비전비후(非前非後)를 비유했을 때 쓰임.
140) 일전어(一轉語); 전(轉)은 전신(轉身)·발전(撥轉)·전기(轉機)등의 숙자(熟
　　字)·학인(學人)의 심기를 일전하는 이야기.
141) 법희공과 선열식(法喜供禪悅食); 법희선열(法喜禪悅). 법희식(法喜食)과 선열
　　식을 합칭한 말이다. '법희식'은 불법에 의하여 심신을 돕는 것으로, 법을 듣
　　고 환희한 마음으로 수행하여 선근(善根)을 주장하는 것이 마치 세간의 음식
　　물이 몸을 기르고 생명을 유지하는 것과 같다는 말이다. '선열식'은 이식(二
　　食)의 하나로, 선정으로써 심신을 도우며 선정의 낙을 얻어 몸을 길러 혜명
　　(慧命)을 자익(資益)하는 것이 마치 사람이 음식을 먹어 신체의 모든 기관을
　　길러 목숨을 보존하는 것과 동일하기 때문에 이렇게 부른다.
142) 탐욕스런 인간들(饕餮); ① 재물과 음식을 탐냄. ② 악수(惡獸)의 이름. 탐욕
　　이 많고 사람을 잡아먹는다 함. 탐욕이 많은 흉악한 사람을 말한다.

和根移取艸堂深 뿌리와 함께 초당 깊이 옮겨 심으리라.

• 次雲广道人韻 / 운엄도인(雲广道人)의 시운을 따서

淸遊贐覺勝前冬 맑게 노닒이 지난해 겨울보다 나으니
坐與高人靜裏逢 높은 분과 함께 조용히 만났기 때문이네.
舊作燈前誇好旬 지난 작품으로 등불 앞에서 시구 자랑하는데
寒更雲外報疎鍾 추운 밤 구름 밖에 성긴 종소리 들려오네.
下方撩亂風搖樹 인간세상 요란한지 바람에 나무 흔들리고
上界淸寧月滿峯 천상 세계 맑고 편한데 봉우리에 달빛만 가득하다.
要試靈泉勝牛乳 신령한 샘물이 우유보다 나은 것을 알려면
一包龍井解斜封 용정(龍井)143)차 한 봉지 달여 마셔 보소.

傷心遠別完城冬 겨울에 완주(完州) 성에서 상심하며 이별했는데
誰料此生得再逢 누가 알았으랴! 이 생애에 다시 만날 줄을
無墨可硏淸月露 맑은 이슬로 갈 수 있는 먹도 없고
有茶難酌白雲鍾 차는 있지만 흰 구름 잔에는 따를 수 없네.
如君高臥玉山客 그대는 옥산에 높이 누운 나그네인데
愧我遠尋天柱峯 멀리 천주봉144)을 찾는 내가 부끄럽구나.
嘉遁更玆留後約 이곳에 은둔했다니 다시 뒷기약 남기며
松門一任薜蘿封 소나무 문을 덩굴로 에워싸게 하게나.

• 縣齋拈韻同賦 / 현재에서 운을 골라 함께 읊다

無事不曾度澗煙 말이 없어 일찍이 시내를 건너지 않다가

---

143) 용정(龍井); 중국 차 이름.
144) 천주봉(天柱峯); 하늘을 받치는 기둥

今宵移宿白雲邊 오늘 밤 자리를 옮겨 흰 구름 베고 잠든다.
淸硏景物無三月 맑고 고운 경치라도 석 달을 넘기 어렵지만
澹素杯盤屬二天 검소한 술자리는 이천(二天)145)에 속한다네.
麵洗玉筯繞細滑 젓가락으로 가늘고 미끈한 국수를 먹고
茗煎花乳浮輕圓 화유(花乳)146)를 끓여 마시니 연기는 가볍게 날린다.
使君勝有烟霞趣 그대에겐 자연과 노닐만한 풍류 있으니
從此相遊可判年 이로부터 두고두고 함께 노닐겠노라.

• 奉答酉山茶詩 유산의 다시(茶詩)에 삼가 화답함

南來北去兩無緣 남북으로 오고 가니 둘 다 인연 없어
鱗鴻不肯隨人便 잉어나 기러기147)가 모두 인편을 못 따르네.
澄江如練山如畵 맑은 강 비단 같고 산은 그림 같아
舊遊心眼印芳鮮 지난날 놀이가 마음속에 선명하게 박혔구나.
茶花小亭聽夜雨 꽃 따던 작은 정자에서 밤비소리 듣고
雲吉上房試名泉 운길상방에서 좋은 샘물 맛보았네.
半醉時臥松風細 반쯤 취해 때로 솔바람 속에 눕고
殘夢初回江月圓 꿈결에 깨어보니 강가 달만 둥글다.
憐我病骨瘦如竹 대처럼 마르고 병든 내 몸이 가련하고
羨公詩思至如川 그대의 시상(詩想)이 냇물처럼 흐름이 부럽구나.
揮毫珠玉散華箋 휘갈기는 글씨는 주옥처럼 화선지 위에 흩어지고
透窓雪花墮紋筵 창틈을 뚫는 눈꽃 비단 자리에 떨어진다.
此日詩廚文字飮 이날 시의 부엌에서 문자를 마시니
人間聞者口流次 듣는 사람마다 입에서 군침을 흘렸다네.

---

145) 이천(二天); 남의 특별한 은혜를 하늘에 비유하여 이른 말이다.
146) 화유(花乳); 차의 다른 이름
147) 잉어나 기러기(鱗鴻); 인소(鱗素)와 안백(雁帛)에 나오는 말로, 잉어의 배와 기러기의 발목에 편지를 넣거나 붙여 보냈다는 뜻

又能時時策我懶 또 때때로 나의 게으름 채찍질하네
惡詩纇句勉精研 잘못된 시구라도 정신 가다듬어 힘쓰네.
白首如今分涯角 흰머리 되어 지금은 서로 갈리었지만
相愛猶復如當年 서로 아낌은 오히려 그때와 같소.
今年寄書靑海鶴 올해는 편지를 청해의 학148)에게 전했더니
又是秋風雁來先 또 가을바람에 기러기보다 먼저 왔소.
悽惋古雅詞義深 애틋하고 우아한 글 뜻이 깊어
一言一字直萬錢 한마디 한 글자가 만금의 값이로세149).
愛玩摩挲百回轉 사랑스레 어루만지며 백 번을 거듭 읽나니
懷緖自解久縈纏 회포와 마음 씀이 오래도록 남아있소.
勸公從此永相忘 그대에게 권하노니 지금부터 오래 잊고 지내게
相忘始無煩惱煎 잊어야 비로소 번뇌의 애태움도 사라지지
煩惱不生道我成 번뇌 일지 않으면 도가 저절로 이루어지고
思與相忘知誰賢 생각함과 서로 잊는 것, 어느 것이 현명한가.
道成乘雲至帝鄕 도 이루어 구름 타고 제향(帝鄕)에 이르면
金闕侍立玉貌姸 황금 대궐에 모시고 서 있는 모습 곱겠지.
公乎公乎記我言 그대여, 그대여, 내 말 기억하시게
毋忘相忘心頭鐫 잊지 않으면서 서로 잊자는 말150) 마음에 새기게나.

• 奉答耘逋茶詩 / 운포의 다시에 삼가 화답하다

---

148) 청해의 학(靑海鶴): 편지를 전해 준 소치 허유(小痴許維: 1809~1892)를 말한다. 소치는 전남 진도에서 태어났고, 초의의 추천으로 추사 김정희의 문하에서 시서화(詩書畵)를 배워 삼절이라 불렀다.
149) 만금의 값이로세(直萬錢): 두보(杜甫)의 시 〈춘망(春望)〉에 '봉화 둑에 오른 횃불은 석 달이나 잇닿고, 집안에서 부친 편지는 만금이나 나간다(烽火連三月 家書抵萬金)'는 구절이 있다.
150) 잊지 않으면서 서로 잊자는 이야기(毋忘相忘): 서로 잊지 않으면서도 잊으며 지낼 수 있는 마음의 자재로움을 뜻하는 말로, 진정한 그리움은 잊음에서 온다는 의미가 담겨 있다.

百樣奇花千般中 갖가지 기이한 꽃과 온갖 풀들이
朝艶暮萎不長好 아침엔 곱다가 저녁에 시드니 아리따움도 잠깐.
爭似此君抱貞德 대나무의 정결한 덕을 다투어 닮으려 하는데
不怨春晚淸霜早 봄은 늦고 서리 일찍 내려도 원망치 않는구나.
移來不辭逾嶺難 옮겨올 때 험한 고개를 넘는 것도 마다치 않았고
曲爲主人愜幽看 곡진하게 주인을 위해 그윽한 즐거움을 주네.
疎影孤伴池心月 성긴 그림자는 홀로 호수가 달을 벗 삼고
弱條猶薪鳳來歇 연약한 가지는 오히려 봉황이 쉬기를 기다리네.
夕陽漏紅滿涼臺 저녁놀에 붉게 물든 누대가 시원한 것은
炎瘴欲透無門開 더위가 지나갈 문을 모두 막은 탓이지.
無風搖緣玉磨響 바람 없어도 잎이 흔들려 옥가는 소리 들리니
始覺乘鸞披拂來 그제야 난새가 댓잎 헤치고 오는 것 알았구나.

• 附原韻(酉山詩) / 원운을 붙여(유산시)

畦衣一棹廣陵烟 안개 낀 광릉에서 물옷 입고 배 타면서
雅集江樓十二年 강가 누대에 모여 놀기 어언 십이 년
遊寺詩應珍塢滯 도량에서 지은 시는 언덕 위에 묶어 두고
謝茶書向塞琴傳 차를 보내준 답신은 새금[151]으로 보낸다네.
靑山老臥金身佛 청산에 누워 늙으니 금신불〔艸衣〕이 되었고
碧海生還玉局仙 바다에서는 옥국선〔秋史〕이 살아 돌아오도다.
不妨再騎支遁馬 지둔의 말 다시 타도 나쁠 게 없나니
北人爭看折肱禪 북쪽 사람 팔 부러진 스님을 다투어 보겠구나.

• 附原韻 / 원운을 덧붙임

---

151) 새금(塞琴); 전라남도 해남의 다른 이름

老夫平日不愛茶 늙은이 평소에는 차를 즐기지 않다가
天憎其頑中瘴邪 하늘이 노하였나 몹쓸 병에 걸렸네.
不憂熱殺憂渴殺 열병 아니라 소갈증에 죽나 근심하다가
急向風爐瀹茶芽 급히 풍로를 지펴 찻잎을 달였노라.
自燕來者多贋品 연경에서 가져온 차는 가짜가 많으니
香片珠蘭匣以錦 향나무로 곽을 하고 비단으로 묶었네.
曾聞佳茗似佳人 들으니 좋은 차는 예쁜 사람과 같다니
此婢才耳醜更甚 우리 여종은 추하기가 한량없구나.
艸衣忽寄雨前來 초의 선사 홀연히 비 오기 전에 보내 주니
籜包鷹爪手自開 죽순 껍질에 담긴 차를 손수 꺼내 보았네.
消壅滌煩功莫尙 막힘을 없애고 번뇌 씻어주니 비할 바 없고
如霆如割何雄哉 우레인 듯 쪼개는 듯 어찌 그리 웅장한가?
老僧選茶如選佛 노스님 차 고르길 부처님 고르듯 하여
一槍一旗嚴持律 일창일기152)가 엄숙히 계율을 지켰도다.
尤工炒焙得圓通 초배153)에 더욱 정성 들여 원융을 얻었으니
從香味入波羅蜜 향내음 좇아서 바라밀이 되었구나.
此秘始抉五百年 이 비방은 오백 년 전부터 시작되었으니
無乃福過古人天 옛사람 슬기로운 복을 지니지 않았으리.
明知味勝純乳遠 그 맛이 맑은 우유보다 심원함을 밝혀 아니
不恨不生佛滅前 불멸에 앞서 불생한 것을 한탄하지 않으리라.
茶如此好寧不愛 차가 이처럼 좋은데 어찌 사랑하지 않겠는가?
玉川七椀猶嫌隘 옥천의 칠완154)도 오히려 적다고 하겠네.
且莫輕向外人道 범속한 인간에게는 경솔히 말하지 말라

---

152) 일창일기(一槍一旗); 차나무의 잎이 자랄 때 맨 처음 돋는 싹으로 차의 최상품이다. 곡우 전후에 딴 찻잎이 여기에 속한다.
153) 초배(炒焙); 찻잎을 철판 위에서 불로 쪼이는 작업 중의 첫 작업.
154) 옥천의 칠완(玉川七椀); 옥천(玉川)은 노동(盧仝)을 가르키고 일곱 잔을 마신다는 의미이며 각각의 잔마다 의미가 내재해 있다.

復恐山中茶出稅 산중의 영험한 차가 새어 나갈까 걱정된다네.

• 阮堂金公祭文 / 완당 김정희 공 제문

함풍(咸豊)155) 8년 무오(戊午) 2월 청명일(淸明日)에 방외(方外)156)의 친구 의순(意恂)이 한 잔의 술을 올리고, 김공 완당 선생의 영전에 고하나이다. (중략)
그대는 실로 봄바람이나 따사한 햇볕 같았지요. 뿐만이 아니라 손수 달인 뇌협(雷莢)과 설유(雪乳)157)를 함께 나누며, 슬픈 소식을 들으면 그대는 눈물을 뿌려 옷깃을 적시곤 했지요. 생전에 말하던 그대 모습 지금도 거울처럼 또렷하여, 그대 잃은 나의 슬픔 이루 다 헤아릴 수 없나이다. 슬프다. 〈원문 생략〉

• 上海居道人書 / 해거 도인에게 보낸 편지

(상략) 근자에 북산도인(北山道人)이 와서, 당신께서 다도(茶道)를 묻고자 한다기에, 옛사람들이 전해오는 바에 의해서 동다송(東茶頌) 한 편을 저술하여 보냈는데, 내 나름대로 규명하지 못한 대목은, 본문을 그대로 옮겨서 묻는 말씀에 가름하는 바입니다.
그러나 내용이 산만하여 읽으시느라 괴로움이 많을 것입니다. 대단히 죄송합니다. 글 속에 한 구절이라도 소용에 닿는 것이 있다면, 금총지로(金鏓之勞)158)를 아깝게 여기지 마소서.

---

155) 함풍(咸豊) 8년; 1857년 정사년(丁巳年).
156) 방외(方外); 테두리 밖의 사람. 국외자.
157) 뇌협(雷莢)과 설유(雪乳): 차 이름
158) 금총지로(金鏓之勞): 안막(眼膜)을 긁어내는 듯한 눈의 피로를 뜻함. 문장을 정정(訂正)하는 일.

46. 鐵船 惠楫(철선 혜즙)

① 생애(生涯)

　철선 혜즙(鐵船惠楫: 1791~1858)의 호는 철선(鐵船), 성은 김(金), 본관은 영암. 14세에 해남 두륜산 대흥사의 성일(性一)에게 스님이 되어 1809년(순조 9) 완호 윤우(玩虎倫佑)에게서 배웠다. 그 뒤 연암(蓮庵)에게 사집(四集)을, 철경 응언(鐵鯨應彦)에게서 대교(大敎)를 각각 수강하고, 수룡 색성(袖龍賾性)에게서 법을 받았다. 20년 동안 내참자(來參者)를 접하고, 그 뒤 20년은 좌선했다. 문장과 글씨에 뛰어났다. 1858년 (철종 9) 1월 25일 상원암(上院庵)에서 세수 68세, 법랍 54년으로 초의보다 8년 먼저 입적했다. 저술로는 《철선소초(鐵船小艸)》 1권이 현존한다. 《조선불교약사》《동사열전》《한국불교인명사전》 참조

② 차시(茶詩)

・次蓮社韻呈梁秀才 / 백련사의 운을 따서 양수재에게 주다

古寺門前石作橋　옛 절의 문 앞에는 돌다리가 만들어져 있고
短筇破衲任逍遙　짧은 지팡이 헤어진 옷으로 마음대로 거니네.
雨過古澗添新水　비는 낡고 넓은 곳을 지나 새 물을 더하여
風送孤帆泛晩潮　바람이 외로운 돛배에 불어 만조의 바다에 띄우네
漫補茶經追陸羽　흩어져 보완한 다경(茶經)은 육우를 따른 것이니
誰將松拂學參寥　누가 장차 솔잎을 털고 참선의 고요함 배울 것인가.

松麋一鉢知吾分 송죽과 바리때 하나인 내 분수를 아나니
何苦駸駸送莫朝 어떤 고생이 닥쳐도 쫓아 보내리라.

• 丁丑初冬偶入蓮社興掣鯨 和尙三日留宿 / 정축년(1817년) 초겨울, 우연히 백련사에 갔다가 체경(掣鯨) 화상과 함께 3일간 유숙함.

遙攜竹杖踐茶花 대지팡이 끌고 차꽃을 밟으며 노닐다가
愛此蓮菴靜不譁 연암(蓮菴)이 고요해 떠들썩하지 않음을 사랑하네.
莫把淸泉爲濁水 맑은 샘물을 움키지 말라 곧 탁해지니
須知苦蔕是甘瓜 모름지기 쓴 꼭지가 단 참외 됨을 알아야 한다네.
風侵敝帳過寒樹 바람이 헤진 옷자락에 스미고 찬 나무를 지나가네.
雨滴斜擔濕細沙 비는 처마에 떨어져 가는 모래를 적시고
未信人間都似客 인간 세상이 모두 나그네와 같아 미덥지 못하니
曉天夢繞故山家 새벽하늘 꿈속에서 옛 고향 집을 서성였네.

• 又贈艸衣和尙 / 또 초의 화상에게 드리다.

一肩壞色坐芳林 한쪽 어깨에 괴색 가사 걸치고 향기로운 숲에 앉아
時見張華註外禽 때론 오래 꽃을 보며 바깥 새에 관심을 가지네.
溫銚焦茶供客飮 따뜻하게 차 달여 손님에게 공양하고
鑿池貯月印禪心 연못을 파고 달 비추게 하여 선심(禪心)을 밝히네.

 그가 초의 선사에게 주는 위의 시를 보거나 그 앞의 〈백련사의 운을 따서 양수재에게 주다〉라는 제목의 시에서 다경과 육우를 거론한 것으로 봐서 불교의 차 문화를 일찍 접하였음이 분명하다. 〈또 초의에게 드리다〉라는 시에서는 초의 선사의 면모를 잘 그려내고 있다. 초의가 외부의 유생이나 일반인과 교류한 것에 대해 이 시에

서는 "바깥 새에 관심 가지네."라고 우회적으로 표현하였다. 그리고 초의가 평소 따뜻하게 차를 달여 손님들에게 마시게 하였음을 셋째 구절에서 사실적으로 서사하고 있다.

47. 櫟山 善影(역산 선영)

① 생애(生涯)

역산 선영(櫟山善影: 1792~1880)의 호는 영허(映虛), 자는 무외(無畏), 실호는 역산실(櫟山室), 성은 임(林), 아버지는 임득원(林得元), 어머니는 조(趙) 씨이다. 한양성 운현현(雲現峴)에서 1792년(정조 16) 3월 23일 태어났다. 12세에 경기도 양주 학림암(鶴林庵)의 용운 승행(龍雲勝行) 문하에서 출가하고 화악 지탁(華岳知濯)에게 선을 공부하였으며, 인봉 덕준(仁峰德俊) 문하에 건당(建幢)하고 법맥을 이었다. 젊은 시절은 남쪽에서 보내고 만년에는 함남 안변군 석왕사 내원암에서 입적할 때까지 주석했다. 당시 선교종장(禪敎宗匠)으로 명성을 떨쳤으며, 화엄경에 밝아 조계종사 화엄강백이라 불렀다. 1880년(고종 17) 5월 7일 세수 89세, 법랍 77년으로 입적했다. 저술로는《역산집》이 있다.《역산집》《조선불교통사》《한국불교인명사전》참조

② 차시(茶詩)

• 揭內院壁上 / 내원암 벽에 걸다.

無事又無事 일이 없고 또 일이 없어
短筇飄遠風 짧은 지팡이 짚고 표연히 멀리 떠나네
蓮房茗供罷 연방(蓮房)에서 차 공양 마치니
秋風萬山中 만산(萬山)에 가을비 내리네.

• 次金剛山正陽寺板上韻 / 금강산 정암사 판상 운을 따라

蓬壺朔立萬二千　아스라이 병을 깎는 것같이 서 있는 만이천봉
歷歷齊收在目前　역력하고 가지런히 모아 눈앞에 있네.
瘦聳雲間空劫骨　수척하게 구름 사이 솟았으니 공겁(空劫)의 뼈인가?
搖侵星境滿河蓮　별들의 경계 흔들어 침입한 게 하천에 가득한 연꽃인가.
看來鷲嶺乾坤定　취령(鷲嶺)에 와서 하늘과 땅이 정한 것을 보나니
嘗得瑤池日月懸　아름다운 옥 못에 해와 달이 매달린 것을 맛보네.
觀罷引茶心轉爽　보면서 차를 마시니 마음 상쾌하게 바뀌고
登樓何必好神仙　누각에 올라 무엇 하러 신선 찾을 필요가 있으랴.

• 題釋王內院庵懸板讚栗菴師 / 석왕사 내원암 현판을 찬한 율암을 제함

靑山繞處水間流　청산이 둘러친 곳, 그 사이로 물이 흐르고
中有伽藍洞僻幽　가운데 절이 있고 동네는 궁벽하고 그윽하네.
臨檻花香閒起沒　난간에 이르니 꽃향기는 한가로이 맴돌고
隔窓樹色任春秋　창밖의 색깔은 임의로 봄가을이네.
鍾鳴帶月僧歸榻　종 울리자 달과 함께 스님이 선탑으로 돌아오고
茶罷掃雲客下樓　차마시자 구름 걷혀 손님은 누각 아래로 내려가네.
千載賴師功力在　천 년 동안 스님의 힘입어 그 공력이 남으리니
沙門光彩一層浮　사문(沙門)의 광채가 한층 더 빛나리라.

48. 梵海 覺岸(범해 각안)

① 생애(生涯)

　범해 각안(梵海覺岸: 1820~1896)의 호는 범해, 자는 환여(幻如), 성은 최(崔)씨 이며, 고운 최치원의 후손이다. 1820년(순조 20) 6월 15일 전남 완도군(靑海) 범진(梵津) 구계(九階)에서 태어났다. 아버지는 최철(崔徹), 어머니는 성산 배(裵)씨이다. 모친이 꿈에 둑에서 흰 물고기를 보고서 낳았는데 좌우의 바깥 넓적다리에 희고 긴 무늬가 많이 있었다. 그로 인하여 어언(魚堰)이라 이름하였고 또 초언(超堰)이라고도 하였다. 평생에 생선을 먹지 않았다. 14세에 해남 두륜산 대둔사(대흥사)로 가서 호의 시오(縞衣始悟)에게 득도했고 하의 정지(荷衣正持) 에게서 계를 받았다.
　초의 의순(草衣意恂)에게 비구 및 보살계를 받았다. 호의 시오 선사의 법을 이었으며 호의, 하의, 초의, 문암(聞庵), 운거(雲居), 응화(應化) 스님에게 내전(內典)을 공부하고, 유가 경전을 요옹(蓼翁) 이병원(李炳元)에게 전수받고 재의(齋儀)는 태호 성관(太湖性寬)과 자행 책활(慈行策活) 두 선사로부터 전수받았다. 진불암(眞佛庵)에서 개당했는데 선과 교학에 두루 밝았으며 《화엄경》을 강론한 것이 6회이고 《범망경(梵網經)》을 강설한 것이 12회로 22년간 경전을 강론했다. 1896년(고종 33) 12월 26일 세수 77세, 법랍 65년으로 입적했다.
　저술로는 아도(阿度)로부터 회광 사선(晦光師璿)까지 198명의 전기가 수록되어 있는 우리나라 고승전인 《동사열전(東師列傳)》 6편 1책을 비롯하여 《범해선사유고》 2편 1책, 《경훈기(警訓記)》 1권, 유교경기 1권, 《사십이장경기》 1권, 《사략기》 1권, 《통감기》 1권, 《진보기》 1권, 《박의기(博儀記)》 1권, 《사비기(四碑記)》 1권, 《명수집(名數集)》 1권, 동시선(東詩選) 1권, 《은적사사적기》 등 20여 편이 있으나 모두 간행되지는 않은 것 같다. 《동사열전》은 1894년 찬술된 것으로 1957년 동국대학교 불교사학연구실에서 《장외잡록》 제2집으로 간행되었고, 1991년 김윤세(金侖世) 번역으로 (주)광제원에서 한글 번역문과 원문을 묶은 완역본 《동사열전》이 출간되었다. 《범해선사시집》《범해시집보유》《범해선사문집》은 《초의집(草衣集)》과 함께 1997년 동국역경원에서 한글대장경 제225권으로 간행되었다. 《은적사사적기》는 188년(고종 20) 편록된 것으로서 현재 사본이 전해진다.

② 차시(茶詩)

• 次石屋和尙山居詩 / 석옥(石屋) 화상 '산거 시'의 시운을 따서

汲澗煎茶喚友分 시냇물로 차를 끓여 친구 불러 마시려니
情林密勿滿堂薰 우거진 숲 암자에 향기가 가득하네.
評論句讀砭新學 구두(句讀)를 평론하여 새로 배워 깨우치고
涉獵篇章證舊聞 여러 문장 섭렵하여 옛날 배운 것을 징험하였네.
淨除道場充空肚 도량을 깨끗이 쓸고 식사를 한 후
通開方丈坐孤雲 방장(方丈)을 열어 놓고 구름 속에 앉아있다.
已知至樂箇中在 큰 즐거움이 이 가운데 있음을 알고는
可笑云爲陌上奔 세상 속으로 달려감을 웃었노라.

南臺北岳盡吾家 남대(南臺)와 북악이 모두 내 집인데
只守天眞度歲華 천진(天眞)을 지키면서 세월을 보낸다네.

蘿月松風爲伴侶 담장이에 비친 달과 솔바람 벗이 되고
經床茶竈作生涯 경 읽고, 차 끓이며 그렇게 살아가네.
三條椽下知吳馬 서너 개의 서까래 아래 오(吳)나라 말(馬)을 알겠고
七尺單前覺盞蛇 일곱 자 단(單) 앞에서 잔사(盞蛇)를 깨달았네.
葉落花開春秋至 잎 지고 꽃 피면서 봄과 가을이 순환하니
但看喚友擇枝鴉 벗 부르는 까마귀, 가지에 가려 앉는구나.

考槃在澗一心澄 숨은 인재 냇가에 살기에 한 마음 깨끗하여
南北東西任運騰 동서남북 마음대로 나다니며
眼困披經明漸縮 책 읽느라 피로한 눈 시력이 쇠하고
鬢因閱歲白將增 나이 든 귀밑머리 흰빛만 더해 가네.
講筵馳想雲居塾 강의하는 자리에는 구름이 머무르고
茶話難忘月出僧 차 마시며 나눈 얘기 잊지 못해 스님은 달을 찾네.
俯念群生千萬態 중생들의 천만 가지 삶을 생각하니
堪聯同住有多情 함께 살며 걱정함이 깊다네.

• 和金錦史 / 김금사(金錦史)에 화답함

妖魔間闖一山空 요망한 마귀가 나타나더니 온 산이 비고
石徑荒凉久不通 돌길은 거칠어 오래도록 통하지 못했네.
掃榻承顔長日短 자리를 쓸고 얼굴 대하니 긴 해도 짧고
煎茶促膝小房洪 차 달이고 무릎을 세우니 작은 방도 넓구나.
浮林暖氣無心碧 수풀에 떠도는 더운 기운 무심히 푸르고
滿塢花情有意紅 언덕의 꽃 빛은 뜻이 있어 붉구나.
詩境談軒雙具足 시 짓고 담론함에 모두가 만족하니
逢場不似恨應同 만나는 마당에서 무슨 한이 있겠는가.

• 次泰演 / 태연(泰演)의 시운을 따서

一入空門斷是非　불문에 들어와 시비를 끊으니
茶坊講肆了無譏　차 마시고 강하는 자리엔 비웃음이 없구나.
見解分明銀海靜　견해가 분명하니 은해(銀海)가 고요하고
襟懷朗爽葆光暉　가슴 속 시원하니 보광(葆光)이 빛나네.
暴好眞常參匠席　참됨을 좋아하면서 스승의 자리에 참여하고
翻厭世諦掩柴扉　속세의 인연을 싫어하여 사립문을 닫았네.
月出山前竪拂坐　월출산 앞에 속진(俗塵)을 떨고 앉으니
同風千里盡歸依　천 리의 풍속 같으니 모두 와서 의지하네.

• 挽安山林 / 안산림(安山林)의 만장

奠楹大夢問如何　기둥 사이 크나큰 꿈 어떠했던가?
南地更無處士家　남쪽에 있는 처사의 집 다시없어지겠네.
滿架書函塵已暗　시렁의 책 상자 먼지만 가득하고
塡門客杖影將遐　출입문엔 손님들 그림자도 멀어지리.
未能共酌床前酒　상 앞에 차려 놓은 술 함께 마시고
難得同分月下茶　달빛 아래 차를 나누기 어렵겠네.
薤露光陰宜路上　상여소리 울리며 길로 나갈 제
應聽梵釋挽譻歌　응당 나의 만가(挽歌)를 들으리.

• 次七星庵韻 / 칠성암(七星庵)의 운을 따서

登臨峽岜有名區　골짜기 올라가니 명승지 있어
鳥自喃喃水自流　조용히 새는 울고 물도 절로 흐르네.
紫氣浮軒茶話午　차 마시는 이야기 속에 자기(紫氣)[159]는 떠 있고

黃雲滿地麥光秋 땅에는 보리 익어 누런 구름 가득하네
三盃就枕濃眠睡 석 잔 차로 누운 베개 단잠이 오고
十載遇君愧白頭 10년 만에 그대 보니 흰머리 부끄러워
坐得滄波萬里外 앉아서 창파의 바다 만 리를 보노라니
秦童採藥一孤舟 동남동녀160)가 약 캐러 가는 외로운 배 있다네.

• 送金構庵 / 김구암(金構庵)을 보내면서

官閣相逢十一年 관가(官家)에서 만난 지 11년인데
於今對坐頓茫然 오늘 마주 앉으니 갑자기 아득하네.
煎茶佇待淸風起 차를 끓이며 맑은 바람을 고대하고
開卷渾忘苦雨連 책을 펴니 장마의 괴로움 잊었네.
衰氣何妨蔬笋味 노쇠한 기운에 나물 맛이 어찌 해로우며
名山重結虎溪緣 명산에서 다시 호계(虎溪)의 인연을 맺었다네.
靑鞋跡印金田地 미투리 발자국 절 뜰에 남기시고
何必林中暫別禪 하필 숲속에서 잠시라도 스님과 이별할까.

• 贈奇雲上人 / 기운(奇雲) 상인에게 줌

懿乎業已百城遊 아름답구나, 이미 많은 성에 놀면서
證悟浮生夜壑舟 부평초 같은 인생은 구렁의 밤배 인 줄 깨쳤구나.
曳履款行含我樂 천천히 신을 끌고 다니면서 즐거움을 느끼고
倚雲高坐笑人愁 구름 기대고 앉아 남의 근심 비웃었다.
分茶馬祖參禪座 참선의 자리에서는 마조(馬祖) 선사와 차를 나누고

---

159) 자기(紫氣): 자색의 구름. 신선이나 성인이 올 때 이러한 서색(瑞色)의 구름이 생긴다고 한다.
160) 동남동녀(童男童女): 진시황이 죽지 않고 향락을 누리려고 하자 방사(方士) 서시(西市)의 주청으로 삼신산에 가서 불사약(不死藥)을 구해오도록 남녀 삼천 명을 바다에 띄워 보냈다.

打話南泉玩月樓 완월루에서 남천(南泉) 스님과 이야기하였네.
衆海應來誰館伴 중생의 바다에서 누구와 벗이 될까?
先居擁篲佇門頭 선배인 옹수(擁篲)가 문 앞에서 기다리네.

• 次雲圃李詞伯韻 / 운포(雲圃) 이사백(李詞伯)의 시운을 따서

閒携諸釋共談空 한가히 스님과 함께 법문을 토론하며
消遣庚炎古寺中 삼복더위를 절에서 보냈노라.
移席月樓林滄綠 달빛 누각에 오르니 숲은 더욱 푸르고
喫茶花苑椀浮紅 꽃동산에서 차 마시니 붉은빛 잔에 비치네.
熏陶性理懲愚俗 성리학설에 감화되어 세속을 징계하고
目擊威儀接道通 의젓한 몸가짐은 도에 통했음을 보겠네.
結社流芳年已久 꽃다운 결사(結社)에 여러 해 참여하니
今秋更見舊儒風 올가을에 다시 옛 유풍(儒風)을 보겠구나.

• 挽李松坡 / 이송파(李松坡)의 만장

煎茶和韻幾多年 차 마시며 시에 화답하기를 몇 해이던가
人謂東坡續舊緣 사람들은 소동파의 옛 인연이라 하였지.
傾耳更無清耳語 귀 기울여도 다시 귀 맑게 해 줄 자 없고
展書反有掩書憐 책을 펼쳐도 오히려 책을 덮게 하네.
南方高士歸依處 남방의 높은 선비 어디로 가겠는가?
北斗降生向彼天 북두성의 정기로 났다가 저 하늘로 향하셨네.
綠漲佳時虛一座 짙은 녹음 좋은 때 한 자리가 비었으니
風愁澗咽但流煙 시내는 목메어 울고 안개만이 흘러가네.

• 映山花 영산화

映山紅映快年軒 영산홍 꽃잎이 쾌년헌(快年軒)에 비치니
移種眞庵碧海園 진불암 벽해원(碧海園)에도 옮겨 심었구나.
尋到人皆衣錦語 찾아오는 이는 비단옷 같다 하고
飛來鳥必避燃喧 날아오는 새는 불꽃을 피우며 우는구나.
煎茶未酌開花器 차 달여 마시기 전에 꽃 잔을 차리고
掃地無塵坐火團 땅을 쓸어 티 없음에 꽃 옆에 앉았노라.
細雨纔收風不起 가는 비개여 바람은 조용한데
閒庭自動映周垣 한가한 뜰에 스스로 둥근 달을 비추네.

• 題快年閣 / 쾌년각

新開法宇鎭崗頭 법당을 새로 세워 산머리를 누르니
虎踞龍盤百谷流 범이 걸터앉고 서린 용이 골짜기마다 흐르네.
古寺千年回運吉 옛 절 천 년 만에 길운이 돌아오고
殘僧一鉢卜居幽 늙은 스님 발우 하나로 조용히 사는구나.
淸風吹起東茶興 맑은 바람은 우리 차(茶)의 흥취를 돋우고
好鳥噪分謾語愁 좋은 새는 시끄럽게 지저귀며 근심하네.
竭力成功裨補地 힘을 다해 집 세우고 평안을 비는 곳에
虛消水火等閒遊 물과 밥을 먹으며 한가히 놀았네.

• 訪北庵 / 북암(北庵)을 방문함

草綠林深日影斜 풀은 푸르고 숲은 깊어 해도 기우는데
橫安略彴險危多 가로지른 외나무다리 위험이 많네.
岩頭鳥語親如舊 바위 위의 새소리는 옛날처럼 다정하고
溪下花飛薄似紗 시내로 떨어지는 꽃잎 비단처럼 나풀나풀
獨訪孤居歡喜在 외딴 암자 홀로 찾으니 기쁜 마음뿐이고

潛思衆院苦勞加 여러 승방 그리워함에 괴로움만 더하는구나.
堪嗟年邁人情重 세월 감에 인정이 중함을 알고
掩汗尋來共喫茶 땀 흘리며 찾아와 함께 차를 마시네.

• 寄千雅士 / 천 아사(千雅士)에게 보냄

夏初枉屈病僧居 초여름에 내가 사는 곳을 찾아와
攄盡生平舊誼餘 평생 동안 남은 옛정을 폈네
無心要仕陞詮座 무심히 벼슬하여 전좌(詮座)에 올랐고
不棄朽株寄憲書 나를 잊지 않고 책력을 보내 주네
人歸茶歇思民隱 사람들 와서 차 마시며 백성을 걱정하고
夜靜風微詠月虛 고요한 밤 잔잔한 바람 빈 달을 읊는다.
薔薇室外庭空處 장미실 밖의 빈 뜰에서
短錫鏗鏘卽是余 석장(錫杖) 소리 나거든 곧 나인 줄 알게.

• 和趙杏綻尹白隱月夜韻 / 조행탄과 윤백은의 월야 시운으로 화답

茶罷古談皓月生 차를 나누며 이야기하니 밝은 달뜨고
洞天一望白雲平 마을 쪽 하늘 바라보니 흰 구름 펼쳐있네.
薄言國事忘蚊苦 나랏일 하면서 모기도 잊고
獎贊農形厭蟆聲 농사를 권장하면서 두꺼비 소리 싫어했네.
樓靜夜深山署退 깊은 산 고요한 누각 더위는 물러가고
風來人散寢燈橫 시원한 바람에 사람들 떠나니 등불만 남았구나.
文章道學俱參坐 문장과 도학이 한자리에 앉아
高枕良宵覺有情 베개를 높이 하여 좋은 밤 다정하게 지냈네.

• 茶歌 / 다가

攤書久坐精神小　책을 편지 오래니 정신이 혼미하여
茶情暴發勢難禁　차 생각 간절하여 참기가 어렵구나.
花發井面溫旦甘　꽃 핀 우물은 물맛도 달고
㪷罐擁爐取湯音　두레박에 떠 화로에 차 끓는 소리 기다리네.
一二三沸淸香浮　한 번 두 번 세 번 끓이니 맑은 향기가 떠오르고
四五六椀微汗泚　넷 다섯 여섯 주발 마시니 땀이 솟아나는 듯
桑苧茶經覺今是　상저(桑苧)161)의 다경(茶經)도 이제야 옳은 줄 알았고
玉泉茶歌知大體　옥천(玉泉)162)의 다가(茶歌), 대체를 알겠도다.
寶林禽舌輸營府　보림사(寶林寺) 작설은 감영에 실어 가고
花開珍品貢殿陛　화개동(花開洞) 좋은 차 대궐에 바치네.
咸務土産南方奇　함양 무안의 토산 차는 남방의 진품이요
康海製作北京啓　강진 해남의 법제 방법, 북경에서 배웠다네.
心累消磨一時盡　잡된 생각은 일시에 쓸어 없애고
神光淨明半日增　맑고 밝은 정신, 한나절도 더 가네.
睡魔戰退起眼花　졸음은 물러가고 밝은 빛이 생기면서
食氣放下開心膺　식곤증 내려가니 가슴속 시원하네.
苦利停除曾經驗　괴로움과 욕심 없애는 것 경험했고
寒感解毒又通明　감기도 나아 통명(通明) 해졌다네.
孔夫子廟參神酌　공자님 사당 배알에는 술을 올리고
釋迦氏堂供養精　부처님 법당 공양에는 정성을 바친다네.
瑞石槍旗因仁試　서석(瑞石)의 좋은 차 그 맛 시험하고
白羊舌觜從神傾　백양사의 작설차 마음을 홀리누나.
德龍龍團絶交闊　덕룡(德龍)의 용단(龍團)을 사절하고

---

161) 상저(桑苧): 다경(茶經)을 저술한 중국 육우(陸羽, ?~804)의 호
162) 옥천(玉泉): 〈다가(茶歌)〉를 쓴 중국 노동(盧仝)의 호

月出出來阻信輕　월출(月出)에서 오는 차 막아버렸네.
中孚舊居已成丘　중부(中孚)163)의 옛집 이미 언덕으로 변하고
离峯捿山方案缾　이봉(离峯)이 살던 산에 물병이 있다네.
調和如法無爲室　조화(調和)하기 무위실(無爲室)의 법과 같이하고
초藏依古禮庵缾　잘 간수 하기 옛 예암(禮庵)의 법을 따랐네.
無論好否南坡癖　좋고 나쁨 따지지 않음은 남파(南坡)의 끽다벽이고
不讓多寡靈湖情　많고 적음 사양치 않음은 영호(靈湖)의 뜻일세.
細看流俗嗜者多　풍속을 살펴보니 차 즐기는 이 많은데
不下唐宋諸聖賢　당송(唐宋)의 성현에 뒤지지 않도다.
禪家遺風趙老話　선가(禪家) 유풍은 조주(趙州)의 화두요
見得珍味霽山先　진미(珍味)는 재산(霽山)이 먼저 얻었구나.
挽日工了玩月夜　만일암(挽日庵)의 일 마치고 달구경하는 밤에
茗供吹龠煎相牽　차 공양하고 피리 불며 서로 이끌어 차 끓이네.
正笥彦錘臘日取　정사(正笥)와 언질(彦錘)은 섣달에 차를 얻고
聖學汲泉呼太蓮　성학(聖學)은 물을 긷고 태련(太蓮)을 부르네.
萬病千愁都消遺　만병과 온갖 걱정 모두 흩어지고
任性逍遙如金仙　임의로 노니나니 금선과 같도다.
經湯譜記及論頌　차 끓이는 동안 차 문헌 살펴보니
一星燒送無邊天　별 하나가 가없는 하늘에 떨어지네.
如何　　　　　　어찌하여
奇正力書與我傳　귀하고 좋은 책 나에게 전해졌는가.

• 建除體 / 건제체

建德立名者　덕을 일으키고 명예를 세우려는 자

---

163) 중부(中孚)·이봉(离峯)·예암(禮庵)·남파(南坡)·영호(靈湖)·제산(霽山)·성학(聖學)·태련(太蓮): 범해 각안 스님이 살던 당시의 다승(茶僧)들.

言念世所稀 세상에는 드물다고 생각하네.
除却人間事 인간의 일을 모두 물리치고
幽棲巖下扉 바위 아래 초가집에 깃들어 살지
滿載文武火 문화(文火)와 무화(武火)로 가득 실어
煎茶自慰饑 차를 끓여 배고픔을 달랬지.
平日獨坐臥 매일 홀로 앉고 누우니
何物觸幻機 무엇이 나를 괴롭히리오.
定公罷我夢 정공(定公)이 내 꿈을 깨우고
時來做話歸 때때로 와서 이야기하다 돌아가네.
執着紙墨上 글씨와 책에 집착하여
虛消日月輝 헛되이 세월만 보냈지.
破衲掩體上 헤진 가사 몸을 가리니
天風吹拂揮 바람에 펄럭 이누나.
危途已自退 위태한 세상 스스로 물러나서
耳門絶是非 귀에서는 시비조차 끊어버렸네.
成敗不關心 성패에 마음 두지 않으니
利害何相違 이해가 아찌 마음에 거슬리겠나.
收視在心內 시선을 거두어 마음을 보고
根塵更無依 육근과 육진(根塵)에 다시 의지하지 않네.
開眼世界廓 눈을 여니 세상은 넓고
氣象正高巍 기상은 곧고도 높다네.
閉門無餘事 문을 닫으면 다른 일에 관심 없고
白雲任騰圍 흰 구름만 떠다니며 에워싸네.

• 挽日庵 / 만일암

爲靜自心地 스스로 마음을 고요히 하려고

遲留挽日庵 오래도록 만일암에 머물렀지.
布衫遮老骨 베옷으로 늙은 몸을 가리고
茶藥洗殘痰 차와 약은 담(痰)을 씻어주네.
海鏡古今一 거울 같은 바다는 고금에 한 가지요
居隣南北三 이웃은 남북에 서너 집뿐일세.
高朋來結夏 좋은 친구 와서 여름 안거를 보내니
活計最初甘 살아가는 일 처음으로 달콤하다네.

• 再入寶運閣 / 보운각(寶運閣)에 다시 들어가서

再入寶運閣 다시 보운각에 들어가니
騁過十九春 어느덧 19년이 흘렀네.
光陰依舊在 세월은 옛날같이 의연하네
物色到今塵 사물은 오늘에 이르러 먼지에 싸였구나.
竹樹迎人喜 대나무는 사람을 맞으며 기뻐하고
香燈見老頻 향등(香燈)은 늙은 나를 보고 깜빡거리네.
茶爐溫堗坐 화로에 차 끓이며 온돌에 앉으니
誰謂我家貧 어느 누가 나를 가난하다 하리오.

• 送珍島金龍殷 / 진도 김용은(金龍殷)을 보내면서

魚遊學海嶺湖南 배움의 바다에 고기 놀 듯 영호남을 지나서
可愛來尋古佛龕 옛 절을 찾아옴이 사랑스럽구나.
一榻講終吟傑句 강의를 마친 자리에서 좋은 시구를 외우고
三時茶罷做玄談 삼시에 차를 끝내고 현묘한 이야기 나누네.
立春節至立秋節 입춘에 와서 입추가 되도록
彌勒菴從挽日菴 미륵암과 만일암(挽日菴)에서 놀았구나.

龜木情懷難再得 구목(龜木) 마을 정은 깊으나 다시 찾기 어려우니
星辰曉散更昏森 새벽에 지는 별 저녁에 삼삼하듯.

• 草衣茶 / 초의 차

穀雨初晴日 곡우초의 맑은 날
黃芽葉未開 누른 싹은 잎이 피지도 않았네.
空鐺精炒世 빈 솥에서 정성스레 덖어내어
密室好乾來 밀실에서 알맞게 말려 온다네.
栢斗方圓印 잣나무 상자에 네모와 동그라미를 찍어내고
竹皮苞裹裁 대 껍질로 꾸려 싸고 잘라서
嚴藏防外氣 바깥 기운을 엄중히 막아 저장하니
一椀滿香回 찻잔엔 가득한 향기가 감도네.

• 次姜梅塢韻 / 강매오(姜梅塢)의 시운을 따서

有客相尋是妙年 젊은 손님이 찾아와서
爲言志在老僧邊 자기 뜻은 노승(老僧)에게 있다고 하네.
沈吟路上三秋韻 시를 읊는 길 위에서 삼추(三秋)의 운이요
除却房中一夜眠 방 안에서 하루의 잠도 물리쳤다네.
茶禮尚懷中孚室 다례(茶禮)는 중부(中孚)의 방이 생각나고
鐘聲始覺姑蘇船 종소리는 고소성(姑蘇城)의 배인 줄 알았네.
懸燈對坐閒談處 등불 켜고 함께 앉아 이야기하는 곳에
雲在靑山月在天 푸른 산엔 구름이 떠 있고 하늘에는 달이 있네.

• 客隱跡 / 객이 자취를 숨김

詵師剏建舊伽藍　도선 대사가 세우신 옛 절 속에
遺像千年鎭海南　남기신 불상 천 년이나 해남(海南)을 눌렀구나.
越嶺往還天作峙　하늘은 넘나들기 어려운 고개를 만들었고
隱身俯仰鬼慳庵　몸을 숨기고 살아감에 귀신도 암자를 아꼈다네.
九生洞並三生洞　구생동(九生洞)은 삼생동(三生洞)과 합쳐 있고
萬代岑連聖代岑　만대봉(萬代峯)은 성대봉(萬代峯)과 이어졌네.
盡日淸軒嗒然坐　해 지도록 서늘한 마루에서 우두커니 앉았으니
山茶樹下鳥喃喃　산다(山茶) 나무 아래 새들만 지저귀네.

• 別應河 / 응하(應河)와 이별하며

一會猶難況再然　한 번 만나기도 어려운데 하물며 두 번일까.
遠隔山川納履先　멀리 떨어진 산천에서 먼저 신을 신었구나.
展鉢明朝筵幅缺　내일 아침 발우를 펴면 한 자리 비고
分茶今夕目光圓　오늘 저녁차를 나누니 눈빛이 원만하게 빛나구나.
纔竪龍杖千峯霽　용장(龍杖)을 세움에 천 봉우리 개이고
長望羊岐萬壑烟　구불구불한 길은 연기 속에 잠겨 있네.
好去昇堂伸禮罷　불당에 올라 예불하고 잘 떠나가
南方佛法盡心傳　남방에 불법을 마음껏 전하여라.

• 唱和水相圭泰南庵拈韻 / 수상(水相) 규태(圭泰)의 시운을 함께 화답

念佛三師極老年　염불하는 세 스님 매우 늙은 나이기에
低聲細細到窓邊　낮은 소리는 가냘프게 창 앞에 이르네.
燈明茶罷勤懷玉　불 밝히고 차 마신 후 회포를 푸는데
秋晚夜深豈聽鵑　늦가을 깊은 밤 어찌 두견새 소리 들리는가.
漢將謀圖安定漢　한(漢)나라 장수는 한나라의 안정을 도모하고

燕人心在向歸燕 연(燕)나라 사람은 연나라로 돌아가려 하네.
携筇披暗尋巢處 지팡이 끌고 어둠 속 보금자리 찾을 때
來不來之一夢傳 오든지 말든지 한 꿈을 전하게나.

日吉辰良反哺鳥 날과 시(時)는 좋은데 반포(反哺)하는 까마귀는
飛來飛去要三隅 날아오고 날아가며 모퉁이를 세 번 돌았고
趙州三問拈茶話 조주선사는 차 이야기를 세 번 물었고
百丈重興脫野狐 백장선사 여우의 몸을 벗게 하고 거듭 즐거워했지.
鐵鉞霜風吹玉樹 모진 서리 바람이 귀한 몸에 불어오는데
精神皓月曜氷壺 정신은 밝은 달이 얼음 병에 비친 듯
庵中自有治營客 암자 안에는 스스로 꾸려 가는 손님이 있어
夢裡忠情走漢都 꿈속에서도 충정(忠情)은 한양으로 달려가네.

• 茶具銘 / 다구명

生涯淸閑 생애가 맑고 한가하기에
數斗茶芽 몇 말의 차를 만들었네.
設苦瓿爐 투박한 질화로 가져다가
載文武火 약하고 강한 불 함께 담았네.
瓦罐列右 질항아리는 오른쪽에 벌이고
瓷盌在左 사기 주발은 왼쪽에 자리하였네.
惟茶是務 오로지 차에 힘쓰는 것이 옳으니
何物誘我 나를 유혹하는 것이 무엇이랴.

• 다약설(茶藥設)

　백 가지 약이 좋기는 하지만 알지 못하면 사용할 수 없고, 백 가

지 병으로 괴로워할 때 구제하지 않으면 살지 못한다. 구제하지 않아 살 수 없을 때 구제하여 살려내는 법술이 있으며, 알지 못하여 사용할 수 없을 때 이를 알고 사용하는 묘법이 있나니, 사람이 느끼고 하늘이 응하지 않으면 약과 병은 어찌할 수 없게 된다.

나는 임자년(壬子年: 1852년) 가을에 남암(南庵)에 머무르다가 이질(痢疾) 때문에 사지가 늘어지고 세 끼 식사도 잊은 채 어느덧 열흘, 달포에 이르게 됨에 꼭 죽을 것이라고 생각하게 되었다.

어느 날 함께 입실(入室)한 무위(無爲)라는 형은 부모를 모시다가 왔고 그와 함께 선참(禪懺)하던 부인(富仁)이란 아우는 스승을 모시다가 와서 좌우에서 머리를 들고 앉음에 삼태성(三台星)처럼 자리하니 나는 반드시 살 수 있을 것임을 알게 되었다. 조금 있다가 형이 말하였다. "내가 차가운 차(茶)를 가지고 어머니를 구하였으니 위급할 때 급히 달여서 사용하게"

아우가 말했다. "나는 차의 차 싹(芽茶)을 간직하여 불시(不時)에 필요할 때를 기다렸으니 복용하는 것이 무엇이 어렵겠습니까?"

그들의 말대로 달여서 복용하였더니 한 주발에 배가 조금 편안하고 두 주발에 정신이 상쾌하며, 서너 주발에 온몸에 땀이 흐르고 시원한 바람이 뼛속에 불어 상쾌하여 처음부터 병이 없는 듯하였다. 이 때문에 음식 맛도 점점 나아지고 기동하는 것도, 날로 좋아져 6월에 이르러서는 70리나 되는 본가에 가서 어머니의 기제(忌祭)에 참여하니 청나라 함풍(咸豊) 2년 임자(壬子: 1852) 7월 26일이었다. 이 말을 들은 이는 놀라고, 본 사람은 나를 가리키며 말하였다.

"아! 차는 땅에서 난 것이고 사람의 명은 하늘에 있는 것인데 하늘과 땅이 감응한 것인가? 어찌 신효함이 이와 같은가? 약은 형에게 있고 병은 아우에게 있었는데 하늘과 땅이 감응한 것인가? 어찌 신효함이 이와 같은가? 차로서 어머니를 구하고 차로써 아우를 살렸으니 효제(孝悌)의 도가 모두 이루어 진 것이다."

마음이 아픈 일이다. 병도 그리 위중하지 않았는데 어떻게 꼭 죽을 것이라고 알았으며 정(情)이 그렇게 두텁지는 않았는데 어떻게 살릴 줄을 알았을까? 이로써 그 평생에 정분이 어떠했는가를 알 수 있다. 그래서 훗날 구제하는 방법이 있어도 구제할 수 없는 이들에게 기록하여 보여 준다.

49. 普濟 心如(보제 심여)

① 생애(生涯)

보제 심여(普濟心如: 1828~1875)의 호는 보제(普濟), 당호는 포의(蒲衣), 성은 마(馬), 전남 강진 사람이다. 1843년(헌종 9) 16세에 두륜산 대흥사의 희문(禧文)에게 출가하고, 문암 영유(聞庵永愈)에게 구족계를 받았으며, 초의 선백(草衣禪伯)에게 보살계를 받았다. 철선 혜즙(鐵船惠楫)의 법을 이었다. 이어 혜즙·영유·용연(龍淵)·운거((雲居) 등에게서 경과 선을 배운 다음, 강석(講席)을 열어 20여 년 동안 삼남(三南)의 학인들을 지도했다. 뒤에 금강산, 태백산, 지리산 등을 순례하면서 시와 게송을 남겼다. 1875년(고종 12) 나이 48세, 법랍 32년으로 입적했다.

저술로는 《금강산유산록(金剛山遊山錄)》과 《산지록(山志錄)》이 있다. 법을 이은 제자로는 부정(富定)과 원준(圓俊)이 있다. 《산지록》《동사열전》《한국불교인명사전》 참조

② 차시(茶詩)

• 謹次石屋和尙居雜詩 / 석옥(石屋)164) 화상 거잡시를 삼가 따라

淸光素履不能模 맑은 빛 소박한 이력은 따르기가 힘들어
閑與靑山共老圖 한가로이 청산과 더불어 늙어가네.

---

164) 석옥(石屋): 남송말(南宋末) 원대(元代)의 스님

溪鳥帶寒來靜揚 계곡의 새 추위를 몰고 조용히 비석으로 날아들고
石泉瀉淨到香廚 돌샘의 깨끗한 향기는 부엌에까지 이르네.
巖間木葉霜前脫 바위 사이의 나뭇잎은 서리가 오기 전에 떨어지고
階上菊花雪後枯 계단 위의 국화는 눈이 오자 시들어가네.
萬慮至今猶未盡 만 가지를 생각하며 지금에 이르니 아직 미진하니
茗茶信手煮紅爐 차(茗茶)나 믿는 손으로 붉은 화로에 달이네.

• 和林字韻庚午八月與海南金許諸儒吟 / 경오년 8월 해남의 김·허 등의 여러 유생들과 임(林)자로 화답하여 읊음

閑持白拂坐芳林 한가로이 흰 불자를 가지고 방림에 앉아있는데
許老靑山歲月深 허(許) 노인은 청산에서 세월만 보내고 있네.
隨俗秒爲聞見博 세속을 따르면 점점 견문이 넓어지긴 하여도
護身却忘熱寒侵 몸을 보호하는 것도 잊으니 뜨겁고 찬 기운이 침범하네.
分茶如助吟詩力 차를 나눠 마시며 돕듯이 시를 힘있게 읊고
聽磬忽生作別心 경쇠소리 들으니 홀연히 생(生)을 떠나고 싶은 마음 드는구려.
曉色秋林紅葉裏 가을 숲, 붉은 단풍에 새벽빛 비추는데
應驚歸路宿枝禽 나뭇가지에 자던 새 놀라 돌아가는구나.

50. 龍岳 慧堅(용악 혜견)

① 생애(生涯)

용악 혜견((龍岳慧堅: 1830~1908)의 호는 용악(龍岳)이고 성은 김(金)이다. 일제 강점기에 통도사 주지를 역임한 구하(九河) 스님의 참회 법사이다. 어려서 스님이 되어 설봉산 석왕사(釋王寺)에 오래 주석하였고 승통(僧統)을 역임하였다. 벽송토굴(碧松土窟)에서 금강경을 10만 송 하던 중 치아 사리 1과가 출현하였다. 1897년 양산 통도사로 가서 머물렀다. 1899년 해인사로 가서 고려대장경 4부를 간행하여 세 질은 삼보 사찰에 봉안하고 나머지 한 질은 당시 강사 스님들께 나누어 반포하였다. 금강경 독송을 일상으로 삼다가 입적 3년 전에 가실 날을 미리 말씀하고 1908년 2월 15일 통도사에서 세수 79세에 입적하였다. 문집으로《용악집(龍岳集)》1권을 남겼다.

② 차시(茶詩)

• 夢中事 / 꿈속의 일

三十年前靑海上 30년 전 청해 고을에서
燒香供佛梧山庵 향을 사르고 부처님께 공양 올리던 오산암!
至今猶有餘緣影 지금껏 분명한 기억이 남아있으니
夢裡多受進奠三 꿈속에서 가끔 석 잔 차를 받아 마셨었네.
• 吾以無心中執毫吟詩 / 무심히 붓을 잡아 시를 읊다

金沙玉界自優遊 금사옥계에 자유롭게 노닐며
同體慈門絕喜憂 동체자문에서 기쁨과 슬픔을 끊었네.
合掌奉香千佛面 합장하며 여러 부처님께 향을 올리고
分茶跪坐百僧頭 차를 나누니 여러 스님 꿇어앉았네.
高峰對我東西立 높은 산봉우리는 나를 향해 동서로 솟았고
落瀑向河日夜流 폭포는 강을 향해 밤낮으로 흘러가네.
去歲生涯今世又 지나간 생애가 금생에도 반복되니
此間眞趣小人收 이러한 참맛 얻은 이 드무네.

• 歲暮登碧松土崛時偶吟動筆 / 세모에 벽송 토굴에 올라

倦步登臨渴飮泉 천천히 걸어 오르다 목마르면 샘물 마시고
點心封得一乾天 점심도 거르고 하루를 보냈네.
下山因事過三朔 산에서 내려와 일로 인해 석 달을 지냈고
還榻修心送半年 선탑으로 돌아와 마음을 닦느라 반년을 보냈네.
雲墨難知時早晚 구름이 깜깜해 때가 언제인지 모르겠고
雪深不辨路高平 눈이 깊어 길이 어딘지도 알 수 없네.
烹茶石鼎兼蔬菜 돌솥에 차를 끓여 채소와 곁들이고
拜佛念經倚窟邊 부처님께 예배하고 경을 외며 굴 주위를 서성이네.

• 此時別有念味故把筆更寫 / 이 시는 별달리 생각해 볼 맛이 있기에 붓을 잡고 다시 적는다.

願我永離苦海隈 원컨대 내가 영원히 고해의 물굽이를 벗어나
淸茶日日兩三盃 맑은 차 날마다 두세 잔 마실 수 있게 하소서.
人情曲曲多飜覆 인정은 굽이굽이 번복이 심하고
世事紛紛數返回 세상일은 어지러이 자주 변하나니

月下浮雲無迹去 달 속의 뜬구름 자취 없이 흘러가고
谷中飛鳥有鳴來 골짜기 나는 새 울며 돌아오는데.
掃塵竹椅參禪坐 먼지 털고 대 평상에 선을 참구 하며 앉아
入定淨心萬慮灰 정(定)에 들어 마음 밝히니 온갖 상념 사라지네.

• 以禪語走筆 / 선어(禪語)로 붓을 달리다.

佛盡今時三點水 부처님이 금시(新熏)의 삼점수(三點水)를 다 하고
分明却向裏頭圓 분명히 도리어 그 가운데 원상을 그리셨으니
進茶尋劒堂高飮 나아가 심검당 높은 곳에서 차를 마시고
退臥寶明閣上眠 물러가서 보명각 위에서 누워 잠자네.
猛虎口中誰奪食 맹호 입 속에서 누가 먹이를 빼앗으랴만
獰龍頷下更珠穿 사나운 용 턱 아래서 다시 구슬을 꿰네.
豁開先聖妙門路 선성(先聖)의 미묘한 문을 활짝 열고
後學進身開一線 후학이 들어갈 수 있게 한 길을 터놓았네.

• 多宿贊佐別堂 / 여러 날 찬좌(贊佐)의 별당에 묵으며

割愛辭親難世上 애정 끊고 부모와 헤어지기 세상 어려운 일이련만
箇中孤我作其能 그중에 외로운 나는 능히 그럴 수 있었으니
十層佛塔萬年寺 십 층 불탑의 만년사(萬年寺)와
二六法堂五百僧 열두 칸 법당의 오백나한이 계셨으니
西國分封無限地 서국에서 많은 땅을 나누어 주었고
東方第一有時稱 한때는 동방에서 제일이라 일컫기도 했네.
今歸海印藏經路 지금 해인사 장경각으로 돌아가는 길에
多宿飮茶贊佐燈 찬좌의 등불 아래서 여러 날 묵으며 차를 마셨네.

• 再用前韻 / 거듭 앞의 운을 따라

苦海波深何日濟 고해의 파도가 그치니 언제나 건널까?
浮沈多怯我無能 다겁 동안 부침했으나 나는 그러지 못했네.
十層雁齒高低塔 십층의 안치(雁齒)엔 높고 낮은 탑
六處蜂房老少僧 여섯 곳의 봉방엔 늙고 젊은 스님들
度國法傳通度號 나라를 건지고 법을 전한다 해서 통도라 부르고
鷲山模樣鷲捿稱 영축산을 본떠 축서라 일컬었네.
孝雲闍梨名仁贊 효운(孝雲) 스님은 이름이 인찬(仁贊)인데
朝夕進茶明智燈 조석으로 차를 올리고 지혜의 등불을 밝히는 이네.

• 默言作法之中詩筆太不可而雖然敍懷 / 입 다물고 작법 중에 시를 짓는다는 것은 옳지 않은 일이지만 감회를 적어봄

懺悔衣身回首顧 가사 수하고 머리 돌려 바라보니
鷲棲山氣最勝培 취서산 기상 가장 빼어났네.
僧房撲地魚鱗瓦 승방은 고기비늘 같은 기와로 땅을 덮었고
佛塔浮空雁齒臺 불탑은 안치대(雁齒臺)의 허공에 떠 있네.
西北諸菴分處去 서북의 여러 암자에선 스님들이 오시고
東南貧客合時來 동남에선 손들이 때맞추어 찾아드네.
沙彌拜揖稱高座 사미들 절하며 높은 자리로 이끌어
居住相論更勸盃 마주 앉아 담소하며 찻잔을 권하네.

• 偶吟 / 우연히 읊다

靑林黃葉往年秋 푸른 숲 누런 잎은 지난해의 가을이요
高出雲間昔日樓 구름 속에 높게 빼어난 건 예전의 누각이네.

嗟我浮生佳興足 슬프다 우리네 덧없는 인생 가흥에 만족하나니
松茶飮啜坐山頭 송차 마시며 산마루에 앉았네.

繩床如舊坐 승상에 예전과 같이 앉았더니
見友拂衣迎 벗을 보곤 옷을 떨치고 맞이하네.
捲箔看花笑 발을 걷고 미소 짓는 꽃을 보고
開窓聞鳥聲 창을 열고 새소리 듣네.
鳴鍾時午報 종소리는 한낮을 알리니
展鉢汲茶呈 발우 펴 차를 달여 권하네.
小慾爲知足 욕심이 없어 만족할 줄 아니
淸心事事平 깨끗한 마음에 하는 일마다 평안하겠네.

• 謹次金剛山歇惺樓韻 / 삼가 금강산 헐성루의 운을 따라

疊疊群峰倚長天 우뚝 솟은 뭇 봉우리가 하늘에 기대니
登臨快坐界三千 오르고 보니 유쾌히 삼천세계에 앉았네.
暫時物外暫時客 잠간 동안 세속 밖이면 잠시 객이요
半日山中半日仙 반나절 동안 산중이면 반나절 신선이네.
怳若銀河淸水上 황홀하구나, 은하의 맑은 물이여
分明玉闕月臨邊 분명하구나, 옥궐에 달이 뜰 때네.
誰知此處羽虛路 누군들 이곳 우허(羽虛)의 길을 알랴
頓忘人間炊飯烟 문득 인간의 밥 짓는 연기를 잊어버리네.

行行步步常春光 걸음걸음 걷고 걸어 불빛을 구경하니
溪壑深深又爽凉 골짜기는 깊고 깊어 또한 상쾌해.
屈去層靑花草路 몸을 구부려 우거진 풀숲길을 지나고
坐來絶壁石沙場 앉아서 절벽의 돌 자갈밭을 넘네.

龍吟飛瀑終宵亂 용이 울부짖듯 나는 폭포는 밤새 어지럽고
鳥語高山盡日長 산새는 높은 산에서 종일 우짖네.
法侶二三同作伴 도반들 두세 명과 벗을 맺어
勝勝任運到正陽 자유로이 발길 닿는 대로 정양사에 이르네.

興發論詩磨墨爛 흥이 나면 시를 짓고 먹을 갈아 끄적이니
淸談學士會成團 청담 학사가 모여 무리를 이루었네.
遊天最好東西翫 하늘 위에 노니니 동서의 경치 너무 아름답고
戲海不妨遠近看 바다를 희롱하니 원근을 보기에 아무 거리낌 없네.
身勢香燒凭畵閣 나는 향을 사르며 화각(畵閣)에 기대어
生涯茶飮坐朱欄 한평생 차를 마시며 주란에 앉았네.
誰知無用山中老 누군들 쓸모없는 산중의 늙은 중을 알아주랴만
自有閒情特別官 스스로 한가한 뜻이 있으니 남다른 벼슬아치네.

• 撫釰歎吟 / 칼을 어루만지며 탄음(歎吟)하다

如今撫釰思身勢 지금 칼을 어루만지며 나의 처지 생각하니
恍惚光陰七十年 황홀한 세월 70년이 흘렀네.
世上萬懷皆夢外 세상의 갖가지 추억, 모두 꿈 밖이요
閒中一念半仙邊 한가로운 가운데 한 생각, 반은 신선이네.
採花靑女紅塵走 꽃 따는 젊은 아낙은 홍진 속을 달리고
持馬黃夫白日眠 말 모는 늙은 사내는 한낮에 조네.
箇裏於吾無用物 그중에 나는 아무 소용없는 늙은이
眞如道理得誰先 참 도리에선 어떤 것이 먼저이랴.

• 輪船還本寺來時逢日本僧有味茶餤喫我解渴感祝之心切切吟一首詩
/ 윤선으로 본사(本寺)로 돌아올 때 일본 스님을 만나 맛있는 차를

내게 먹게 하여 목마름을 풀어주었으므로 감축하는 마음에 간절히 한 수의 시를 읊음

此日南天辭我去 오늘 남쪽 하늘에서 나와 헤어져 가시니
他年東信寄誰來 훗날 동쪽의 소식을 누구에게 붙여 보내주실지.
那堪分袂船中苦 배에서 헤어지는 괴로움 어떻게 견딜까.
扇子一圓後約哉 부채에 원상을 그려주며 뒷날을 기약하네.

• 回時 / 회시

深林院逶繞巖涯 깊은 숲의 절 길은 바위 곁을 감돌고
杳杳歸僧伴鳥鴉 저문 날 돌아가는 스님은 산새와 벗하네.
森竹山雲迷月渚 대숲에 흘러가는 구름은 달빛 여울에 길을 잃고
笑花野日落風沙 들녘에 웃음짓는 꽃, 바람에 떨어지네.
心平幾處傾盃酒 마음이 편안하니 어디서든 술잔 기울이고
興發何時留椀茶 흥이 나면 어느 때든 차를 마시네.
今古變來推事事 고금의 변화하는 일, 되는대로 맡겨 두게
琴絃吳律曲中斜 금현(琴絃)의 오율 곡조 속에 사라지네.

• 一字韻至十字韻 / 1자운에서 10자운 까지

魁   우뚝하고
嵬   우뚝하구나
經搨   경상(經床) 바위와
香臺   향대(香臺) 봉우리여,
着屐去   짚신 신고 갔다가
拂衣回   옷자락 떨치고 돌아왔네.

風塵白首	풍진에 머리는 희고
月壑靑苔	달빛어린 골짜기에 이끼 푸른데
野鹿庭前至	들 사슴은 뜰 앞에 오고
山禽檻外來	산 새 난간 밖에 날아드네.
自著松菊三逕	송국(松菊)의 세 갈래 길에 서성이고
斟酌淸茶數杯	맑은 차 몇 잔 따라 마시네.
絶壁伽藍孤我閉	절벽 위의 암자는 나에겐 닫혀있고
藤蘿石室爲君開	등나무 덩굴 우거진 석실 그대 위해 열렸네.
烟霞身勢草衣木食	안개를 벗해 사는 처지, 풀 옷 입고 나물먹고
蔬水生涯形枯心灰	나물 먹고 맑은 물 마시는 나의 생애 몸은 마르고 마음은 찬 재와 같네.
三條椽下淡薄於分足	세계의 서까래 아래서 분수에 담박하니
七尺壇前悲歡何拘哀	일곱 자 선상 앞에 어찌 슬프고 즐거운 일에 구애되랴.
生平所願自歸依僧法佛	평생소원은 스스로 삼보에 귀의하고
行住坐臥他無可以安排	행주좌와 다른 걱정할 수 없길 바랄 뿐이네.

• 謹次萬瀑洞韻 / 삼가 만폭동 운을 따라

松蘿水月菴前路	솔가시에 걸린 덩굴, 물속에 비친 달, 암자 앞의 길
指點林間普德廻	숲속 보덕굴 가는 길을 가리키며 돌아가네.
萬瀑洞看知有瀑	만폭동에서 바라보니 폭포가 있는 줄 알겠더니
肆仙臺翫更無坮	사선대에 와보니 다시 누대가 없네.
飄風朝日登玄圃	회오리바람 부는 아침에 현포에 올랐다가
淸峀夕陽下綠苔	산봉우리에 비개인 석양 나절에 푸른 이끼 낀 속계로 내려왔네.

轉展摩迦禪室宿 이리저리 돌아 마하선실에 묵으니
沙彌半揖勸茶杯 사미가 절하며 차를 권하네.

• 登隱寂菴 / 은적암에 올라

隱迹仙菴天畔起 은적선암은 하늘가에 솟았고
松風蘿月遠塵埃 솔바람과 겨우살이풀에 걸린 달은 속진을 떠났네.
齋僧擊鐸簷前入 마지 올리는 스님은 목탁 치며 처마 안에 들어가고
佛鳥含花檻外來 부처 새, 꽃을 물고 난간 밖에서 날아오네.
手把竹筇登北岵 손에 지팡이 짚고 북쪽 산마루에 오르고
口吟詩句上東坮 입으로는 시구 읊조리며 동쪽 누대에 오르니
禪房淸夜鍾聲早 선방의 맑은 밤에 종소리 이르고
飮畢朝茶洗鉢回 공양 후 아침 차 마시고 발우 씻고 돌아가네.

• 登甘露菴 / 감로암에 올라

甘露菴登坐 감로암에 올라앉으니
山中最上巓 산중에서 가장 높은 산마루에
兒僧移藥草 동자승은 약초를 캐 오고
老釋汲茶泉 노스님은 차샘에서 물을 긷네.
月影昇沈現 달그림자 떴다 잠겼다 하고
鍾聲斷續傳 종소리 끊겼다 이어졌다 하는데
忽逢賢主宿 문득 훌륭한 주인을 만나 묵으며
彼此許心天 서로 마음을 터놓네.

• 雜興 / 잡흥

寂寂烟霞處 고요한 안개에 묻힌 곳이여
深深路不開 깊고 깊어 길도 뚫리지 않았네.
伴雲臨水閣 구름을 벗해 수각에 다다르고
得月上仙臺 달빛을 받으며 선대(仙臺)에 오르네.
老樹花遲發 고목엔 꽃이 더디게 피고
芳林鳥速來 아름다운 숲엔 새가 재빨리 돌아오네.
天然茶斟酌 혼자 야생차 마시고
洗鉢小禪回 발우를 씻으니 어린 스님이 돌아오네.

• 送德順上人 / 덕순상인을 보내며

借問吾君幾日還 그대에게 묻노니 언제나 돌아오려나.
促筇行色與雲間 지팡이 재촉하는 모습 구름과 함께 하네.
相逢共作他鄕客 만났을 때는 다 같이 타향 객이더니
分袂各歸故國山 헤어지자 각기 고국산천으로 돌아가네.
鼎食雖云三朔滿 밥이야 비록 석 달 치면 충분하겠지만
甁茶未怡十旬間 차는 백 일치라도 부족하네.
休言彼此情多少 피차의 정이 얼마나 깊은가 묻지 말고
男子豈能悲喜關 남자가 어찌 슬프고 기쁜 일에 능숙할까.

• 歎身勢願生淨土 / 신세를 한탄하며 정토에 태어나기를 발원함

風來寄語風聽否 바람에 말을 전한들 바람이 들으랴만
使我聊吟七律詩 나에게 애오라지 칠언율시를 읊게 하네.
囊乏一家儲米斗 주머니 재산 한집에 간직한 쌀 한 말보다 못하고
側無三尺侍茶兒 곁엔 차 시중드는 아이도 없네.
慈心逈出塵沙界 자비로운 마음은 멀리 티끌 세계를 벗어났고

悲願超登九品池 비원(悲願)은 구품지에 뛰어오르나니
削髮本懷何所得 삭발한 본뜻이야 달리 무엇을 구하랴
蓮花淨土是眞期 연화 정토가 진정한 바람일세.

51. 鏡虛 惺牛(경허 성우)

① 생애(生涯)

경허 성우(鏡虛惺牛: 1819~1912)는 근대 한국불교 선종의 중흥조인데 속명은 송동욱(宋東旭)이고 본관은 여산이다. 1849년(헌종 15) 8월 24일 태어났는데 일찍 아버지를 여의고 9세에 어머니를 따라 경기도 광주 청계사에 가서 계허(桂虛)에게 출가했다. 15세에 천자문을 배우기 시작하였으나 은사가 환속하므로 동학사의 만화 관준(萬化寬俊)에게 가서 경학을 배워 1874년 대중의 청으로 개강하자 학인들이 몰려들었다. 1879년 환속한 은사를 찾아가는 길에 문득 생사(生死)의 절박함을 느끼고 즉시 절로 돌아와 학인들을 돌려보내고, 3개월간 철저하게 정진하여 큰 깨달음을 얻었다. 1880년 홍주 천장암(天藏庵)에서 용암(龍岩)의 법을 이었고, 그 후 도처에서 선풍을 드날리며 20여 년간 천장암·서산의 개심사·부석사·해인사·범어사·오대산·금강산·안변 석왕사에서 활동했다.

만년에는 장발을 한 채 유관(儒冠)을 쓰고 갑산(甲山)·강계(江界) 등지를 다니면서 온갖 만행을 거침없이 행하고, 1912년 4월 25일 함북 갑산의 옹이방 도하동에서 세수 64세, 법랍 55년으로 입적했다. 문하에는 근세의 선승으로 이름이 높은 수월 음관(水月音觀)·혜월 혜명(慧月慧明)·침운(枕雲)·만공월면(滿空月面)·한암 중원(漢岩重遠)이 있다. 《해동불조원류》《경허집》《한국불교인명사전》참조

② 차시(茶詩)

- 坐熙川頭疊寺 / 희천 두첩사에 앉아

汲泉炊粟仍高枕　물을 길어다 조밥 지어 먹고 베개를 높이 베니
豊樂菴中一夜情　풍요롭고 즐거운 암자 하룻밤 정겹네.
大道天眞妄語處　대도는 천진이란 말도 있었는데
山童時有爇香淸　산동이 때맞추어 맑은 차를 달이네.

- 偶吟 / 우연히 읊다

換水添香願福田　다기(茶器)에 물 붓고 향 살라 복을 빈다네
鬼魔窟裡送驢年　마구니 굴 속에서 벗어나긴 틀렸네.
弱喪幾劫水中泡　불완전하게 물거품처럼 몇 겁을 살아왔는데
忽覺當身火裏蓮　홀연히 이 몸 깨달으니 불길 속에 연꽃이 피는 듯
驅牛誰識五臺聖　소 몰던 노인이 오대산 문수인 줄 누가 알았으며
擊鼓難逢呂巖仙　북 치며 찾아도 여암선인(呂巖仙人) 만나기 힘드네.
忘機一念還滯殼　한 생각 기틀을 잊어도 오히려 벗어버리지 못한 것
春禽啼盡惱客眠　봄 새 우짖는 곳 나그네 시름 사라지네.

52. 錦溟 寶鼎(금명 보정)

① 생애(生涯)

　금명 보정(錦溟寶鼎: 1861~1930)의 자(字)는 다송(茶松)이고 호는 금명(錦溟)이며 다른 이름은 첨화(添華)이다. 일반적으로 시문집의 제목은 호를 붙이는 것이 대체적인 경향인데 유독 보정 스님은 그 문집의 제목을 《다송시고(茶松詩稿)》, 《다송문집(茶松文集)》이라고 하였다. 이는 차를 아끼고 사랑했기 때문에 자(字)인 '다송(茶松)'을 책 제목으로 내건 것 같다.
　보정 스님은 72편 79수의 다시를 《다송시고》에 남김으로써 한국 불교사에서 가장 많은 다시를 쓴 스님이다. 하지만 지금까지 불교사와 차의 역사(茶史)에 스님에 관해 온전히 알려진 바가 없다.
　스님은 전남 곡성군(谷城郡) 운룡리(雲龍里) 출생이다. 성은 김(金)이고 옛 가락국왕(駕洛國王)의 후예로 조선 인조(仁祖, 1623~1649) 시 공신 학성군(鶴城君) 김완(金完)의 11세 적손(嫡孫)이다. 할아버지는 자헌대부(資憲大夫) 환태(煥泰)이고, 아버지는 통정대부(通政大夫) 상종(相宗)이며, 어머니는 완산(完山) 이(李)씨다. 임신할 때 태몽에 오색구름이 비단 같고 계곡이 팽창해 바다를 이루었다.
　1861년 신유(辛酉) 1월 19일에 태어났다. 정수리가 넓고 코가 똑바르며 나이 5세 때 스스로 이름을 '영준(靈俊)'이라 하였는데 인근의 노인들이 그걸 듣고 비상한 일이라고 하였다. 11세에 입학하여 낮에는 농사짓고 밤에는 독서 하는 생활을 4년간 계속하였다. 어머니가 병이 들자 대소변을 직접 받아내고 눈 속에서 영지(靈芝)를 채집하며 갯벌에서 조개를 캐 병구완을 하였다.

20개월간 어머니의 투병 생활을 돌보자 병세는 다소 호전되었으나 가세가 탕진되어 네 아들이 각각 흩어지게 되었다. 보정은 아버지의 명으로 출가하게 되어 15세 때인 1875년 12월 20일 부모님께 하직인사를 하고 순천 송광산(松廣山)에 들어가 금련(金蓮)화상을 은사로 득도하고 경파(景坡) 대사에게 계(戒)를 받았다. 어느 날 문득 마음이 착잡하고 머리카락이 곤두서며 몹시 어머니가 보고 싶어 스승께 고하고 집으로 달려갔다. 어머니의 명이 경각에 달렸는지라 3일간 시탕(侍湯)했으나 1876년 5월 21일 결국 운명하였다.

18세에 계사(戒師)를 모시고 공부하였고 이어 8~9년간 경붕(景鵬) 구련(九蓮) 혼해(混海) 원화(圓華) 원해(圓海) 범해(梵海) 함명(菡溟) 등 여러 대종사(大宗師)에게 참학(參學)하였다. 1888년 1월 부친이 돌아가셔서 영결하였고 또 은사가 병을 앓으면서 "줄 것이 없으니 다른 스승에게 가라"고 하자 "10년간 기르고 가르쳐 주셨으며 심법(心法)을 전하는 게 우리 가풍인데 물질의 유무에 따라 어찌 도가 있겠습니까?"하고는 끝까지 은사의 병구완을 하였다. 1889년 은사가 입적하자 그 밑으로 건당(建幢)하고 보조실(普照室)에 주석하니 부휴종(浮休宗) 14세 문파(門派)였다. 1891년 봄에 본암(本庵)을 수리하여 서각(西閣)에서 제(祭) 지내는 고충을 혁파하였고 동학혁명(1894)이 일어나자 본사 청진실(淸眞室)에 주석하면서 사찰보호에 진력하였다. 1896년 봄 화엄사의 청으로 그곳에서 학인들을 가르쳤고 이듬해 1월 본산인 송광사의 청으로 돌아와 광원실(廣遠室)에 주석하였다.

그해(1897) 12월 문제(門弟) 눌봉(訥峰)에게 첫 전강을 하였으며, 그는 전강 후 계림·사불산(四佛山)·속리산·계룡산·금강산을 편력하였다. 1899년 해인사에 가서 대장경 인출 불사에 참여해 교정과 편집 소임을 맡았고, 1900년 1월 군내의 통인(通引)이 일으킨 사찰의 폐해를 시정하는 데 앞장서 해결함으로써 모든 대중이 안도

하였다. 1901년 해남군 대흥사의 화재 후 본사 증명단에 참석하여 40축의 복장을 장애 없이 성취하였다. 상궁 천(千) 씨가 해인사에서 대구품승가리회(大九品僧伽梨會)를 열었을 때 참석하였고 하안거 해제 후에는 천씨를 모시고 송광사로 돌아왔다. 동대문 밖 원흥사에 화엄회를 설치하고 13도 고승이 회집 했을 때 보정 스님도 참여해 현요(玄要)를 설하였다. 그는 1903년 5월 초 내하금(內下金) 1만 관(貫)을 받아 수레에 실어 본사로 돌아왔다. 같은 해 12월 송광사의 섭리(攝理: 지금의 주지) 소임을 맡아 1904년 가을까지 임하였다. 1905년 3월 회광(晦光) 선사가 전경(轉經) 불사로 회중에 오자 입승(入繩) 및 검경도감(檢經都監)의 소임을 맡았다. 지리산 천은사 강원(1915.3.)에서 좌주로 1년을 보냈고 1916년 1월 15일 해은당(海恩堂)에서 두 번째 전강을 하였다.

환갑 때인 1921년 1월 19일에는 도제(徒弟)들에게 다회(茶會)를 베풀자 수시(壽詩)가 1권의 책을 이루기도 했다. 그는 본사 주지를 맡으라는 세 번의 청을 고사하고 강원에서 7년간이나 후학을 가르쳤다. 1928년 3월에 세 번째 전강을 하고 정토업(淨土業)을 닦으며 만년을 보내다가 1930년 송광사에서 세수 70세, 법랍 53년으로 입적했다. 제자로는 용은(龍隱) 완섭(完燮) 등이 있다.

그는 방대한 저술을 남겼는데 《다송시고》 3권, 《다송문고》 2권, 《佛祖贊詠》 1권, 《정토백영(淨土百詠)》 1권, 그리고 편록(編錄)한 것으로는 《조계고승전(曹溪高僧傳)》 1권, 《저역총보(著譯叢報)》 1권, 《석보약록(釋譜略錄)》 1권, 《삼장법수(三藏法數)》 1권, 《염불요해(念佛要解)》 1권, 《속명수집(續名數集)》 1권, 〈십지경과(十地經科)〉, 〈능엄경과도(楞嚴經科圖)〉, 〈대동영선(大東咏選)〉, 〈질의록(質疑錄)〉, 〈수미산도(須彌山圖)〉 등이 있다. 그의 주요한 저술은 대부분 1996년 동국대학교에서 펴낸 《한국불교전서》 제12책에 수록되어 있다.

② 차시(茶詩)

• 惜別故人 / 옛 친구와 헤어지면서

朝闢雲扉出送壇　일찍 구름 낀 사립문 열고 송별하러 나서니
高情惜別臭如蘭　아쉬운 정(情) 석별하니 그 향취가 난초와 같네.
歸路楚山吳水隔　돌아갈 길 초산과 오수(吳水)처럼 멀어져도
結懷塞月雪氷寒　변방의 달은 회한 어린데 눈은 얼음같이 차구나
茶友雖無忘後約　차 벗(茶友)이 없다하여 훗날 기약 잊겠는가.
石君難道往平安　석군(石君)은 험한 길 편안히 다녀오시라.
靑山如默水如怒　청산은 말이 없고 물은 성난 듯 흐르는데
把寄玆心一寸丹　한 조각 붉은 마음 여기에다 부친다네.

• 答吳學士呼字 / 오학사(吳學士)의 호(呼) 자에 답함.

溪猿梧鳳共論情　계곡 원숭이, 오동나무의 봉황 함께 정을 논하는데
其臭如蘭價滿城　그 향취가 난초와 같아 값을 따질 수 없네.
君子羨知能八卦　군자는 팔괘를 능하게 아는 것을 부러워하고
沙門恨未作三平　사문(沙門)은 3평 농사를 지어도 한(恨)이 없네.
程眉粉雪封千里　천리 길을 나선 이의 눈썹이 눈에 휘날리고
屋角蕭林秦九城　소슬한 숲, 집에서 들리는 대평소 소리가 9성을 울리네.
信宿蒲茶難忘誼　믿고 재워주며 저포와 차로 대접하니 그 후의를 잊기 어렵고
秪將生月照心情　벼 익어 가는데 성품의 달이 심정에 밝게 비친다.

• 西佛庵暮春 / 서불암(西佛庵)의 저무는 봄날

九十韶光靜裡過　90일의 봄빛이 조용히 지나가니

到今信覺歲如波 세월이 물결 같음을 이제야 알겠네.
花院嬌顔風後滅 곱게 핀 꽃이야 바람 불면 시들지만
茶田漱舌雨前多 차밭의 깨끗한 싹이 곡우 전에 많이 나네.
僻地却忘盃上樂 외진 곳에서 술 같은 건 모두 잊고
禪林未放軸頭歌 산림에는 축두가(軸頭歌)를 놓지 못하네.
雖非呑吐無生味 무생(無生)의 깊은 맛을 알지 못하여도
要喜叩參十種科 십종(十種)의 과목을 기꺼이 참구 하리.

• 與茶痼和尙燈下酬唱 / 다오(茶痼) 화상과 더불어 등불 아래에서 시문을 지어 주고받음.

天下名區一局基 천하의 이름난 곳에 자리 잡아서
中開二八國師臺 그 가운데 십육국사 도량 열었네.
溪光十里琉璃匝 유리빛 시냇물은 십리를 둘렀고
百尺雕樑題學士 백 척의 들보에는 학사(學士)가 이름 새겼고.
岳色千年碧石堆 천 년 산색은 푸른 돌에 쌓였고
三層邯宇御如來 삼층 전각에는 여래를 모시었다.
纔登禪院因成夢 선방에 올라서 한숨 자려는데
笑說老錐茶一盃 노스님 웃으시며 한 잔 차를 권하네.

東寺西庵隣近從 동서에 절과 암자 가까이 있어
月兄茶弟意含容 형제처럼 달과 차(茶)를 함께 나누네.
臥雲不愧紋身虎 구름 속에 누웠으나 범에게 떳떳하고
見道亦降藏鉢龍 도를 보았으나 발우 속의 용을 이기누나.
百歲佳名庭秀菊 백 년 아름다운 뜰에 핀 국화요
三時香飯谷生松 세 끼의 향반(香飯)은 골짜기의 소나무라.
此地情期如未信 이곳의 정다운 기약 믿기 힘들고

昔人高趣在廬峰 옛사람의 높은 흥취 여봉(廬峰)에 있네.

• 次隱寂庵草堂韻 / 은적암의 초당 운을 따서

隱寂庵西一小家 은적암 서쪽 작은 집 하나
祖宗趣旨浩無涯 조종(祖宗)의 깊은 뜻은 끝이 없어라.
數行玉偈齋前誦 옥 같은 게송을 공양 전에 외우고
半掬淸茶飯後佳 밥 먹은 뒤 마시는 차 맑고 그윽해라.
覺道庭生菩提樹 도를 깨친 뜰에는 보리수 자라나고
傳心天雨優曇花 마음에 전한 하늘의 도는 우담발화로 피어난다.
先師軌則如相識 옛 스님의 궤칙(軌則)은 우리가 잘 알듯이
卽是打牛不打車 소를 때리되 수레는 치지 않는다.

• 冬雨 / 겨울비

昨雨濛濛雪上加 어제는 부슬비가 눈 위에 내리더니
檐鈴注雹韻如歌 처마 끝 풍경소리 우박 치듯 노래하네.
細流氷石易蹉展 바위 위에 언 빗물 나막신이 미끄럽고
亂灑東爐難點茶 젖어서 언화로 차 달이기 어렵구나.
霜野添波掀浪沒 서리 내린 들판은 일렁이는 물결 같고
塞枝結滴撒珠多 천 가지에 맺힌 방울 진주를 뿌린 듯
地雷初動天風靜 땅에는 우레 쳤으나 하늘 바람 고요하고
萬物從沾一色斜 만물이 적고 나니 한 빛으로 가득하네.

• 煎茶 / 차를 달이다.

有僧來叩趙州扁 스님네가 찾아와서 조주(趙州) 문을 두드리니

自塊茶名就後庭 차 이름(茶松子) 부끄러워하며 뒤뜰로 모시네.
曾觀海外草翁頌 해남의 초의 선사 동다송을 진작 읽고
更考堂中陸子經 다시 당나라 육우의 다경도 보았었네.
養精宜點驚雷笑 정성을 다하여 경뢰소를 우려내어
待客須傾紫茸馨 손님께 따르면 피어나는 자용(紫茸)의 향기
土竈銅甁松雨寂 질화로 위 동병에서 솔바람 소리 멎고
一鍾禽舌勝醍靈 한 잔의 작설차는 제호(醍醐)의 영(靈)보다 좋구나.

• 上隱寂庵 / 은적암에 올라

有菴寂寂白雲間 흰 구름 사이에 조용한 암자 있어
路滑蒼苔升樹闌 푸른 이끼 미끄러운 숲 사이로 오른다.
筇投上界千林鳥 새소리 들으며 숲을 지나 막대 짚고 산 위에 올라
眼掛天涯萬揲山 먼 하늘 만겹 산을 바라보노라.
數掬香羞茶半飽 정갈한 음식 먹고 배불리 차 마시니
一聲草笛月中還 풀피리 소리는 달빛을 따라 돌아온다.
問君尺地來何暮 가까운 곳에 있으며 어찌 아직 안오시나
第待登庭不掩關 그대를 기다려 문을 걸지 않았네.

• 惜別 / 석별

千岩萬木一涼生 온갖 바위 나무들에 서늘함 깃들고
不是風聲卽雨聲 바람 소리인가 비 오는 소리인가.
橋頭烟柳山猶暗 다리가 연기 버들 산 그림자 아득한데
鏡裏流沙水自明 거울처럼 맑은 물엔 모래마저 비치네.
惜別人歸雲北路 헤어지고 구름 사이 북쪽 길로 돌아서니
讀書君向海南城 그대는 책 읽으러 해남으로 향하네.

趙老品題且莫問 조주 스님 인품을 다시 묻지 말게
僧來不答愧茶名 스님 와도 답 못하는 차 이름〔茶松子〕이 부끄럽네.

• 述懷 / 느낌을 쓰다

坮下茶泉坮上亭 뜰아래에는 차 샘이요 뜰 위엔 정자 있어
軒門廣遠鎭南溟 집의 문은 넓고 멀어 남쪽 바다 눌렀구나.
鏡中聲色千年穩 거울 속의 빛과 소리 천 년을 숨어 있고
畫裡江山數點靑 그림 속의 강산은 점점이 푸르다.
百尺欄干風纔定 백 척의 난간에 바람이 머무네
一鍾雷笑夢初惺 한 잔의 뇌소차에 꿈을 깨는구나.
隱几遙聞滄浪曲 책상 앞에 앉아서 창랑곡을 떠올리니
淸纓濁足任他經 물 맑으면 갓끈 씻고 물 흐리면 발 씻으리.

• 又 / 또

一叢霜菊領秋頭 한 떨기 서리 국화 피어나는 가을 무렵
有意時來積翠樓 생각나면 가끔씩 적취루(積翠樓)에 오른다.
墨池烟淥流雲合 검은 못에 연기 걷혀 구름과 어울리고
茶竈香傳紫茸浮 다로(茶爐)에 향기가 나니 자용향이 감도네.
情出詩思兼酒興 시(詩) 생각과 주흥이 일어나고
友餘楓岳又楊洲 풍악(楓岳)과 양주에서 벗님네와 어울린다.
一片心猿隨境轉 경계 따라 변해가는 원숭이 닮은 마음
空山殘水卒難收 산수(山水)가 사라져도 거두기가 어렵구나.

• 送昊文兩上人 / 호(昊)·문(文) 두 스님을 보내며

槐亭七里上 정자에서 7리나 더 올라가서
握手語歸來 악수하면서 돌아온다고 말하네.
休唱陽關曲 양관곡(陽關曲: 이별 노래) 부르는 건 그만두고
點茶更一盃 차를 달여 다시 한 잔 마신다.

• 訪菊泉 / 국천(菊泉)을 방문하여

秋滿山家露滿天 산집(山家), 이슬 가득 내린 가을날
輕輕葛袖訪詩仙 갈옷 자락 날리며 시선(詩仙)을 방문한다.
沈唫久坐寒窓下 차가운 창 아래에서 오랫동안 침울하게 읊으니
法語淸茶忽罷眠 법어와 맑은 차에 홀연히 잠을 깬다.

• 和覺初上人 / 각초 상인(覺初上人)에게 화답하다

暄艸幽林日欲西 우거진 풀숲에 해는 지려 하고
門鳥告吉幾時啼 까치가 길함을 고하며 운지 얼마인고?
枻影升陰凉入戶 그림자 드리우니 집안이 서늘하고
茶香菊色韻墮溪 차 향기와 국화 빛을 시내에 드리운다.
情居高矜庭花富 혼자 사는 높은 긍지 뜰 꽃처럼 넉넉하고
閱世風情胸海低 세상을 헤는 가슴 바다같이 깊어라.
春分秋合何心意 봄에 헤어짐을 마음에 두지 말라
更喜霜天一席齊 가을날 다시 만나 기뻐하리라.

• 大智殿)165) / 대지전
靜裡光陰逝 고요함 속에 시간은 흐르고
家中歲月催 절집의 세월을 재촉하네.

---

165) 대지전(大智殿): 순천 송광사(松廣寺)의 요사(寮舍) 가운데 하나.

摘松香滿鉢 솔 따니 발우에 향기 가득하고
煮茗月生盃 차를 우려내니 잔 속에 달이 뜨네.
向從三聖去 예전에는 삼성(三聖)을 따라갔는데
今自五峰來 오늘은 오봉(五峰)에서 찾아왔네.
錯認寒山路 한산으로 가는 길을 잘못 알고서
暫登般若坮 잠시동안 반야대에 올라왔구나.

• 和光州府崔下士 / 광주부 최하사(崔下士)에게 화답함

十年自在此山中 십 년을 이 산속에 머물며
坐覽江湖不用筇 앉아서 강호(江湖)를 보니 지팡이 필요 없어라.
大人氣局龍藏海 대인의 기국은 바다에 용이 숨듯
小釋行威虎踞峯 작은 석가의 위의는 범과 같고
聯衿說話無非玉 소매가 닿은 채 하는 이야기는 모두 금옥 같네.
萬壑烟霞太半松 골짜기에 가득한 소나무 안개와 노을
旣飽梁肉眞羞客 고기 쌀밥 배 불리던 손님이
何願蔬苟茶一鍾 어찌하여 나물밥에 차 한 잔을 바라는가.

• 述懷謾吟 / 느낌이 있어 읊음

昨來西住又東飛 작년 이래 동서를 오락가락하니
不意明年那處歸 내년에는 어느 곳에 있을지 알 수 없어라.
濡腹珍羞茶與糩 배를 채우는 진귀한 음식은 차와 현미이고
隨身道具鉢兼衣 몸에 지닌 것은 바리때와 옷 한 벌
心行忍辱無人我 마음 닦고 인욕하니 너와 내가 없건마는
口掛毘耶絶是非 묵언하며 계율 지키니 시비가 끊어진다.
淸晨睡起閒凭几 맑은 새벽잠에서 깨어 한가로이 의자에 앉으니

滿目秋光月色微 희미한 달빛 아래 가을빛이 완연하네.

• 與昇平尹主政結社 / 승평의 윤 주정과 결사함

蒼葛紫藤繞竹籬 푸른 칡과 등 넝쿨이 대 울타리 둘렀는데
一樓飛出碧山湄 누각 하나 푸른 산의 풀 가에 솟아있고
高僧遺法天心正 큰 스님 끼친 법력 천심이 바르니
遠客芳隣月影隨 먼 곳 손님과 이웃들이 달그림자 따르듯
看菴起喚簷端鶴 암자 보며 처마 끝의 학을 불러들이고
煮茗坐招屛後兒 차 달이며 병풍 뒤의 아이를 찾는다.
知賓香供來何晩 손님에게 올릴 향공(香供) 왜 늦은가?
猿破枯柴石上炊 원숭이 나뭇가지 부러뜨리는데 돌 위에 불 피우네.

• 臘日除夜 / 섣달 그믐밤에

東明欲喪有南朋 동명(東明)이 저물려 하니 남붕(南朋)이 오려하네
送舊迎新事葛藤 옛것 가고 새것 오면 일 들 뒤엉킨다.
鎭日人奔交遞路 하루 내내 오가는 거리가 분주하고
通宵燈揭半鉤繩 줄에 등불 달아 밤새도록 걸어두네.
茗煎石甌殃雪湯 차 끓이는 돌단지에 재앙의 눈이 녹고
壇梵寶鴨福雲騰 향 사르는 향로에는 복의 구름 피어난다.
殘年此夜誰回避 저문 한 해 이 밤을 어느 누가 피할 수 있으랴
愧我明朝亦不能 내일의 아침 오는 것도 피할 수 없네.

• 上擎雲和尙 / 경운(擎雲) 화상에게 올림

沒泥芒展上雲房 진흙 속을 헤매다가 스님 방에 올라가서
喜攬高師雜貨囊 큰 스님의 살림살이 즐겁게 뒤적이고

燕含舊誼能成語 제비는 옛정을 입에 물고 지저귀고
鶯和無生巧囀簧 꾀꼬리는 낮익다고 젓대 소리 굴린다.
世情疑向鍾聲斷 세정의 함향은 의심스럽고 종성은 끊어지니
眞契認從水道長 진실한 인연으로 인정하고 따르나니 물길은 길어.
茶話香緣還說罷 차 이야기와 향의 인연은 아직 끊이지 않았으니
劫前一線付淸狂 겁(劫) 이전 한 선에서 맑은 빛 발하기를 부탁하네.

• 山居漫吟 / 산에 살면서 한가로이 읊음

身作閑雲影自孤 뜬구름 같은 신세 그림자도 외로운데
故携群鶴强相呼 학의 뒤를 쫓아가며 억지로 불러 보네.
煎茶常誦東茶頌 차를 달이면서 언제나 동다송을 외우고
佩印必摹南印圖 인장(印章)을 찰 때에는 남인도를 본받는다.
萬法難明休問有 만법을 몰라서 있는 것을 묻지 않고
一眞不達莫觀無 진공을 알지 못해 없음을 볼 수 없네.
如何坐罷蒲團學 그동안 배운 것을 어떻게 끝맺고
對境應機二利俱 자리이타 갖추어 깨달음 맞이할까.

• 與方丈山菊隱戒兄會淸遠樓 / 방장산(智異山)에서 국은계형(菊隱戒兄)을 만나 더불어 청원루에서

兩待人垂滌舊愁 둘이서 사람 피해 묵은 근심 떨쳐버리니
春情如滑更如流 봄날의 정은 매끄럽게 흐르는 물 같아라.
菊已吐香斯嘉節 국은(菊隱) 스님이 좋은 시절에 향기를 뿜어내고
茶何減味不淸遊 차 맛이 덜하지 않은데 어찌 맑게 늘지 않으랴.

• 老嵓 / 오래된 높은 산

簇立層巒問幾年 뾰족 뾰족 솟은 산은 몇 년이나 서 있었나
怳然　鶴不諸天 멍하니 바라보니 병든 학이 하늘에서 내려오네.
驚眄白鷗飛雲外 눈먼 곤새 깜짝 놀아 구름 밖으로 날아가니
入定胡僧坐月邊 선정에 드신 스님 달빛 가에 앉았구나.
金像依俙南極老 금빛 모습은 남극의 노인성 같고
玉容彷佛赤松仙 옥색 얼굴은 적송자(赤松子) 같은 신선이네.
崑山不遠蓬萊近 곤륜산과 봉래산이 멀지 않으니
應有朝茶暮起烟 아침부터 저녁까지 차 끓이는 연기 나네.

• 與月谷菊隱燈下口占166) / 월곡 · 국은과 함께 등불 아래 시를 지음

晩菊無妨石室留 늦은 국화 석실에다 두는 것도 무방하니
淸茶亂酌肯相遊 맑은 차를 나누며 함께 즐기네.
百千世事雲空去 백천 가지 세상일 구름 속에 사라지고
四十年光水自流 사 십년 세월이 물처럼 흘러갔네.
鵬欲圖南徒海國 붕새는 남해로 옮겨가려 하는데
雁何戀北過湘洲 기러기는 북쪽 찾아 상주(湘洲)를 왜 지나가는가.
燈花結穗寒窓下 등불 심지가 맺히는 차가운 창문가에
瀾說情端夜更悠 정든 얘기 굽이치는 밤이 더욱 깊어가네.

• 敬次石室山居襍詠 / 석실의 운을 따서 산에 사는 느낌을 읊음

茶室淸凉松寺西 송광사의 서쪽에 청량한 다실(茶室) 있고
泉甘土肥號曹溪 샘은 달고 땅은 기름져 조계산이라 부른다네.
羅帶風翻龍左右 비단 띠가 나부끼듯 좌우에는 청룡 백호

---

166) 구점(口占): ① 입 속으로 읊음. ② 즉석에서 시를 지음. ③ 글이나 말을 문서에 의하지 않고 말로써 전달함.

苔門螺環路高低 이끼 낀 산문 길은 꾸불꾸불 둘러 있네.
庭欣梅柳盆藏土 뜰에는 매화 버들 화분 속에 심어 두고
潭愛荷菱錘調泥 연못 속에 연꽃 마름 진흙 속에 피어나니.
養性尋眞何意思 성품 닦아 진리 찾음이 뜻대로야 되랴마는
將期黃葉止兒啼 누른 잎새 건네주며 우는 아이 달래리라.

茶田분闢竹階層 차밭을 일구었더니 대나무도 무성하구나
踈雨凉風坐臥能 성긴 비와 시원한 바람에 앉고 눕고 하는구나.
梧欲試秋飛一葉 오동나무 가을 잎새 떨어지려 하는데
籬防悔盜繞千藤 울타리에 등넝쿨 얽어 도적을 막네.
月下狼從詩酒子 달빛 아래 시와 술을 질펀하게 쫓다가
山中自作盎蘭僧 산속에선 저절로 수행승이 되는구나.
要知處染常淸淨 물든 곳에 있더라도 청정함을 알려거든
坐看蓮塘半笑菱 연꽃 속에 반쯤 웃는 마름을 바라보라.

雖知大道沒規模 큰 도는 얽매이지 않는다지만
權掛華藏刹海圖 화장찰해도[167)]를 걸어두었네.
茶嫌椀坼因傾鉢 찻잔이 깨어질까 발우로 차 마시고
泉畏氷稜直灌廚 샘물이 얼까 봐 부엌에다 물은 대네.
鶉衲只求成道業 누더기 옷을 입고 도업(道業)을 이루려
犬羹必欲療形枯 거친 음식 먹어가며 마른 몸을 살려간다.
生平志願何如此 평생에 바라는 뜻 어째서 이와 같은가.
長頌金文香一爐 노래와 글을 짓고 향하나 사르노라.

---

167) 화장찰해도(華藏刹海圖): 연화장세계(蓮華藏世界)를 묘사한 그림. 화장찰해는 화장계 또는 화장세계라고도 함. 석가모니불의 진신인 비로자나불의 정토. 가장 밑은 풍륜(風輪), 풍륜 위에 향수해(香水海)가 있고, 향수해 가운데 연화대가 있으며, 이 연화 안에 무수한 세계가 들어 있다고 한다.

• 仲夏水石亭溪上三友對酌述懷雜詠 / 한여름 수석정 계곡 위에서
  세 벗이 대작하며 느낌이 있어 쓰다

禪家日用甚淸經 선가에서 쓰는 물건 맑고도 가벼우니
詩墨一床茶一甁 책상에 시집 한 권 차 한 병이네.
絶瀑高低休願瑟 높고 낮은 폭포 소리 거문고가 쓸데없고
奇岑層疊不須屛 둘러싸인 산들로 병풍이 필요 없다.
社朋斷意金分玉 모인 벗이 금과 옥도 끊을 만큼 뜻이 굳고
學士交情月上亭 학사(學士)들이 정 나누는데 정자에 달이 뜨네.
甘露如膏雷又警 기름진 단비는 우레치고 경계하며
世心平仄似權衡 세상 인심 저울대가 흔들리듯 하는구나.

誰知覓句是三僧 누가 시구를 보고 이 세분 스님을 아는가?
隨暇忘機效五能 여가 따라 망기(忘機)하니 다섯 가지에 능하네.
茶名守去茶香減 차 이름 지켜가도 차 향기 줄어들고
學友歸來學債增 배울 벗이 돌아오니 학비는 늘어난다.
早日捲簾然後曝 아침해는 주렴 걷은 뒤에야 무덥고
午鍾齋供以前澄 낮종(午鍾) 치고 재 올리니 오전이 맑네.
明窓緇褥終非樂 밝은 창에 먹물 옷이 즐겁지 않게 되면
不若携詩佩酒登 시와 술을 들고 와서 올라감만 못하여라.

• 和茶瘖長老燈下口點 / 다오 장로가 등불 아래서 시를 읊음에 화답함

高師淸韻肯相分 높은 스님의 맑은 운을 서로 즐겨 나눠 쓰니
滿斛聯珠映我薰 가득 담긴 꿴 구슬이 나를 비춰 향기난다.
茶室元無投地禮 다실의 오체투지 예법이 원래 없다지만
雪山誰可轉身聞 설산(雪山)의 어느 누가 귀 기울여 듣겠는가.

龍潛赤水將行雨   용이 잠긴 적수(赤水)에 비가 오려 하는데
玉蘊藍田自作雲   옥이 쌓인 남전(藍田)168)은 구름이 이는구나.
于今若得家鄉路   지금이라도 고향 가는 길목을 찾게 된다면
應笑泥塗鎭日奔   웃으면서 진흙길을 종일토록 달려가리.

吾家道本沒規模   우리 집 도(道)는 본래 얽매임이 없으니
抹却蒼山刹海圖   창산(蒼山)과 찰해(刹海) 그림 모두 없애버렸네.
泉是靈源通竹筧   영원(靈源)에서 대통 홈 이어 샘물을 마시고
飯從香積忌烟廚   향적(香積) 세계 연기 없이 지은 밥을 먹는다.
公案如何千百則   공안(公案)은 어찌하여 천 백칙169)인가
齋羞只爲一身枯   절밥은 단지 마른 몸을 위해서라네.
燈深露滴茶腸鬱   이슬 내리는 깊은 밤 차 생각 간절해
更引銅瓶掛地鑪   다시 구리병 들어 질화로에 걸었네.

• 仍占石室字 / 석실(石室)의 운자로 인하여 읊음

香蔬飯後鬱香茶   향기로운 나물밥에 향긋한 차 마시고
且喜臨池墨潑花   연못가에 그린 듯이 꽃핀 것을 기뻐한다.
麥雨初甘風亦暖   보리 익는 단비 오고 바람마저 따뜻한데
是非不到野僧家   야승(野僧)이 사는 집에는 시비가 닿지 않네.

• 與寅旿丈室茶話 / 인오장실과 더불어 차를 이야기함

探學書生交契幽   학문하는 서생은 사귀는 것 그윽하여
連襟此日卜淸遊   이날에 어울리며 청유(淸遊)하기 약속하니

---
168) 남전(藍田): 절의 밭
169) 천백칙(千百則): 선가(禪家)에서 공안이 모두 1,700개라고 하는데 이를 천 칠 백칙 또는 천칠백 공안이라 부른다.

玉鳴情自丹田決　패옥 울릴 우정은 단전에서 맺어지고
金斷心從敎海流　금을 끊는 굳은 마음 교해(敎海) 따라 흐른다.
磬響崢嶸靑嶂壑　둘러싸인 산골에는 경쇠소리 울리고
蟬聲鼎沸白雲洲　가마 끓듯 매미 소리 흰 구름에 퍼져간다.
夕陽欲雨神猶健　석양이 깔리어도 정신 더욱 꿋꿋하고
茶半香初興更悠　잘 익은 차 향기에 흥이 더욱 깊어지네.

• 雨後採新茶 / 비 온 뒤에 햇차를 땀

乍晴朝雨掩柴扉　마침 아침 비 개어 사립문 밀치고
借問茶田向竹園　차밭을 물어 대숲으로 향하네.
禽舌驚人啼白日　찻잎은 놀랍게도 햇살 아래 반짝이고
童稚喚友點黃昏　아이들 벗 부르니 황혼이 짙어가네.
纖枝應密深林壑　깊은 숲 골짜기 가는 줄기 빽빽하고
嫩葉偏多小石邨　자갈밭 언덕에는 여린 잎 많이 폈네.
箭造如令依法製　격식대로 법제하여 차를 달여 내니
銅甁活水飮淸魂　동병에 물을 부어 맑은 혼을 마신다.

• 我愛夏日長林泉樂 / 내가 여름날 긴 숲 냇가에서 노는 걸 즐기며

午睡方濃夢覺時　깊은 낮잠, 꿈에서 깨어났을 때
起看窓外日遲遲　일어나 창밖을 보니 해 지려면 아직 멀었네.
泉石陰移宣濯足　시냇물에 그늘지니 발을 씻기 알맞고
樓臺風到欲成時　누대에 바람 부니 시를 짓고 싶구나.
點茶稚衲能知味　차 달이는 어린 중 차 맛을 잘도 아니
問字嬌兒不負期　글자 묻는 그 아이를 저버리지 않으리라.
竹影堪差松影靜　대 그림자 들쑥날쑥 솔 그림자 고요한데

奈參山下夕陽低 어떻게 견디면 산 아래로 석양이 지겠지.

• 餘興漫吟 / 여흥으로 즉석에서 읊다

鎭日淸遊地 평상시처럼 맑게 노니는데
炎烏尺九霄 하늘의 뜨거운 해 지려면 아직 멀었는데.
蟬歇靑山暮 매미 소리 다 하자 청산은 저물고
鍾鳴白拂搖 종소리 들으며 불자(拂子)170)를 흔드네.
月沒須明燭 달 지자 등촉 밝히고
茶烹更析樵 차 끓이려 또 땔나무 쪼개네.
鳥歸人亦散 새들 돌아가자 사람 역시 흩어지고
萬物俱寥寥 만물이 모두 쓸쓸하고 고요하네.

• 對酌漫吟 / 대작(對酌)하며 즉석에서 읊다.

男兒到處不無文 남아가 가는 곳 어딘들 문장 없으랴
況復如龍若虎君 하물며 범 같고 용 같은 그대야 오죽하랴.
杏村旗撤秪餘雨 행촌(杏村)에는 깃발 걷었는데 남은 비는 내리고
茶竈鶴避空宿雲 학은 차 화덕을 피하고 하늘엔 구름만 감도네.
壺乾靑蟻情難契 병 속의 좋은 술도 정을 알기 어려운데
桃點丹砂味可分 얼룩진 사발이야 맛을 분별하겠는가.
多士于今仙子樂 많은 선비 선인(仙人)의 낙을 즐기고
薄批片片舌中紛 비평의 말이 조각조각 혀 속에 분분하다.

謾汲甘泉做舌耕 단 샘물 길어다 혓바닥에 굴리며

---

170) 불자(拂子): 불진(拂塵). 삼이나 짐승의 털을 묶어서 자루의 한쪽 끝에 매어 놓은 기구. 총채라고도 하며, 종정이나 방장의 권위를 나타내는 상징물로 사용함.

懸燈續구石心傾 등 걸어 놓고 계속해 석심(石心)을 기울이니
高朋社約千金重 친구와 맺은 약속 천금보다 중하고
病客枯容一葉輕 병든 손님 마른 모습 잎새 럼 가볍구나.
茶樹禽還華柱鶴 차나무에 새가 오니 꽃 기둥에 학이 되고
錦溟鯤化翼雲鵬 금명(錦溟)의 곤어(鯤魚)는 구름날개 붕새 되어
滄浪數曲虛凉月 창랑의 몇 곡조에 허량한 달빛
自笑三閭獨自醒 홀로 깨어 삼려(三閭)의 웃음 터뜨리네.

• 遊方丈秋景 / 방장산의 가을 경치에 노닐면서

石門秋到也 석문에 가을이 다가오니
萬岳葉蕭蕭 온 산에 잎새들이 소슬한데
苔逕猿聲落 이끼 낀 길에는 원숭이가 소리쳐 울고
松端鶴夢寥 솔가지에는 학의 꿈이 고요하다.
試從黃菊院 누런 국화 핀 뜰을 따라가다가
更踏白雲橋 흰 구름다리를 다시 밟는다.
茶話夕還夕 저녁이면 저녁마다 차 이야기
經談朝復朝 아침이면 아침마다 경(經)을 말하네.

• 見諸益負笈有感 / 여러 사람의 책 상자를 보고 느낌이 있어

意中諸益待秋還 가을에 돌아오길 마음으로 빌었는데
不覺研衿手自攀 어느덧 옷깃 여미고 손 비비는 계절일세.
塞北霜鴻宜渡漢 북쪽의 기러기는 강을 건너고
江南松鶴幾尋山 강남의 학들은 산을 찾네.
藥泉聳出甘泉溢 약샘에는 달리 단물 흘러넘치는데
連友伴來茶友閑 다른 친구 다 오는데 차 친구는 아니 오네.

春夏離情休更設 봄여름에 헤어진 정 다시는 말 안 하리
却將詩軸爛相看 장차 시축(詩軸)에 다시 읊으려네.

• 重九問菊 / 중구절에 국화에 대해 묻다.

黃花呈色晚霜晴 노란 국화 빛깔 나며 늦어서 개이고
蕭瑟西風枕下生 소슬한 하늬바람 베개 아래 일어난다.
幾笑看雲眠白日 구름 보며 몇 번 웃고 한낮에 잠들면서
自堪步月詠晨明 달빛 따라 걸으며 날 밝도록 읊었다.
溪山旋鉢元無術 산 속에서 발우 펴되 원래 기술 없었고
萍水行船却有情 흐르는 물 배 띄움에 도리어 정이 드네.
讀罷楚騷還不寐 초시(楚詩)를 읽다가 잠들지 못하고
呼童煎茗數盃傾 아이 불러 차 달여 몇 잔을 기우리네.

• 次翠庵子秋日憶友詩 / 취암자의 〈가을날 벗을 그리며〉 운을 빌려

霜葉初紅菊亦開 서리 맞은 잎새는 단풍 들고 국화도 피었는데
松陰三逕掃塵堆 솔 그림자 뜰의 길에 먼지를 쓸고 있네.
靑雲有勢錢中沒 청운의 기세도 금전 속에 묻히고
白髮無期鏡裡來 백발은 기다리지 않아도 거울에 비치네.
猿煎茶獻迎客揖 원숭이가 차 우리며 손님을 맞이하고
鳥含果設送人臺 새는 과일 물고 와서 가는 사람 보내며
庭前蠟展連朝滿 뜰앞에는 벌들이 아침마다 가득하니
應想雛禪問字回 어린 사미 글 배우러 돌아온 줄 알겠구나.

• 赴許圓應茶會 / 허원응의 다회(茶會)에 나아가서

碧山雨霽日如年 푸른 산에 비가 개이니 하루가 일년 같은데
髓柳攀松近午天 해가 버들과 소나무 위로 솟아나니 정오에 가까워졌네.
風起南陽龍睡穩 바람은 남양(南陽)의 잠든 용을 일으키고
花開陳搨客蹤連 꽃 핀 긴 걸상 주위에는 손님 발길 이어진다.
茶竈香傳傾石髓 차 화덕에 향기나니 석수(石髓)를 기울이고
詩筵夢罷駕雲船 시연(詩筵)의 꿈 깨니 구름 타고 가네.
滿堂蒲塞兼紅露 부들과 붉은 이슬은 집안에 가득하고
七斤霞衫濕翠烟 일곱 근 붉은 장삼 푸른 안개에 젖는구나.

• 開堂勸勉 / 개당하여 부지런히 공부하길 권함

今春早闢錦書家 금년 봄 일찍 내 서실을 열고
石鼎汲溟兼煎茶 돌솥에 물 길어 차 달였지
佛語祖文曾有價 부처님 말씀과 조사의 글은 일찍이 가치가 높아
短篇尺牘亦無涯 단편과 약간의 서판으로는 역시 끝이 없구나.
中宵展軸同崟月 밤중에 시축 펼쳐 놓고 달을 읊고
晚節登山兢折花 늦은 계절 산에 올라 다투어 꽃을 꺾었지.
靑年如水還如矢 젊은 날은 흐르는 물같이 화살같이 지나가니
莫待明朝白日斜 내일 아침 기다리지 말라, 해가 지나니.

• 山居幽興 / 산에 사는 그윽한 멋

曾入沙門誓不還 진작 사문(沙門)이 되어 돌아가지 않으리니
鬧中何似做淸寒 세속 살이 어찌 청한(淸寒)함과 같으리오.
四時烟月光浸水 사시절 달과 연기 우물 빛에 어리고
八幅雲屛影在山 여덟 폭의 구름 병풍 그림자는 산에 있네.
猿啼竹逕鍾聲穩 대숲 길에 잔나비와 쇠북소리 은은하고

風打松陰鶴夢殘 바람 부는 솔 그림자 학의 꿈이 남아 있네.
茶歇却醒塵世夢 차 마시고 홍진 세상 허망한 꿈 깨고 나니
三公難買此身安 이 몸의 편안함은 삼공(三公)과도 안 바꾸리.

• 又 / 또 읊음

午睡方濃石掩麗 바위가 가린 집에서 낮잠에 흠뻑 빠져
山居事業夢眞如 산에 살며 하는 일은 진여(眞如)를 꿈꾸는 일
對月小參三句話 달을 보며 삼구(三句) 화두 참구하고
點茶大讀五車書 차 달이며 다섯 수레 책을 읽는다.
栽竹成陰看舞鳳 대를 길러 숲 이루면 봉황 춤을 보게 되고
鑿池貯水養生魚 연못 파서 물을 대어 물고기를 기르네.
等視物我何憎愛 나와 남을 같이 보니 밉고 고움 어디있나
跛鼈盲龜亦不踈 눈먼 거북 절름발이 자라 소홀히 하지 않네.

• 螢火 / 반딧불

有火無煙夏始看 연기 없는 불빛을 초여름에 보지만
煎茶烹飪不相關 차 달이고 음식 찔 때 아무 소용없구나.
任他上下能遊散 제멋대로 아래위로 흩어져 놀다가
隨意浮沈自等閒 오르락내리락 마음대로 한가롭다.
光奪流星來樹裡 숲 사이에 날아가면 유성처럼 빛나고
明同掛燭入窓間 창문 사이 들어오면 밝은 등불 걸어둔 듯.
黃昏聚散非精氣 황혼에야 나타나니 정기(精氣)는 아니지만
造物興生一流顔 조물주가 흥이 나서 꼭 같이 만들었네.

• 秋傷 / 아픈 가을

茶初隱几掩松菴 차 마시는 자리는 송암(松菴)에 가려 있고
萬壑齊噓散翠嵐 골짜기마다 푸른 남기(嵐氣)가 끼었으니
停車誰愛楓生壑 어느 누가 수레 멈춰 물든 단풍 사랑하나?
懷故空觀月印潭 옛 생각에 못에 비친 달을 바라본다.
搔頭向葉題愁句 머리 긁고 잎을 보니 시구를 근심하고
覓句登樓討醉談 구절 찾아 누각 올라 이야기에 취하는데
蘭菊晚芳雲欲散 난초 국화 저문 향기 구름 따라 흩어지고
江湖汎汎老奇男 강호에는 질펀하게 대장부가 늙어간다.

• 次悠然亭韻 / 유연정(悠然亭)의 운을 빌려서

十載經營建一亭 십 년을 경영하여 정자 한 채 지었으니
悠然興味自然亭 유연하고 흥미 있는 자연스런 정자로다.
玉川環屋銀沙白 집은 옥천(玉川)이 둘러 있는데 은빛 모래 희고
竹島臨窓鳳峀靑 창밖의 죽도(竹島)에 봉산(鳳山)이 푸르구나.
夜酒詩歌茶半熟 밤술 마시며 시를 노래하는데 차는 반쯤 익어가고
月江漁笛夢初惺 달 뜬 강 고깃배 소리에 꿈을 깨네.
更看主翁淸淨意 주인을 다시 보니 그 뜻이 청정하고
門浮河漢見雙星 문에 뜬 은하수에 쌍성(雙星)이 비치는구나.

• 夢南坡 / 남파의 꿈을 보고

夢陪先生到此亭 선생을 꿈에 뵙고 이 정자에 왔더니
衣冠軒昂下車停 의관은 헌앙(軒昂)하고 수레 멈춰 내리는데
滿軸吳詩珠氣白 축(軸)에 가득한 시는 구슬 기운 깨끗하고

傾甌漢茗雀脣靑　기울이는 중국차의 찻잎은 푸르구나.
槐國誰知蟻垤培　괴국(槐國)에서 개미둑을 쌓는 줄 누가 알며
漆園忘却蝶魂惺　칠원(漆園)의 나비는 꿈 깨는 것 잊었네.
未交眞境形開了　형상이 열려도 진경(眞境)은 모르는데
依舊銀河轉斗星　의구(依舊)한 은하수는 북두성을 돌고 있네.

• 南倉行 / 남창을 가다.

踏破層陵下石臺　언덕을 지나서 석대(石臺)로 내려가니
興餘閑帶夕陽來　흥은 남아있는데 석양이 물들었네.
浦口漁艇依岸繫　포구의 고깃배는 바닷가에 매여있고
津頭茶戶待人開　나루터 찻집은 사람 오기 기다린다.
忘歸客子猶貪句　돌아갈 길 잊은 길손 시구를 찾으니
惜別佳人故勸盃　헤어지기 아쉬워 짐짓 잔을 권하네.
江市纔過山色又　강 마을 바로 지나 산빛을 다시 보고
伴鷗喚鶴問程廻　갈매기와 학을 불러 돌아갈 길 물어본다.

• 長春洞 / 장춘동

海上更逢劫外春　바다에서 또 만나니 아직도 봄이요
山光不老卽三神　산빛은 변치 않고 그대로 삼신(三神)일세.
境絶樹開龍眼果　좋은 경치 꽃이 피니 용의 눈이 열매 맺고
溪長水滌馬頭塵　시냇물은 길게 흘러 말머리의 먼지 씻네.
綠葉偸春莫萊圃　푸른 잎이 움트는 명협(蓂莢)의 밭두둑에
紅花濯雪玉梅濱　눈에 씻은 붉은 꽃 옥매화 바다로다.
油茶木蜜松兼栢　유다(油茶)와 목밀(木蜜), 소나무와 잣나무
鬱鬱淸陰四節新　울창하게 푸른 그늘 사시절이 새롭구나.

• 八景 / 팔경

茲洞名何在 이 동네 이름이 무엇인가?
四時茶葉新 사시에 차잎이 새롭네.
風吹翻雪玉 바람 불어 눈송이를 날리고
雨洒滌霜塵 비와 술이 세상 티끌 씻어내리네.
紅萼猜朝日 붉은 꽃받침은 아침해에 눈부시고
碧條映夕濱 푸른 가지는 저녁 물가에 비치네.
蕭蕭千木落 나무마다 소슬함 감도는데
密密獨長春 빽빽한 나무속에서 홀로 긴 봄을 보낸다.

• 冬題休學後設餞別宴 / 겨울 무렵 휴학하고 전별연을 베풀다.

臘雪繽紛惜別亭 섣달 눈이 흩날리는 이별하는 정자에서
長春此夜麴春傾 장춘동의 이 밤에 술잔을 기울이네.
雪散海門山月白 눈 걷힌 해문(海門) 산 위에 달이 밝고
茶占廚口竈煙消 차 달이는 아궁이엔 연기 사라졌네.
梅窓日落猿嘷壑 매창(梅窓)에 해는 지고 잔나비 우는 골짜기
經榻香殘鶴過庭 경탑(經榻)에는 향 꺼지고 학은 뜰을 지나간다.
離合元非隨處定 만나고 헤어짐은 원래 기약 없으니
且須佳會極歡情 이 좋은 모임 기쁜 정을 누려보세.

• 中林[171]學生歸山 / 중앙학림의 학생이 산으로 돌아오다

登程渡水越山幾 길 나서 물 건너고 산 넘기 몇 번인가?

---

171) 중림(中林); 중앙학림(中央學林)의 준말. 이 학교가 뒷날 중앙불교전문학교, 혜화전문학교를 거쳐 오늘날의 동국대학교로 발전되었다. 일제시대에는 31 본산에서 몇 명씩 경성의 이 학교로 유학을 보냈다.

此日歡迎排石扉 이날에 환영하여 산문을 열었네.
蠟屐靑山幽客到 청산에 나그네는 나막신 끌고 오며
酒旗紫陌杏花飛 행화촌(杏花飛) 길거리에 주기(酒旗)가 펄럭인다.
浦珠十載江南至 갯벌 진주 십 년이나 강남으로 실려오고
華鶴千年漢北歸 화학(華鶴)은 천 년을 한북(漢北)으로 돌아갔네.
拖筵宜設蘭亭會 자리 펴고서 난정(蘭亭) 모임 베풀고는
銅鼎煮茶又典衣 구리 솥에 차 달이며 또 옷을 전당 잡히네.

• 至日 / 동짓날

忽聞節侯覺窓寒 절후를 듣고 보니 창밖이 차가운데
听雁何人獨倚欄 누가 난간에 기대어 기러기 소리 홀로 듣나.
蒼蒼地澤餘松竹 땅과 물이 푸르더니 송죽(松竹)만이 남았고
烈烈天風動海山 매서운 바람은 산과 바다 뒤흔드네.
梅眼暗生雙岸裡 두 언덕에 매화 눈은 가만히 생겨나고
雷陽屈起衆陰間 음기(陰氣) 사이로 거센 양기(陽氣) 꿈틀댄다.
烹茶煎豆供聖罷 차 달이고 팥죽 쑤어 부처님께 공양하니
一聲幽鳥向南還 새 한 마리 울면서 남쪽으로 돌아가네.

• 茶松銘 / 다송명

一囊松葉一瓶茶 바랑에는 솔잎 한 줌과 차 한 병
不動諸緣臥此家 온갖 인연 얽메임 없이
堪笑昔人修結社 옛사람들 수행하러 결사한 일 우습구나
何妨廳鳥又看花 새 소리 듣고 꽃을 봄이 무슨 방해가 되랴.

• 次丁參奉日宅 / 참봉 정일택의 운을 빌려서

曹溪不遠浴川關　조계(曹溪)가 멀지 않아 냇물에 목욕하며
十載叩參鏡裡顔　십 년 만에 거울 속의 얼굴을 보았네.
足躝羊岐情未達　꼬부랑길 올라서도 정(情)을 참지 못하고
軒高龍峽勢難攀　골짜기는 높고 험해 붙잡기도 어렵네.
枯禪茶話雲千片　참선하고 차 나눔은 천 조각구름이요
道士詩興月一千　도사의 시흥은 천 개의 달이네.
窓外紅葩開也否　창밖의 붉은 꽃이 피기는 했는지
寒英應待主人還　차가운 꽃봉오리 주인공을 기다리네.

• 落齒有感 / 이가 빠진 느낌

自恨口無四十齒　마흔 개의 이가 없는 것이 한 되더니
今朝況復一根毁　하물며 오늘 아침 또 하나가 빠졌구나.
對飯含淚但嚙牙　음식 봐도 눈물나고 빠진 이 생각뿐
喫茶搖舌唯呀觜　차 마시며 혀 놀리니 벌어진 부리로다.
髮星猶誇遠長生　머리털이 성성하여 오래 살 줄 뽐냈더니
齦缺方知期老死　이 빠지고 늙어가다 죽을 줄 알겠네.
去先來後面門踈　앞사람 가고 뒷사람 오니 내 얼굴은 수척해지고
頗失語言酬酌恥　말도 새어나가니 수척하기 부끄럽다.

• 煎茶 / 차를 달임

土爐石鼎燃松枝　질화로 돌솥 놓고 솔가지로 불 피우니
活水澎澎初潑詩　활수(活水)는 보글보글 끓어오른다.
鶴舌纖纖銅瓶點　촘촘한 학의 혀를 구리 병에 우려내니

一鍾雷笑鬱金時 한 잔 차에 시심이 절로 솟아나네.

• 設茶會感作 / 다회(茶會)를 하기에 느낌이 있어 짓다

處世無難雨聚沙 처세는 모래 위에 비 내리듯 무난하게
誰知泉石最情多 천석(泉石)이 정 많은 줄 누가 알겠나.
茗菜洗來仙子饌 차와 나물 씻어 오니 신선의 양식이요
筆華爭發梵僧家 붓끝이 다투어 피니 청정한 승가로다.
文章事業君能否 문장의 사업을 그대는 할 수 있나
道德機關我奈何 도덕의 기관을 내가 어찌하겠는가.
嫩蒲半折隨風轉 여린 버들 반쯤 꺾어 바람 따라 뒤집히고
澗水潺湲也自波 시냇물 졸졸 흘러 저절로 물결이네.

• 修造茶藏有占 / 다옥을 만들면서

四柱幷窓構一房 네 기둥과 창이 있는 방 하나를 꾸몄지
六門聯壁纔成藏 벽에 잇달아 6개의 문이 있는 집을 겨우 완성했네.
可笑今朝煎茗室 오늘 아침 방에서 차 달이며 웃었지
誰知幾劫拈香堂 이 방이 먼 훗날 법당이 될지 누가 알랴.

• 翌日再拈別韻 / 다음 날 별운(別韻)으로 다시 읊다

梧亭茗屋隔西東 오정(梧亭)과 찻집(茗屋)이 동서에 있으니
詩酒逢場意氣同 시와 술이 만난 곳에 의기가 같구나.
如傳玉帶三更月 삼경의 밝은 달은 옥대(玉帶)를 전하는 듯
朗誦金文九夏風 구십일의 여름 바람 금문(金文)을 낭송하네.
管毫潑墨龍腰黑 붓끝에 먹 뿌리니 용의 허리 검어지고

嶺日排松鶴頂紅 해가 뜨니 소나무 위 학의 머리 붉어진다.
高士休疑林下樂 고사(高士)들이 의심 없이 숲 속에서 즐기니
共隨猿鳥臥雲中 잔나비와 새가 함께 구름 속에 누웠구나.

• 拈別韻儒釋會和 / 별운(別韻)으로 유(儒)와 석(釋)이 어울려 읊다

吾輩淸寒記者誰 우리들의 청한(淸寒)함을 누가 알랴.
松香石竈日三移 솔의 향기 부엌에서 하루에 세 번 옮겨오네.
茶初咏罷如相別 차 마시며 읊조리다 이별하려 하는데
只恐鶴飛猿不隨 학은 날아가고 잔나비는 길을 잃네.

• 和靑年學生茶會求語三絶 / 청년 학생들이 다회에서 말을 청하기
　　　　　　　　　　　에 세 수의 절구로써 화답하다

問否日新又日新 날로 새롭고 또 새로워지는 것을 묻노니
琢磨慧刀去荊塵 지혜롭게 연마한 칼날로 세상 고통을 없애라.
爲設諸君茶會意 그대들을 위하여 다회를 연 뜻은
竟期迷道指南人 훗날 어지러운 세상의 지도자가 되라 함일세.

偶得淸緣半日留 맑고 싱싱한 상대들과 짝하여 반나절을 머무르며
評詩花墨語如流 시와 그림을 평하는 품이 마치 물 흐르듯 하여라.
石竈烟沈庭日爆 섬돌 위엔 부엌 연기 서리고 마당엔 뙤약볕인데
且從柳水綠陰遊 또 버들과 물 따라 녹음에 노닐어 보세.

心淸白水語重山 마음은 흰 물처럼 맑고 언행은 산처럼 무거움이
是卽男兒處世間 이것이 곧 사내의 처세법일세.
如何學得飛空術 어떻게 하늘을 나는 재주를 익혀서

踏破塵球往復還 온 세계를 다 돌아보고 다시 올 수 있을까.

• 憎蚊子 / 모기를 싫어하며

曾聞麻谷有蚊家 들으니 마곡(麻谷)에 문가(蚊家)가 있다 하니
招募松軍古道遮 송군(松軍)을 모집하여 옛길을 막고서
殿角借風珠網映 처마 끝엔 거미줄로 망을 치고
屋頭掛帳布簾華 문 앞에는 주렴을 드리웠건만
利嘴充腸毫末血 예리한 주둥이로 피를 빨아 배 채우고
長平坑卒一杯茶 졸개들은 늘어서서 한 잔 차를 마시네.
傳檄金宵烟陳合 격문 돌려 모깃불 진을 쳐서
將壇笳敲凱城斜 오늘밤엔 반드시 물리치고 말리라.

• 秋雨快晴 / 가을비가 맑게 개어

快晴秋日白雲層 맑게 개인 가을날 흰 구름 층층이요
萬里長空鳥自能 만리장공(萬里長空)에 새들이 날아간다.
紅蕉風過搖靑箑 붉은 파초에 바람 불면 푸른 부채 흔들고
碧砌陽生繡紫藤 푸른 섬돌에 햇볕 드니 등 넝쿨이 수를 놓네.
周旬不見煎茶客 열흘이나 차 달이는 손님 없더니
連月方來問道僧 달포가 지나도록 묻는 스님들 찾아오고
潦水漸淸水潭潔 고인 물이 맑아지고 연못도 깨끗해져
芙蓉花落泛荷菱 부용꽃 지고 나서 마름 잎 떠 있네.

• 晚春與友對作 / 늦봄 친구와 마주하여 지음

大地群生冬一春 대지의 뭇 생명이 겨울 끝나 봄이 되니

心花意樹亦能新 나무와 꽃처럼 마음마저 새롭네.
茶從桐月方知味 오동나무에 달이 뜨면 차 맛이 우러나고
龍得雲淵好作隣 용이 구름 연못 얻은 듯 친구가 잘 짓는구나.
道若太陽消煩障 도(道)는 태양처럼 번뇌장애 녹이고
盃如箕箒掃荊塵 술잔은 키질같이 세상 먼지 쓸어낸다.
愧吾長繫無繩子 우리들은 끈도 없이 매인 것이 부끄러워
何日靑山出世人 어느 날 청산에서 출세간(出世間)의 사람 되랴.

• 次龜山趙雅嵋樵 / 구산(龜山) 조아미의 초(樵) 운을 빌려

竹樹深濃一壑幽 대숲 우거진 그윽한 골짜기에
喜逢高士訪風流 고사(高士)들은 풍류 찾아 기쁘게 만났네.
龜山野色靑雲密 구산(龜山)의 들 빛은 청운(靑雲)이 짙고
鳳岳烟光碧梧稠 안개 속의 봉악(鳳岳)에는 벽오동이 늘어섰다.
四月麥黃芳草晩 보리 익는 사월에 방초는 우거지고
三時茶熟綠陰悠 삼시(三時)에 차 달이는데 녹음이 유장하네.
世間榮辱終虛夢 세상 영욕이 허망한 꿈이거니
共煮丹砂老此區 신선약 달이며 이곳에서 늙어간다.

• 和安錦石金剛雲等七員求詩 / 안금석 · 김강운 등 7인이 시를 구하기에 화답함

敬陪七賢一面新 처음 만난 일곱 분의 어진이 함께 하니
滿衿和氣暖如春 소매 가득 화기(和氣)는 따뜻한 봄날 같네.
曇花影裡疑無地 우담발화 그림자에 땅 없을까 걱정했는데
杏樹陰邊更有人 살구나무 그늘에도 사람들이 있었구나.
鴨驛每思傾皂蓋 압역(鴨驛)에선 수레 타고 그냥 지나쳤으나

鳳樓豈料作芳隣 봉서루에서 친구 될 줄 어찌 알았겠나.
社蓮未發桐雲翠 연꽃이 피기 전에 오동잎이 푸르니
空把淸茶笑設眞 공연히 맑은 차 들고 웃으며 나누는 진심.

• 和丹山愚齋吟 / 단산 · 우제와 함께 읊고 화답함

左桐右竹鳳門初 좌우에는 대와 오동나무 봉황문을 열어 놓고
茶飯尋常任起居 차와 음식 예사로워 마음대로 기거하네.
時有高賓來問道 때때로 좋은 손님 찾아와서 도를 묻는데
溪光松籟是眞如 시냇물빛 솔바람이 그대로 진여(眞如)인 것을.

• 答梧枝安錦石泰寺三翁 / 오지면의 안금석과 태안사의 세 장로께

雪鴻飛渡鴨江風 기러기가 압록(鴨綠)의 강바람에 날아오니
重帶三翁又錦翁 금석공과 세 장로도 함께 있네.
蓮猶結社應聞道 백련결사는 하지 않았으나 도를 듣고
石自成文不用工 돌은 절로 무늬 되어 힘들이지 않는다.
茶傾松下香雲碧 솔밑에서 차 따르니 향기 구름 푸르고
花隱桐陰日影紅 오동나무 그늘에 꽃이 피니 해그림자 붉구나.
修契空山春色好 모임 갖는 빈산에 봄빛이 좋고
梧枝高士意先同 오지면의 선비들의 뜻이 먼저 통하네.

• 次歸一禪師白羊山還雜咏 / 귀일선사가 백양산에 돌아와 느낌이
있어 차운함

懷人最切雁來秋 기러기가 오는 가을 사람 생각 간절하고
遙想年年欲白頭 생각하면 해마다 흰머리 늘어가네.

霜葉風朝時倚檻　아침 바람 낙엽 지면 난간에 기대서고
嶺雲月夕每登樓　고갯마루 달이 뜨면 누각에 오른다.
半壁蛩音隨節促　벽 사이 귀뚜라미 계절을 재촉하고
滿山霞氣抵天流　온 산의 노을 기운 하늘 끝에 흐르네.
點茶評句於斯足　차 달이며 시 짓는 이것으로 넉넉하리
豈料吾生宿契悠　내 삶을 어찌 헤아리랴, 숙연(宿緣)하고 유유하네.

羊岳鶴嵒君莫誇　백양산의 백학암(白鶴嵒)을 그대는 자랑 마라
茶田松軒是吾家　차밭의 소나무 집 우리 집의 가풍이니
疊層古院多楓樹　겹겹의 옛집에는 단풍나무 많이 있고
隱逸新庭滿菊花　은일(隱逸)한 새 뜰에는 국화가 만발하다.
功名不易毛吞海　공명(功名)이 안 바뀌니 털끝 속에 바다 품고
祖道無難雨聚沙　조도(祖道)는 어렵잖아 모래 위에 비 내린다.
溪山勝賞如相識　산천의 좋은 경개 서로가 알고 있듯
錦繡風光又紫霞　금수풍광(錦繡風光)에 자줏빛 노을이네.

• 和竹原寺綾月禪伯 / 축원사의 능원선백에게 화답함

擧世知人無早晚　세상의 동무 됨은 늦고 빠름 무슨 상관이랴
淡情只在許心王　담담하게 나눈 정에 마음은 깊어지리.
升寺茶香勝乳酪　절집의 차 향기가 유락(乳酪)보다 뛰어남은
堯庭蓂草判陰陽　요임금 뜰 책력 풀(蓂莢)172)로 음양을 나눔일세.
羨師晦迹持綱紀　스님의 숨은 자취와 꿋꿋함을 흠모하니
愧我釣名啜粗糠　이름 낚아 겨 밥 먹는 내 모습이 부끄러워
休道無緣非合席　어울리지 않는다고 물리치지 말게

---

172) 책력풀(蓂莢): 요임금 때 조정의 뜰에 난 상서로운 풀을 명협(蓂莢)이라 함. 초하루부터 매일 한 잎씩 나서 자라고, 보름부터 매일 한 잎씩 져서 그믐에 이른 고로, 이를 보고 달력을 만들었다고 하며 '책력 풀'이라고도 함

何難天月照松溟 밝은 달 송명을 비춘들 어떠리.

• 草衣眞身贊 / 초의의 진신(眞身)을 찬탄함

相地卜居 터를 잡아 집을 짓고
把茅盖頭 띠로 지붕을 이었네.
衣乃編艸 옷은 풀로 엮은 것이고
飮則枕流 마시는 것은 시냇물이네.
種菊似陶 국화를 심는 것은 도연명을 닮았고
愛蓮侔周 연꽃을 사랑함은 주돈이와 비슷하네.
三衣鴈行 삼의(三衣)173)는 기러기처럼 가지런하고
二株桂抽 두 그루의 계수나무 빼어 들었네.
了元之跡 깨달음을 성취한 자취 있고
浮山之儔 뗏목 타고 건넌 사람이지
聲名幷隨 명성이 아울러 따르고
進俗雙修 불교와 세속 이치 함께 닦았지
蹟藏石塔 업적은 돌탑에 감추고
形照茶甌 형체는 찻잔에 비추네.
林苑寂寞 적막한 숲속 동산에는
餘香凝結 남은 향기 배어있네.

• 次西佛庵壁上 / 서불암 벽 위의 운을 빌려서

曹溪徑路已蹉過 조계산 산길에서 이미 길을 잃었고
難往峯頭杖欲斜 봉우리에 갈 수 없어 지팡이를 내려놓네.

---

173) 삼의(三衣): 스님이 입는 세 가지 옷으로 의식이나 행사, 위의를 갖추어야 할 때 입는 '가사'를 가리킨다.

短枕支肱鄕夢斷 팔베개하고 누우니 고향 생각 날듯 말듯
長風排竹筑聲多 바람이 대숲 일렁이니 피리 소리 나는구나.
仙家白玉收藏壑 선가(仙家)의 백옥은 골짜기에 감춰두고
水國靑山散在波 물에 비친 산 그림자 물결 위에 흩어지네.
日事無關茶飯外 차 마시고 밥 먹는 일상사 무관하니
每獲薺食喚啼鴉 세 끼니 식사는 까마귀나 주렴.

• 訪大雲隱子 / 대운 은자를 방문함

隱者所居難往來 은자가 머무는 곳은 오고가기 어려운데
層峯亂壁路橫開 산봉우리와 절벽에 가로놓인 길일세.
一鉢松香禪悅味 한 발우의 송향(松香)은 선열(禪悅)의 맛이요
滿鍾雷笑趙州盃 가득한 한 잔의 뇌소차는 조주의 선일세.
曾與靑山凭石塥 청산과 함께하며 바위를 타고 넘어
更隨流水出雲垓 흐르는 물을 따라 구름을 벗어나면
採得長生無滅草 장생 무멸초(長生無滅草)를 얻게 되리니
飄然葛袖夕陽回 갈옷 소매에는 석양이 들어오네.

53. 晦明 日昇(회명 일승)

① 생애(生涯)

　회명 일승(晦明日昇: 1866~1951)은 경기도 양주 시둔면 직동에서 이관석(李寬錫)의 독자로 출생하였다. 아명은 우경(牛庚)이고 11세에 양주군 노해면 학림암에서 보하(寶河) 스님에게 출가하였다. 1883년 금강산 건봉사에서 비구계를 받았으며, 1895년 건봉사 설교사로 피임되었다. 1910년 경성 각황사 총무와 1914년 평양 영명사 주지를 지냈으며, 1925년 제주 포교당을 건립했다. 1931년 만행하다가 금강산에 주석하였다. 정양사, 표훈사, 유점사, 보덕굴, 철원 도피안사 등의 사적을 집필하였다. 1935년 금강산 불지암(佛地庵)에서 만일염불회를 조직하였으며, 1939년 만주 목단강성(牧丹江城) 대흥사 호국선원도 창건하였다. 1941년 함북 주을에서 포교당을 창건했으며. 1951년 세수 86세로 전북 임실군 대원암에서 입적했다.

② 차시(茶詩)

・登梵魚寺義湘坮 / 범어사 의상대에 올라서

茶罷徐行上古坮　차를 마시고 천천히 걸어 옛 대에 오르니
清凉入肺洗心開　청량한 기운이 가슴에 들어와 마음을 씻어주네.
縱橫無際天端闢　종횡으로 끝없이 하늘이 열려
滿目風光盡此廻　눈에 가득 풍광이 다 이곳으로 돌아오네.

54. 漢永 鼎鎬(한영 정호)

① 생애(生涯)

한영 정호(漢永鼎鎬: 1870~1948)의 법명은 정호(鼎鎬)이고 한국 근대 불교 교육의 선구자이자 후학 양성에 지대한 공헌을 하신 분이다. 호는 영호(映湖)·석전(石顚)·한영(漢永)이고 성은 박(朴)씨다. 전북 완주에서 1870년(고종 7) 8월 18일 태어났다. 아버지는 박성용(朴聖鏞), 어머니는 강(姜) 씨이다. 어려서 유학을 공부하다가 17세에 어머니가 전주 위봉사의 금산(錦山) 스님으로부터 생사에 관한 법문을 듣고 와서는 이를 그에게 전하자 출가의 뜻을 품었다. 19세에 전주 태조암(太祖庵)에서 금산에게 득도했다. 1890년 장성 백양사 운문암에서 환응 탄영(幻應坦泳)에게 사교를, 1892년 선암사 경운(擎雲)에게 대교를 수학했다. 순창 구암사에서 설유 처명(雪乳處明)의 법을 전해 받았다.

1896년부터 구암사, 대흥사, 법주사, 화엄사, 범어사 등지에서 불법을 강의했다. 1910년 회광(晦光)이 일본 조동종에 한국불교를 예속시키려 하자 한용운 등과 함께 반대운동을 하였다. 1913년《해동불교》지를 창간하였다. 1914년 고등불교강숙의 교육에 참여한 이래 중앙학림, 서울 개운사 대원암의 불교강원에서 후학양성에 힘썼다.

그 뒤 조선불교월보사 사장, 불교전문학교 교장 등을 역임하고 1929년 조선불교 선교양종 교정(敎正) 일곱 분 중 한분으로 추대되었고, 광복이 되자 첫 교정에 다시 추대되었다. 1948년 2월 정읍 내장사에서 세수 79세, 법랍 60년으로 입적했다. 저술로 4백여 수의 시를 수록한《석전시초》가 있고, 그 외《석림수필》《정선치문집》

《정선염송설화》《계학약전(戒學約詮)》《염송신편》 등이 있다.

② 차시(茶詩)

• 挽日庵懷古 / 만일암에서 회고함

迦蓮森翠古庵懸　가섭의 연꽃은 옛 암자에서 푸르른데
瀛日蒼蒼萬里天　제주에 돋는 해는 만리 밖 하늘 창창하게 빛나네.
冽叟香殘百年墨　정 다산이 남긴 묵향 백 년을 이어 오고
觀師塔纈六朝烟　관음보살 탑 아래는 육조(六朝)의 연기 서려 있네.
木顚風雨難巢鶴　나무 꺾인 바람에 백학이 서성대고
石老滄桑不見仙　괴석에 씻긴 창상(滄桑) 신선은 볼 수 없네.
袖拂山茶惆悵久　찻잔을 손에 들고 멍하니 생각하니
新秋歸夢且蕭然　초가을에 돌아갈 길 스산하구나.

• 晚登毘盧峰 / 석양에 비로봉에 오르다

溟蒼疊似嶂　푸른 바다, 첩첩이 산과 같은데
峰轉平吹瀾　봉우리는 도리어 물결처럼 잔잔하다.
着雲寧認濕　구름이 스쳐 가도 옷 젖는 줄 모르고
捧日卻生寒　저무는 날 추위가 몰려온다.
嵒杉鶴脛短　바윗돌 나무 위엔 학마져도 움츠리고
茗屋燕巢寬　차 끓이는 처마 위엔 제비집이 널찍하다.
北顧陵林古　북녘 능선 바라보니 옛 숲은 변함없고
能忘太子丹　여태껏 마의태자를 잊을 수가 없구나.

• 內臟賞雪三十韻寄贈鶴鳴禪師 / 내장산의 눈을 감상하는 30 운을

학명(鶴鳴)174)선사에 기증함

藏山鳴以楓 내장산이 울어 단풍이 들었구나.
秋日已流邁 가을날이 이미 빠르게 흘러
吾行及仲冬 내 행로가 한겨울에 접어들었네.
復値絶勝槪 기왕의 절승(絶勝)을 왜 다시 말하랴.
雪晴千峀秀 눈 개이니 일천 봉우리가 수려한데
淨無寸土載 한 줌 흙도 없이 깨끗하구나.
斷磧回截碧 깎아지른 계곡은 절벽을 휘두르고
歷歷曝龜背 폭염 쬐인 곳은 거북 등처럼 역력하구나.
玉龍三百萬 옥룡(玉龍)이 3백만인데
若鬪不相耐 만약 싸움이 일어나도 서로 참지 않네.
智窮乃崩壞 지혜가 궁하면 붕괴되고
滿空鱗甲敗 허공에 가득한 비늘 갑옷도 패하며
凱還百戰將 백전노장이라 개선해 돌아오네
皚髮面帶癩 머리카락 희고 얼굴엔 흉터가 있으며
列坐說往劫 줄지어 앉아 겁박하며 이야기하네.
泛杯歌豊沛 물소리들은 잔 들어 풍패(豊沛)를 노래하고
散花諸天女 뭇 천녀(天女)들 꽃처럼 흩어져 내리네.
皎皎靈山會 영산회(靈山會)175)는 교교한데
靜對舍利佛 조용히 사리불(舍利佛)176)과 마주하네.
似聽金仙誡 흡사 부처님의 계(誡)를 듣는 것과 같고
怪爾老樹子 늙은 나무들 괴이하게 느끼네.
依依窮措大 의의함이 다하면 크게 조치해

---

174) 학명(鶴鳴): 계종(啓宗, 1867~1929)의 호. 성은 백(白), 전남 광양 사람. 내
    소사와 월명사 등지에서 선풍을 일으킨 스님
175) 영산회(靈山會): 부처가 영축산에 있으면서 설법하던 때의 모임.
176) 사리불(舍利佛): 부처님 10대 제자 중 한 분으로 지혜 제일로 불림.

以何寒江曲 어찌 한강곡(寒江曲)을 노래하지 않으랴.
垂綸穿褫襫 번잡하게 내리는 우둔한 비도 무언가를 뚫으니
休言剗溪羔 쉬라는 말에도 아랑곳없이 염소처럼 계곡을 깎음이
凌過龍門倍 용문보다 배나 더 하네
山心碧蓮寺 산 중심에 푸른 연꽃의 절이 있고
白淨寶綱蓋 희고도 깨끗한 보물(눈)이 벼리(근본)를 덮으니
少林重開拓 소림사를 다시 개척한 것 같네.
竹樹靑介介 대나무 숲은 크고 푸르게
茗烟凝半篆 차 연기(茗烟)는 반 전자(篆字)처럼 서렸구나.

• 龜山消夏中高春谷來訪共吟 / 구암산에서 여름을 보내던 중 고춘곡(高春谷)이 내방 해 함께 읊음

綺習難磨鬢己星 좋은 습관 닦기 어려운데 자신은 별처럼 빛나고
西窓夜雨意惺惺 서쪽 창에 밤비 내리는데 뜻은 성성(惺惺)하도다.
茗泉易解江南暍 차샘(茗泉)이 쉽게 풀리니 강남이 더위를 먹고
詩夢猶多漢北亭 한북정(漢北亭)에는 아직 시의 꿈이 많다네.
幾看殘棋竟輪局 필경은 돌아가 남은 바둑을 몇 번이나 보았던가?
漫將濁醪共忘形 막걸리가 질펀하니 함께 망형(忘形) 하네.
白雲無數藏峰壑 무수한 흰 구름이 봉우리와 골짜기에 잠기는데
只愛岩松獨放靑 단지 바위 가운데 솔이 홀로 푸름을 사랑하네.

• 秦淮河茶樓 / 진(秦) 회하(淮河)의 다루(茶樓)에서

秦淮河畔少秋風 진(秦)의 회하(淮河) 가에 여린 가을바람 불고
枉入酒香花氣中 구부러져 들어가니 꽃기운 속에 술 냄새 풍기네.
芳閣春深茶拂海 향기로운 전각에 봄은 깊은데 차가 가득 끓고
畵橋雲碧客猶鴻 푸른 구름 속 그림 다리에 객은 기러기 신세네.

誰唱宮詞憐叔寶 누가 가련한 숙보(叔寶)의 궁사(宮詞)를 노래하는데
不見高柳繫靑驄 높은 버드나무에 매인 푸른 말을 보지 않았는가?
蝟集人生紛在夢 고슴도치가 모인 것 같은 인생 꿈이 시끄럽고
嗟吾莫是南柯封 가련하게 내 헛 꿈속에 봉해지는 건 하지 말아야지

・城北洞龍華廟詩會 / 성북동 용화묘 시회

踏破三淸過北門 삼청동을 답파하고 북문을 지났지
森蒼小廟晝猶昏 숲 울창한 작은 묘(廟)는 낮에도 어두웠다.
礧添飛瀑雨殘氣 우기9雨氣) 남았는데 돌 사이 물은 비폭을 이루고
園結碧桃花沒痕 원(園)에는 꽃진 흔적 아래 푸른 복숭아 달렸네.
樵笛感生松暗堞 성곽의 소나무는 어두운데 나무꾼 피리는 감흥을 일으키고
漂砧誼渡石明村 지껄이며 떠 있는 방칫돌 건너니 석명촌 이라네.
茗泉香飯風流澹 차샘에서 향내 나는 식사하니 풍류가 맑구나
此外人門豈足論 이 밖에 인간이 어찌 족함을 논하리.

・淳昌雲橋與松玉松溪伯仲共賦 / 순창의 운교(雲橋)와 더불어 송옥
　　　　　　　　　　　　　　　(松玉), 송계(松溪) 형제와 함께 읊다.

我到年年六月晴 내 해마다 6월의 맑음을 맞으니
松筠添綠水逾淸 솔과 대나무 푸름을 더하며 물은 맑게 넘치네.
林疎茗屋蟬吟冷 성긴 숲속의 찻집(茗屋)은 매미 소리 차갑고
雲細硯池鵝立明 가는 구름무늬 연지에는 거위가 밝게 서 있네.
登簟欲長文酒話 대자리에 올라 문장과 술을 길게 얘기하면서
凭欄追計海山程 난간에 의지해 해산까지의 거리를 추계(追計)하네.
晩綠儻許隣泉石 천석(泉石)이 가까워 푸름이 늦음은 혹 그러하고
卜夜相尋抵頭傾 밤에 서로 방문하니 북두칠성이 기울었네.

- 五臺山尙畯上人餽我眞蔬一車賦以長句而贈之 / 오대산 상준상인 궤(尙畯上人餽)에게 진실한 소(眞蔬) 한 수레의 글로써 장구(長句)를 드림.

五臺之北出眞蔬　오대산 북쪽에 진실한 소(眞蔬)를 내놓으니
聞於天下已多時　이미 많은 시간 천하에서 들었으리.
雪山藥草孰堪嘗　설산의 약초는 익기를 기다리며
江左蓴羹休道之　강 왼쪽 순나물 국은 쉬는 것이 도(道)이다.
落花三月雨初霽　꽃 지는 3월 비가 처음으로 개이고
抽莖似蘭紺靑披　난초 닮은 줄기를 뽑아 애청의 푸름을 없애네.
縱輪玉版善說法　옥판을 세로로 세우고 좋은 설법 하나니
香潔溫敦可言詩　말과 시는 향기롭고 깨끗하며 따뜻하고 돈독하다.
采之盈筐出谷口　채색한 가득찬 대광주리는 골짜기 입구를 나가고
無數白雲漫欲隨　무수히 많은 흰 구름 아득하게 따르네.
煎來石鼎泛綠光　돌솥을 끓이니 물소리는 푸른 빛을 띠고
香風陳陳付與誰　향풍(香風)이 펼쳐지니 누구와 더불어 하랴
半甁茶熟起松潮　반병의 차가 익으니 솔바람(松潮) 일어나고
又有鍾梵敲靈機　또 범종 소리 있어 영기(靈機)를 두드리네.
野人美芹竟歸俗　야인의 좋은 미나리는 필경 세속으로 돌아가고
眞味可與君子持　진미(眞味)를 더불어 함은 가히 군자이어라.

- 龜山春雨雜感 / 구암산 봄비에 대한 감흥

綠鬚朱顔問幾年　푸른 수염, 붉은 얼굴, 묻노니 몇 년이나 되었는가.
尋師憶上鍾西邊　기억 속의 스승 찾으니 서쪽에서 종이 울리네.
今來皓首眞成感　이제 흰머리로 와서 진실한 감회 이루고
猿鶴全空澹茗烟　온 허공에는 원숭이와 학인데 차 연기가 맑구나.

• 蘭谷居士輓 / 난곡거사 만사

歸來蕭寺已秋風 소슬한 절로 돌아오니 이미 가을바람 부는구나.
乘興過溪林초紅 숲 끝에 단풍 드니 계곡을 거닐며 감흥에 잠기네.
顚石不知沽酒趣 엎드린 돌은 막걸리의 흥취를 알지 못하고
但烹枯茗話空空 다만 마른 차를 달이니 그대 말이 허공에 맴도네.

茶川㶁㶁繞欄鳴 다천(茶川)은 획획 난간을 돌며 울어대고
知是北山靈雨晴 이 북망산에 내리던 영우(靈雨)가 개임을 아는가?
暫息熱炎槐影靜 잠시 더위 식히며 쉬는데 괴목 그림자 고요하고
容登初地倘忘情 초지(初地)에 오른 모습 망정(忘情)에 얽매지 않네.

• 옥보대(玉寶臺) 아래 다풍(茶風)이 크게 무너짐

《다경(茶經)》에 말하기를 차는 남쪽에서 나는 아름다운 나무이다. 나무는 과로(瓜蘆)와 같고, 잎은 치자와 같고, 꽃은 흰장미(白薔薇)와 같고 꽃술은 황금(黃金)과 같다. 가을철에 꽃이 피며 청향이 은연(隱然)하다. 열매는 병려(栟櫚)와 같고 줄기는 정향(丁香)과 같고 뿌리는 호도(胡桃)와 같다. 당나라 책 《은일전(隱逸傳)》에 이르기를 숙종(肅宗) 상원(上元) 연간에 육우(陸羽)가 있어, 자(字)는 홍점(鴻漸)이라 하며 학문이 깊고 차를 즐기어 《다경(茶經)》 3편을 저술 헸다. 말하기를 차(茶)의 근원, 제법, 기구 등을 모두 갖추어 천하 사람들에게 이로운 차 마시기를 알게 하였다.

《다경》에서 차에는 구난(九難)이 있으니 첫째는 차를 만드는 법(造), 둘째는 차를 감별하는 것이고(別), 셋째는 차 끓이는 그릇이고(器), 넷째는 불을 다루는 것이고(火), 다섯째는 물(水), 여섯째는 차를 말리는 일(炙), 일곱째는 가루차를 만드는 일(末), 여덟째는 차를

끓이는 일(煮), 아홉째는 마시는 일(飮)이다.

흐린 날 차를 따고 밤에 볶는 것은 차 만드는 법이 아니고, 냄새를 맡거나 입맛을 보아 감별하는 것은 감별이 아니며, 진이 나는 나무나 덜탄 숯은 불이 아니다. 물살이 빠르게 흐르는 여울물과 고여 있는 물은 찻물이 아니며, 겉만 익고 속은 생것으로 되면 구운 것이 아니며, 푸른 가루나 티끌이 바람에 날리는 것은 가루 내는 것이 아니며, 서투르게 마구 다루거나 휘젓는 것은 달이는 것이 아니며, 여름에는 마시고 겨울에 폐하는 것은 마시는 것이 아니다.

《만보전서(萬寶全書)》에 이르기를 차에는 진향(眞香)이 있고, 난향(蘭香)이 있고, 청향(淸香)이 있고, 순향(純香)이 있다. 겉과 속이 똑같은 것을 순향이라 하고, 익지도 않고 타지도 않은 것을 청향이라 하고, 불기운이 균일한 것을 난향이라 하고, 비 오기 전의 신령스러움을 간직한 것을 진향이라 하는데, 이를 4향(四香) 이라 한다. 초의 선사의 동다송(東茶頌)에 이르기를 구난사향(九難四香)이 있는데 현묘하게 다루어야 한다. 어떻게 가르치리오. 옥보대 아래에서 좌선하는 무리들이 자주(自註)에 이르기를 지리산 화개동(花開洞)의 사오십 리에 모두 차가 나는데, 자갈밭이다. 화개동 위에 옥보대가 있고, 대 아래에 칠불선원(七佛禪院)이 있는데, 좌선하는 스님들이 항상 늦게 늙은 차잎을 따서 햇볕에 말리고 솥에 달이기를 마치 나물국 끓이듯 하니 매우 탁하고 색이 붉다. 맛은 심히 쓰고 떫으므로 내가 항상 말하기를 천하에 좋은 차를 속된 솜씨로 버려 놓았다고 했다. 동다송에서 그 개요를 말하였는데, 지리산은 차의 산지인데 오직 화개동만 산의 서남쪽으로 수 백리 땅에 차가 나지 않는 곳이 없다. 악양면(岳陽面) 화개면(花開面) 와룡면(臥龍面) 등이 비록 거친 농촌이지만 차를 끓여 아침저녁으로 식사 후에 늘 마시지 않는 집이 없다. 이곳 사람들은 탕약(湯藥)으로 알고 겨울에 감기에 걸렸을 때 땀을 내는 약으로 사용한다. 소위 다풍(茶風)이 크게 무너진 것이다. 어찌 다법(茶法)을 논하리오. 석생(石生; 石顚漢永)이 초의 스님의 말이 있음을 알고 있는데, 차가 많이 나지만 방초(芳草)와 다르지 않다고 들었다. 무릇 수선화(水仙花)는 꽃 중에는 신품(神品)이다. 서울의 운율을 아는 사람들은 이를 보배롭게 여겼다.

그런데 저 영주도(瀛州島: 제주도)의 산중 밭이나 물가 언덕에는 수선화가 많이 자생한다. 그러므로 돌아올 때는 새벽같이 침입하여 호미로 매는 폐단이 있다고 완당(阮堂) 김정희가 수선화부(水仙花賦)에서 말했다.

또 산창수죽(山窓脩竹)을 애호하지 않는 이가 없다. 그러나 지금은 대나무가 없어 사람으로 하여금 속되게 한다. 소장공(蘇長公)을 보면 문호주(文湖州) 시(詩)에 이르기를, "한천(漢川)의 긴 대나무는 쑥대같이 흔해도 일찍이 큰 도끼 맞는 죽순만은 면했네, 헤아려 청빈한 태수직(太守職)을 얻었고, 재상의 천 이랑 밭은 가슴속에 있네 (漢川脩竹賤如蓬 斤斧何會曾赦籜龍 料得淸貧饞太守 渭濱千畝在胸中)."라고 하여 호주(湖州)로 하여금 크게 웃게 하였으니 책장에 가득한 죽순을 꾸짖었다. 그곳 대나무는 많아서 귀하게 여기지 않는다. 《형초세시기(荊楚歲時記)》에 이르기를 형산(荊山)의 사람들은 옥(玉)을 까치에게 던진다고 하였다.

공자가 이르기를 기린은 성인을 위해서 난다고 하였는데, 노애공(魯愛公)께서 서쪽을 순행하실 때 기린을 잡았는데 공자가 춘추를 집필하다가 획린(獲麟)에 이르러 붓을 놓았다. 급기야 창려(昌黎)가 획린해도(獲麟解道)를 찬했는데 기린은 신령스럽고 소소(昭昭)하여 성인과 같다. 반드시 알리라. 기린의 과보가 상스럽지 아니하다는 것이 아님을. 그러나 지금은 아비주(阿非州)의 사슴 중에는 기린을 닮은 것이 매우 많아서 곰과 돼지, 개와 양이 서로 다르지 않아 진짜와 같다. 누가 능히 판단하리오. 다풍(茶風)이 크게 무너진 후에 덧붙여 논하니 매우 유감스러운 일이다.

• 한영 스님의 다시(茶詩)

　스님의 시집 《석전시초》에 의하면 그는 제주도와 금강산 여행 때 쓴 기행 시 2편에서도 차에 관해 읊고 있다. 〈만일암에서 회고하다〉라는 제목의 시에서는 제주도 만일암에서 섬 불교의 자취를 묘사한 후 "찻잔을 손에 들고 멍하니 생각하니 초가을에 돌아갈 길 스산하구나."라고 하면서 당시의 험한 뱃길 여행을 걱정하기도 하였다.
　금강산에서는 〈석양에 비로봉에 오르다〉라는 제하의 시에서는 비로봉의 풍광을 서경한 후 "차 끓이는 처마 위엔 제비집이 널찍하다"라고 읊었다. 학명(鶴鳴) 선사에게 내장산의 눈(雪)을 감상하는 30운의 긴 시를 주면서 "차 연기(茶煙)는 반 전자(篆字)처럼 서렸구나." 하였다. 그는 중국을 기행하면서 회하(淮河)의 다루(茶樓)에서 차 끓이는 모습을 읊기도 하였고, 노송옥(盧松玉) 등의 벗과 운교장(雲橋莊)에 노닐며 "차 연기(茗烟) 아득하게 엉켜 돌아오는 구름 물들이네." 하고 노래하기도 하였다.
　그의 다시 가운데 차를 자세하게 묘사한 것은 〈이난곡(李蘭谷)이 있으므로 내방하여 대원산방(大圓山房)에서 함께 읊다〉라는 시가 있다. 그는 그 시에서 "샘물 길어 솥에 끓여 맑은 차 마시네."라고 하여 물을 길어 솥에 끓여 마시는 것까지 비교적 상세히 차 마시는 이야기를 시 속에 표현하였다. 난곡과는 우의가 절친했던 것 같다. 훗날 난곡이 먼저 죽자 한영 스님은 10수의 만사(輓詞)를 쓰면서 그 중 2수에 차 이야기를 언급하고 있다. 한영스님은 다시에서 '차 다(茶)'자 보다 '명연(茗烟) 명옥(茗屋)' 등과 같은 '차싹 명(茗)'자를 더 많이 사용하였다. 어쨌든 그는 일제시대의 몇 분 되지 않는 중요한 다인(茶人)이었다.

55. 滿空 月面(만공 월면)

① 생애(生涯)

　만공 월면(滿空月面: 1871~1946)의 법명은 월면(月面)이고 만공(滿空)은 호이다. 이름은 송도암(宋道岩)이며 본관은 여산이다. 아버지는 송신통(宋神通), 어머니는 김씨. 전북 태인의 상일리에서 1871년 3월 7일 출생하였다. 14세에 서산 천장사(天藏寺)에서 태허 성원(泰虛性圓)을 은사로 경허(鏡虛) 선사를 계사로 사미계를 받고 득도했다. 10여 년 간 경허에게 선을 배웠고, 1893년 온양 봉곡사(鳳谷寺)로 옮겼고 그 후 마곡사 인근 토굴에서 3년간 수행 중 경허선사가 찾아와서 무(無)자 화두를 권하였다. 1898년 7월 서산 도비산 부석사의 경허스님 곁에서 선리참구, 범어사를 거쳐 통도사 백운암에서 새벽 종소리를 듣고 깨달았다. 1904년 경허의 법을 이어받았으며 덕숭산을 중심으로 선풍을 떨쳤다. 1946년 입적했다. 수덕사에 사리탑이 있다.

② 다화(茶話)

　어느 날 만공 스님이 차를 마시다가 고봉 선화((古峰禪和)[177])가

---

[177] 고봉 선화((古峰禪和): 고봉(1901~1969) 스님의 본관은 진주, 이름은 강욱재(姜旭在) 또는 강진수(姜秦秀), 아버지는 강영곤(姜永坤)이다. 황해도 장연군 도습리에서 태어나 한학을 배웠고, 13세에 5세 위의 부인과 혼인하였으나 17세에 부인이 죽었다.
그 뒤 방랑길에 올랐다가 개성에 정착하여 포목상을 경영했으나, 인생의 근본 문제를 풀고자 1925년 25세에 친구 금초(錦草)를 따라 서울 대각사의 용

들어오는 것을 보고 이르되, '여보게 나 차 마시네.' 하니 고봉이 말 없이 앞에 나아가 차를 한 잔 따라 올리고 합장한 뒤 물러났다. 만공 스님은 아무 말 없이 문득 쉬시다.

이 일화는 다화(茶話)라기보다는 선가(禪家)의 법거량(法擧揚)이라고 해야 옳은 것이다. 《만공법어》에도 '거량(擧揚)'편에 들어 있다. 부제(副題)가 '고봉 선화(古峰禪話)'로 되어 있듯이 이 차 이야기는 불교 선승들 간의 선문답(禪問答)에 속한다. '고봉선화'란 직역하면 '선승 고봉스님의 선(禪)에 얽힌 일화'라고 할 수 있다.

• 차 한 잔 마시다. - 시자와 함께 즐김. -

어느 날 스님이 한가로이 앉았을 때 진성시자(眞惺侍者)[178]가 차를 달여 가지고 왔다. 만공 스님이 이르되, "아무 일도 않는 사람에게 왜 이렇게 차를 대접하느냐?"고하니 시자가 한 걸음 다가서며, "노스님, 한 잔 더 잡수십시오." 하였다. 만공 스님이 "허허……" 하고 웃었다.

성 진종(龍城震鍾)에게 출가했다. 도봉산 망월사에서 용성의 만일결사도량(萬日結社道場)에 참여하여 정진했고, 양산의 내원사로 옮겨 4년 정진했다. 1930년부터 유점사, 마하연, 석왕사 등지의 선원에서 수행했으며, 특히 석왕사에서 큰 깨달음을 얻었다. 그 뒤 해인사에서 대장경을 열람하고 통도사 강원에서 공부했다. 1943년 해인사 강사로 취임했고, 이어 은해사 강사로 초빙받아 그곳에서 만공선사와 선문답을 나누고, 술과 여자까지도 물리치지 않는 이행(異行)을 보였다. 그러나 술을 마시면서도 취하는 법이 없었고 여자를 택하면서도 집착하지 않았으며, 일제의 형식을 초월하고 살았다. 사람들은 그를 '주고봉(酒古峰)'이라 불렀다. 언제나 새벽 3시에 일어나 경을 연구하고 선정에 들었으며, 학인들을 가르칠 때는 엄격함이 대단했다. 1969년 세수 70세, 법랍 45년으로 입적했다. 제자로는 우룡(雨龍), 고산(杲山) 등이 있다. 《한국불교인명사전》 참조

178) 진성시자(眞惺侍者): 현재 예산 수덕사 덕숭총림의 빙장(方丈)인 원담(圓潭) 스님의 사미승 때 법명이다.

56. 漢巖 重遠 (한암 중원)

① 생애(生涯)

한영 중원(漢巖重遠: 1876~1951)은 1876년 강원도 화천 출생으로 속성은 방(方) 씨이고 본관은 온양(溫陽)이다. 부친은 기순(箕淳), 모친은 선산 길(善山吉) 씨다. 금강산 장안사에서 행름 스님을 은사로 출가. 34세에 평북 맹산군 우두암(牛頭庵)에서 오도. 1925년 오대산 상원사에 입산한 후 1951년 입적할 때까지 하산하지 않았다. 1929년 조선불교의 7인 교정(종정)의 한 분으로 추대되었고. 1941년 조선불교 조계종 종정으로 추대되었다. 1948년 6월 해방 후 제2대 종정으로 재추대되었고 1951년 세수 76세, 법랍 54년으로 입적했다.

② 차시(茶詩)

• 贈月谷禪子 / 월곡선자에게 주다

碧松深谷坐無言 푸른 솔밭 깊은 골에 말없이 앉았으니
昨夜三更月滿天 어젯밤 삼경 달빛 하늘에 가득하네.
百千三昧何須要 백천 삼매를 어디에 쓰랴
渴則煎茶困則眠 목마르면 차 마시고 곤하면 눈 붙이네.

57. 萬海 韓龍雲(만해 한용운)

① 생애(生涯)

한용운(韓龍雲: 1879~1944) 스님에 대해서는 3·1독립운동의 주역으로 유명하다. 그는 승려이자 시인·소설가요, 독립운동가였다. 별호는 萬海, 卍海, 자는 정옥(貞玉), 이름은 한유천(韓裕天), 법명은 봉완(奉玩)이다. 1879년 충남 홍성군 결성면 성곡리에서 태어났다. 어려서 서당에서 한학을 배웠고, 1896년 설악산 오세암에 입산하였고, 1905년(광무 9) 27세에 백담사의 연곡(蓮谷)에게 득도하고 영제(泳濟)에게 계를 받았다.

학암(鶴岩)에게 《기신론》《능가경》《원각경》을 배우고 유점사의 월화 인학(月華仁學)에게 《화엄경》을 배웠다. 또한 선 수행도 하였다. 그 뒤 원산을 거쳐 시베리아 등지를 방랑하고 1908년 일본을 둘러보기도 하였다. 1909년 〈조선불교유신론〉을 발표하고 회광 사선(晦光師璿)이 원종을 일본 조동종에 복속시키려 하자 그 저지 운동을 폈고 1918년 서울에서 잡지 《유심》을 발간했다.

1919년 3·1운동 시 불교계를 대표해 주도적으로 참여해 일경에 체포돼 3년 형을 받았다. 그는 옥중에서 〈조선독립의 서〉를 집필했으며, 출옥 후에는 불교청년운동과 신간회(新幹會)의 주요 인사로 참가하였다. 1925년 시집 《님의 침묵》을 발간하고 1930년 《불교》지를 인수 발간하였다. 또 청년 승려들의 독립투쟁 비밀결사 단체인 만당(卍黨)의 영수로 추대되었다. 1937년부터 여러 신문에 소설 등을 연재하였다. 1944년 6월 29일 서울의 성북동 심우장(尋牛莊)에서 세수 66세로 입적했다. 후일 그는 정부로부터 건국훈장 대한민

국장(제1등급)을 추서 받았다. 《한국불교인명사전》 참조

② 차시(茶詩)

• 卽事 / 본 대로 느낀 대로

烏雲散盡孤月橫　먹구름 걷히는 곳 둥두렸한 달
遠樹寒光歷歷生　찬 그 빛 먼 나무 곱게 적시고
空山鶴去今無夢　학도 날아가고 고요한 산엔
殘雪人歸夜有聲　누군가 잔설(殘雪) 밟고 가는 발소리
紅梅開處禪初合　홍매(紅梅)가 핀 곳에서 스님은 선정(禪定)에 들고
白雲過時茶半淸　소낙비 지나감에 차(茶)도 한결 맛이 맑아
虛設虎溪亦自笑　호계(虎溪)[179]에서 전송하고 크게 웃다니.
停思還憶陶淵明　잠시 도연명(陶淵明)의 인품 그리어 보네.

• 五歲庵 / 오세암

有雲有水足相隣　구름과 물이 있으니 이웃할 만하고
忘却菩提況復仁　보리(菩提)도 잊었거니 하물며 인(仁)일 것인가.
市遠松茶堪煎藥　저자 멀매 송차(松茶)로 약을 대신하고
山窮魚鳥忽逢人　산이 깊고 고기와 새 어쩌다 사람을 구경해
絶無一事還非靜　아무 일도 없음이 참다운 고요 아니요
莫負初盟是爲新　첫 뜻을 어기지 않는 것 진정한 새로움이거니
倘若芭蕉雨後立　비가 와도 끄떡없는 파초와만 같다면

---

179) 호계(虎溪): 진(晋)의 혜원법사(慧遠法師)는 여산(廬山)의 동림사(東林寺)에 있었는데, 누구를 전송하든 호계를 넘어선 일이 없었다. 한번은 도연명이 찾아와 전송하면서 담소(談笑)에 취해 그만 호계를 넘고 말아, 그것을 알고 함께 웃었다고 한다.

此身何厭走黃塵 난들 티끌 속 달려가기 꺼릴 것이 있겠는가.

• 曹洞宗大學校別院 / 조동종대학교180) 별원181)에서

一堂似太古 절은 고요하기 태고(太古)와 같아서
與世不相干 세상과 인연 닿지 않는 곳.
幽樹鍾聲後 종소리 끊긴 뒤 나무는 그윽하고
閑光茶携間 차 향기 높은 사이 한가한 햇빛
禪心如白玉 선심(禪心)은 맑아서 백옥인 양한데
奇夢到靑山 꿈만 같이 이 청산 이르른 것을
更心別處去 다시 별다른 곳 찾아 나섰다가
偶得新詩還 우연히 새로운 시 얻어서 돌아왔네.

• 增上寺 / 증상사

淸磬一聲初下壇 경쇠가 울려서야 단에서 내려와
更添新茗倚欄干 차를 따라 들고 난간에 기대며
舊雨纔晴輕凉動 비는 겨우 개고 서늘한 바람 일어
空簾晝氣水晶寒 발로 스미는 기운 수정(水晶) 같구나.

---

180) 조동종대학교(曹洞宗大學校); 일본에 있는 지금의 구택(駒澤)대학교 전신. 일본 불교 조동종에서 설립한 종립(宗立) 대학. 조동종은 선종의 일파로 화두(話頭)를 배격하고 지관타좌(只管打坐)를 주장함.
181) 별원(別院); 본사(本寺)에서 나뉜 절. 구택대학교의 부속 사원.

58. 藕堂(우당)

① 생애(生涯)

우당(藕堂)의 은사는 혼원 세환(混元世煥, 1853~1889)이고 혼원의 은사는 극암 사성(克庵師誠: 1836~1910)이다.

세환 스님의 호는 혼원((混元), 자는 정규(正圭). 성은 두(杜)씨. 경북 청도 사람이다. 조실부모하고 1868년(고종 5) 16세에 팔공산의 극암 사성(克庵師誠)에게 출가했다. 학문을 좋아하여 경은 물론 제자백가에도 두루 통했다. 1883년(고종 20) 예천 용문사(龍門寺)로 가서 용호 해주(龍湖海珠)에게 경교(經敎)를 배웠다. 1887년(고종 24) 김천 청암사(靑岩寺)의 초청을 받아 강석을 열어 크게 명성을 얻었다. 그 뒤 팔공산으로 옮겨 후학을 지도하다가 1889년(고종 26) 가을 병이 나서 나이 37세, 법랍 21년으로 입적했다. 천재적인 재능을 지닌 강사로 평가받았다. 저술로는 문집인 《혼원집》이 있다.

우당의 절집 조부에 해당하는 극암 사성의 약력을 살펴볼 때 우당도 극암이 살았던 팔공산의 사찰로 출가했을 것으로 추정된다. 어쨌든 우당은 1850년대 이후 어느 땐가 출생하여 살았던 스님이었던 것은 분명하나 그 자세한 행적은 기록을 찾지 못하였다.

우당의 법계에서는 조부 극암의 《극암집》, 은사 세환의 《혼원집》, 우당의 《우당시고》로 3대가 문집을 잇달아 남겼다. 그 중 극암에게 다시 1편이 있고 손자인 우당이 4편의 다시를 썼으니 이들은 조손(祖孫)간에 다시를 쓴 다인(茶人)의 가풍도 후세에 남긴 셈이다.

② 차시(茶詩)

• 海印寺留連 / 해인사에 유숙하면서 잇달아 쓰다

棲息幽閒遠市村 사는 곳 한가로워 도시와 마을은 멀리 떨어진 곳
藤蘿深鎖晝微昏 등 넝쿨로 깊이 폐쇄돼 낮에도 옅은 황혼 같네.
麗藻成篇宜逸興 우아한 정조의 시를 완성하니 저절로 흥이 일고
香茶一椀可淸魂 향기로운 차 한 잔 영혼이 맑아진다.
穉蜓戲日齊飛圃 고추잠자리 해를 희롱하며 채전밭을 날아다니고
遊鳥蹴雲直入門 구름을 박찬 새는 곧장 문안으로 날아드네.
前宵溪雨塵埃洗 어젯밤 계곡 비가 티끌을 씻어 내리고
頑石敧梢露漲痕 완고한 돌, 거룩한 나무는 이슬 흔적에 젖어 있네.

• 復遊海印寺 / 다시 해인사에 노닐면서

樹擁雲開境自幽 숲의 구름이 열리니 경계는 스스로 그윽하고
東來百里伴春留 백리 밖 동쪽에서 와 봄을 반려 삼아 머무네.
相逢故舊偏生喜 옛 친구들 만나 뛸 듯이 기뻤으나
回憶鄕關暗起愁 돌이켜 고향을 생각하니 어두운 근심 일어나네.
影子堂閒無俗事 영자당(影子堂)은 한가하여 속된 일이 없고
花辰日暖復淸遊 꽃 피고 따뜻한 날 다시 맑게 노니네.
盆梅看愛茶兼味 분매(盆梅) 사랑스레 보며 겸해 차 맛을 보니
不必從他大白浮 님을 따를 필요 없이 크게 자유롭게 떠돈다.

• 端午 / 단오

五五佳辰濟濟衿 5월 5일 좋은 날 옷깃을 가지런히 하고

伴仙戱處靄雲沈 반 신선 되어 노는 곳에 상서로운 구름이 깔렸네.
飴將甘味徒交舌 엿의 단맛을 즐기며 서로 이야기를 나누고
櫻轉丹珠可合心 빨간 앵두를 돌리며 마음을 합치네.
壟上誰勤芳艾採 밭둑 위에서 누가 부지런히 향긋한 쑥을 뜯는가?
人間用拔病根深 사람의 병근이 깊은 걸 뽑아낼 때 쓸려는 게지.
茗茶可代菖蒲飮 차 대신 창포물을 마셔도 좋고
不費床頭素積金 허비하지 않고 상머리에 방치해 놓아도 금이 되네.

• 火爐 / 화로

博山眞品最靑銅 박산(博山)의 진품으로 최고의 청동화로인데
火種藏來氣像紅 불의 붉은 기운을 잘 갈무리하네.
點雪無能持浪質 눈이 내림은 어쩔 수 없으나 질은 우량하고
鍊丹畢竟賴靈通 필경 연단(鍊丹)에 힘입어 영통(靈通)하리라.
受新去舊肜吹籥 새것 받으니 옛것 물러가고 불기운 피리를 불면
溫酒煎茶爇取叢 술을 데우고 차를 달이며 무엇이든 할 수 있다네.
體確心空應體道 몸은 굳세고 마음은 비었으니 마땅히 도를 알았고
隨時動靜與人同 수시로 움직이고 조용하니 사람과 더불어 같다네.

　우당 스님의 다시는 4편이다. 두 편은 해인사에 머물면서 쓴 것이고, 두 편은 단오와 화로에 대해 읊은 것이다. 해인사는 당시만 해도 산중 깊은 곳에 있어 번잡한 도시와 마을에서는 멀리 떨어진 궁벽한 곳이었다. 교통이 불편하고 숲이 울창하니 저절로 그윽하고 한가로운 풍광에 잠겨 있었을 것이다. 그러한 해인사의 풍정을 묘사하면서 향기로운 차를 곁들이니 영혼조차 맑아진다고 노래했다.
　다시 해인사에 갔을 때는 옛 친구를 만나 기쁘긴 하나 돌이켜 고향을 생각하니 어두운 수심이 쌓일 수밖에 없었다.

하나 세속을 떠난 테두리를 밖의 인물이 된 방외자(方外者)인 출세간(出世間)의 승려인 그가 그런 세사(世事)에만 연연할 리 없다. 곧 그는 화창한 봄날 매화를 보며 차 맛을 음미한다. 그리고 그는 말한다. "남을 따를 필요도 없이 크게 자유롭게 떠돈다"고, 그는 차를 즐겨 달여 마신 듯 새 화로를 구하자 그것을 찬찬히 살펴보고 극찬을 아끼지 않았다. 뿐만 아니라 화로의 몸통이 굳세고 복판이 빈 것과 마음대로 옮길 수 있는 것을 사람에 비유하여 묘사하고 있다. 〈화로〉에서는 그의 섬세한 관찰력과 시적 은유 능력이 유감없이 발휘된다.

59. 鏡峰 靖錫 (경봉 정석)

① 생애(生涯)

　경봉 정석(鏡峰靖錫: 1892~1982)의 호는 경봉(鏡峰), 시호(詩號)는 원광(圓光), 속명은 김용국(金鏞國)이다. 1892년(고종 29) 4월 9일 경남 밀양군 부내면 계수리에서 태어났다. 아버지는 김영규(金榮奎), 어머니는 안동 권(權)씨다. 7세에 밀양의 한문 사숙에서 한학을 배웠으며, 어머니가 돌아가시자 세상의 무상을 느껴 16세인 1907년 (융희 1) 6월 통도사 성해(聖海)에게 출가했다. 이듬해 통도사 명신학교에 입학하고, 그해 9월 청호 학밀(晴湖學密)에게 사미계를 받았다. 1912년 4월 해담 치익(海曇致益)에게 구족계를 받았다. 강원에서 경학을 공부하고 순회 포교사로 전국을 편력했다. 1925년 통도사 만일염불회 회장이 되어 30여 년간 이끌어 왔고, 당대의 선지식을 참방하였으며, 극락암에서 3개월간 눕지 않고(長坐不臥) 참선에 몰두했다. 36세 때인 1827년 11월 20일 새벽 큰 깨달음을 얻었다. 이후 1932년 통도사 강원 원장, 1935년 극락호국선원 조실로 추대되었다.
　한시와 시조, 묵필에도 뛰어나 많은 작품을 남겼다. 1982년 7월 17일 세수 91세, 법랍 75년으로 입적했다. 저술은 《법해》《속법해》《원광한화》, 그리고 18세부터 85세까지 65년간 기록한 일지를 남겼다. 서신과 선문답 등도 많이 남겼는데 제자 명정(明正)이 근세 한국 고승 서간집 《삼소굴 소식》이라는 책으로 1997년 발간했다.

② 차시(茶詩)

• 한 잔의 차 맛

碧水寒松	푸른 물 찬 솔
月高風淸	달은 높고 바람은 맑아
香聲深處	향기 소리 깊은 곳에서
相分山茶	차 한 잔 들게.
遇茶喫茶	차 마시고
人生日常	인생의 일상
三昧之消息	삼매 소식이니
會得麽 茶	이 소식을 알겠는가. 차

茶 茶	차 차
這箇茶一味	이 한 잔 차 맛에는
宇宙萬象之眞理在此	우주 만상의 진리가 담겼으니
難可示	이 맛은 어떻다고 보이기도 어려우며
難可說	말하기도 어렵구나.
阿刺刺呵呵笑	아, 하하하
頌曰	송하여 이르기를
滿山楓葉景	온 산의 단풍 경치
勝如二月花	2월의 꽃보다 곱구나.
哂	미소

• 다비식 게송

滿天風雨散虛空 하늘에 가득한 비바람 허공에 흩어지니

月在千江水面中 달은 일천 강의 물 위에 떠 있고
山岳高低揷空連 산악은 높고 낮아 허공에 꽂혔는데
茶煎香爇古途通 차 달이고 향 사르는 곳에 옛길을 통했네.

• 설법 정진하다

動天獅子玉樓登 하늘을 울리는 사자후로 옥루(玉樓)에 오르니
滄海爲茶月作燈 바닷물은 차요, 달은 등불.
風靜銀河龍穩睡 바람 잔잔한 은하수에 용이 편히 잠들고
蓮生紅爐鶴飛騰 연꽃이 벌건 화로에 피니 학이 날아오르네.

• 又 / 또

桂熟香飄月色昇 계수나무 짙은 향내 달빛에 어리는데
白雲流水坐愚僧 흰 구름 물가에 어리숙하게 앉아 있네.
千峰萬壑無人處 천봉만학 무인경에
逢客勸茶指海澄 객을 맞아 차를 권하며 맑은 바다 가리키네.

• 나와 주인공의 문답 시(詩)

문: 쯧쯧 무정한 나의 주인공아, 지금에야 만났으니 어이 그리 늦었나?
    咄咄無情我主公 至今逢着豈多遲
답: 하하 우습다. 내가 그대의 집 속에 있었건만 네 눈이 밝지 못해 이렇게 늦었을 뿐이네.
    呵呵我在君家裡 汝眼未晴如此遲

• 이해운(李慧雲)이 가던 날 이별 시

道心何有恨爲量 도인들 마음에 어찌 섭섭한 게 없겠소만
握手今朝語轉長 손잡고 헤어지려는 아침에 말이 많아지고
禪榻對時通海月 함께 좌선할 땐 바다와 달처럼 통했는데
離亭歸路拂衣香 이별하는 정자에선 옷깃 떨치고 가는구려.
水光不改淸如舊 물빛은 언제나 변치 않고 맑건만
人事無端討已行 사람들은 쓸데없이 다닐 궁리만 하네.
送別翻成千古笑 이렇게 송별함은 천고의 웃음거리 같네만
陽關誰解更陳觴 누가 양관(陽關)[182]에서 차라도 권하겠소.

• 유종목 스님의 시에 대한 화답(和答)

茶後承書看讀破 차 마신 뒤 글 받아 읽어보니
半輪蘿月掛天寒 반달이 나월(蘿月) 사이로 차갑게 걸려 있소.
寒山高峻雖難到 한산(寒山)이 고준 해 오르기 어려우나
風松時時古寺鍾 바람결에 때때로 옛 절 종소리 보낸다오.

• 최 청봉을 전송하고 자장암 동천(洞天) 계회에 참석하여

無心上古樓 무심히 옛 누각에 올라 보니
紅日碧天浮 붉은 해는 푸른 하늘에 떴네.
喚友分茶處 벗을 불러 차를 마실 제
山高水流長 산은 푸르고 물은 흐르네.

• 九河 형주(1872~1965) 생일이라 작설차 한 통을 시와 함께 보냄

---

182) 양관(陽關): 중국의 땅 이름. 서역(西域)과의 교통상의 요로(要路)

步月思兄默自噓 달빛에 걸으며 형 생각에 잠기네
丹心護法七旬餘 오로지 호법(護法)으로 칠순을 보냈네.
雲藏甁鉢無鮮物 운수(雲水)에겐 발우와 물병 외에 좋은 게 없어
只獻山茶又一西 다만 산차와 글 한 수 보내네.

• 구하 형주가 답을 보내왔다.

稀三益壯仰天噓 73세에도 건강하니 하늘을 우러러보네
養得精神自有餘 정신을 함양하니 여유가 생겨
法錫東南分散在 법석(法錫)은 동남으로 분산됐는데
弟賢慰我慧茶書 현제(賢弟)가 나를 위해 차와 글을 보내왔었네.

• 解制韻 / 해제운 194년 7월 27일

法界元來是故鄕 법계가 원래 고향이라
眼開看處萬般香 눈이 열리니 온갖 것이 향기롭네.
接人院裡山茶熟 사람이 오면 산다(山茶)를 달이고
待客床邊月餠凉 손님 접대 상 위에는 달떡이 맛있네.
水盡險途歸海碧 물은 험한 길을 돌아 바다로 거고
滔經多日得秋黃 벼는 가을을 맞아 누렇게 익었소.
此庵從古無餘物 이 암자엔 예전부터 남는 물건 따로 없고
松竹連天一色長 소나무 대나무가 하늘 위로 언제나 푸르다오.

• 解制韻 / 해제운 1947년 7월 30일

叢林禪榻半開門 총림문은 비스듬히 열렸는데
活水聲聲得自源 콸콸 물소리 근원 찾아 흐르네.

願與衆生同苦樂 원컨대 중생과 고락을 같이하리
心空諸法絶談論 마음이 공(空) 하니 모든 법 말할 게 없네.
風和雲影歸香苑 바람이 화창하니 구름 그림자 뜰에 깃들고
月帶秋光滿古軒 가을 달빛은 옛집에 가득하네.
可笑九旬何事最 우습다. 석 달 동안 무슨 일 으뜸인가
渴茶困睡默次言 목마르면 차 마시고 곤하면 잠자며 묵묵한 것일세.

• 만공 대종사 열반소상 편화(片話)를 짓다

二五本自十	2x5는 본래 10이며
三七元來二十一	3x7은 원래 21이네.
今霄夜豈可默然	오늘 밤 어찌 묵묵히 보내겠나.
雲山海月之情告之	구름 산 바다의 달 같은 정으로 고하노니
崇山兮 葉飄飄 水冷冷	덕숭산이여, 잎은 나부끼고 물은 차도다.
長空兮 風肅肅 雲片片	긴 허공에 바람은 소슬하고 구름은 편편이 나네.
向誰說 向誰說	누구에게 말하고 누구에게 말 할고
雲騰龍吟 雨晴古峰	용음(龍吟)에 구름 날고 고봉(古峰)[183]에 비 개었네.
滿天雲雨散虛空	하늘에 가득한 구름과 비가 허공에 흩어지니
月在千江水面中	달은 천 강의 수면에 떠 있네.
黃岳高低依舊碧	황악이 높고 낮아 의구히 푸른데
茶煎香蓺古途道	차 달이고 향 사르는 곳에 옛길이 통해졌네.

• 辛鏡海和尙回壽韻曰 / 신경해 화상 회수 운 왈

---

183) 용음·고봉(龍吟古峰): 만공선사의 수법제자(受法弟子)들이다.

齠齔辭家立志先 어려서 출가하여 뜻을 세워
丹心修道白雲天 일편단심 수도하여 하늘까지 감동했소.
舊時蓬戶來初度 옛날 초가집에서 처음 통도사에 왔는데
此日紺園集大絃 오늘은 절에서 대현(大賢)들이 운집했네.
敎授城村留聖業 곳곳에서 가르침 베풀어 성업을 남기고
誠培蘭竹遺恩田 난(蘭)과 죽(竹)을 잘 가꾸어 은혜를 끼쳤네.
生雖百歲稀斯宴 비록 백세라지만 회갑연은 드문데
詩與淸茶賀壽年 시와 맑은 차로 수년(壽年)을 축하하오.

• 冬安居 解制韻 / 동안거 해제 운(1949년 2월 15일)

罷睡喫茶眼忽開 잠 깨어 차 마시니 눈 번쩍 열려
鳥啼東嶺水流坮 새때들은 동산 물 흐르는 곳에서 우짖네.
寒風收雨遼天去 찬바람은 비를 거두어 하늘 멀리 가고
圓月知時此夜來 둥근 달은 때맞추어 저다지도 밝구나.
諸法性空眞理現 모든 법의 성품 공하니 진리가 나타나고
滿山春到碧光回 만산에 봄 오니 온통 푸른빛일세.
箇中消息難爲說 이 가운데 소식 말하기 어려운데
惟有庭前笑雪梅 오직 뜰 앞에 설중매(雪中梅)가 향기롭네.

• 解制韻 / 해제 운(1951년 7월 해제)

茶餠喫罷上高樓 차와 떡을 먹고 높은 누각에 오르니
眼豁乾坤景未收 탁 트인 건곤의 풍광 끝이 없네.
月入禪窓知望日 선창(禪窓)에 달 비치니 보름인 줄 알겠고
風寒梧葉玩初秋 오동잎에 바람 차니 초가을 맛이구나.
白雲影裡人踪遠 흰 구름 그림자 속에 인적 드물고

疎雨聲邊鳥語流　추적추적 내리는 비속에 새들 노래 흐르네.
野濶天明山又寂　넓은 들녘 상쾌한 하늘 산 또한 고요한데
江城歸鴈下長州　강성에 기러기떼 날아와 물가에 내리네.

• 임해봉(林海峰) 석정(石鼎) 서첩(書帖)에. 1957년 9월 17일

秋水長天　　가을 물 긴 하늘에
上下圓融　　상하가 원융하고
一色蘆花　　한 빛 갈대꽃에
明月往來　　명월이 왕래하니
是兮景兮　　시절과 풍경이여
是外何奇　　이밖에 어떤 것이 기이한가?
萬古眞消息　만고의 참된 소식은
石鼎一椀茶　돌솥에 끓인 한 주발 차일세.

• 贈海峰石鼎禪子 / 해봉 석정(海峰石鼎) 선자에게 주다

萬水千江盡入海　모든 물과 강은 바다로 흘러가고
群山總付須彌峰　온갖 산들 전부 수미봉에 부속되니
海是法海峰是道峰　바다는 법해요, 봉우리는 도봉이니
海兮峰兮　　바다여 봉우리여
是者海耶是者峰耶　이것이 바다냐 봉우리냐
者麽者麽　　뭣고, 뭣고
石鼎乾坤水　돌솥에 하늘과 땅의 물로
盡成一椀茶　한 잔의 차를 달이니
喫茶喫茶　　차를 마시게 차를 마시게.

· 偶吟 / 우연히 읊음

宇宙淸光繞萬峰 우주의 맑은 광명 봉우리마다 감돌고
中秋圓月似佳容 한가위 둥근 달 어여쁜 얼굴 모습.
山茶已熟時名節 산차를 달여 명절을 지내니
雲外香煙又警鐘 향연은 구름 밖에 피어오르고 종소리 울리네.

· 극락선원 해제 송

正法元來豈有門 정법에 어찌 정해진 문이 있겠는가?
緣隨迷悟聖凡存 인연 따라 미오(迷悟)와 범성(凡聖)이 나뉘었네.
衆生受苦邪心動 중생의 괴로움은 삿된 마음 때문인데
萬事成功本性源 만사에 공을 이룸은 본성에 들어감일세.
龍得如珠初化境 용이 여의주를 얻음은 첫 조화의 경지요
人知是道大乘根 사람이 도를 앎은 대승 근기 시작일세.
安居消息難爲說 안거의 소식 말하기 어렵지만
餐餠喫茶好味言 떡 먹고 차 마시며 맛 좋다고 말하네.

· 曉峰禪師 宗團葬 때 만장에 쓰다.

曉日昇空雲散峰 새벽해 허공에 솟아 구름이 봉우리에 흩어져도
乾坤不變舊時容 하늘과 땅 변함없이 옛 모습 그대로세.
宗師示寂今如此 종사의 입적 보이심 지금 이러하니
香爇茶煎又一頌 향 사르고 차 달이며 송(頌) 한 수를 짓네.

· 해제 운 (1968. 1. 15)

到處叢林何處隣 도처에 총림인데 이웃이 어디 있나
山高水碧本天眞 산 높고 물 맑아 본래 천진일세.
無心復却三玄盡 무심에는 다시 삼현(三玄)도 다하고
和節回來萬像新 봄이 오니 만상이 새로워
瞬目秘談難惻道 눈을 깜박하는 비밀스런 말 측량하기 어려워
點頭塵事等閑人 세상일 점두만 하는 한가로운 사람일세.
拈茶微笑遙望看 찻잔 잡고 미소하며 멀리 바라보니
物與色聲劫外春 물질과 빛과 소리 겁 밖의 봄일세.

• 해제 운 (1968. 7. 15)

行者莫求是太平 수행자는 태평을 구하지 말고ᅥ
一拳擊碎鐵圍城 한 주먹에 철위성을 쳐부수라.
事經有苦功尤大 일은 고통을 겪어야 공이 더욱 크고
道越無心智復生 도는 무심경계 조차 넘어버리니 지혜가 새롭네.
水轉千溪空寂境 흐르는 시냇물 공적(空寂)의 경지요
鳥歌萬樹妙玄聲 우짖는 새소리 오묘한 선열경(禪悅境)
喫茶微笑眞消息 차 마시며 미소 짓는 참 소식에
法界乾坤處處明 법계와 온 누리 어디든지 밝구나.

• 해제 송 (1969. 1. 15)

圓通古路正無斜 두렸이 통한 옛길 경사가 없어
呑吐乾坤豈說家 하늘과 땅을 삼키고 토하는데 어찌 집을 말하랴.
人着萬緣明智小 온갖 인연 집착하면 지혜가 밝지 못하고
道空一念點頭多 한 생각 비워야 도에 점두함이 많네.
眼看月嶺雙飛鶴 눈으로는 달뜨는 산마루에 쌍으로 나는 학을 보고

手指春梅半笑花 손으로는 봄 매화 웃음 짓는 것 가리키네.
此日參衆齋食畢 오늘 대중이 재식을 마쳤으니
山茶香餠味如何 산 차와 향기로운 떡맛 어떻던가.

• 한용운 스님에게

牧夫多役事 목부가 일이 많다고 하니
司賞一杯茶 차 한 잔 드시구려.
聾   저것을

60. 海眼 鳳秀(해안 봉수)

① 생애(生涯)

　해안 봉수(海眼鳳秀, 1901~1974)의 이름은 김성봉(金成鳳), 해안은 호이다. 전북 부안군 산내면 격포리에서 1901년 3월 7일 태어났다. 14세에 내소사의 만허 경화(滿虛慶華)에게 출가하여 백양사 지방학림에 입학했다. 1918년 용맹정진하여 죽비소리에 오도하였다. 1920년 불교중앙학림에 입학했고, 1922년 중국을 편력한 뒤 북경대학에서 2년간 불교학 연수. 내소사 주지와 금산사 주지를 역임했다. 서래선림(西來禪林)을 개설하여 참선을 지도하고 1969년 제자들의 불교전등회를 결성. 1974년 4월 1일 세수 74세, 법랍 57년으로 입적. 저서로 《해안강의 금강경》, 시집 《시심시불》 《해안집》이 있다.

② 차시(茶詩)

・ 示茶心居士 / 다심(茶心) 거사에게 주는 법어

茶心淸又閒 차 마음은 맑고도 한가하여
不染一切心 일체 마음에 물들지 않네
閑中不如閒 한가한 가운데 한가도 모르니
是心如佛心 이 마음이 부처님 마음인가 하네.

又 / 또

茶心淡又閒 다심이 담백하고 또 한가하여
不如世間味 세상의 맛과 같지 않네.
寒泉一胍好 찬 샘의 한 줄기가 좋으니
不問江水多 강물의 많음을 묻지 마소.

참고문헌 :
임혜봉 한국의 불교 다시, 민족사 2005.4.8
석용운 한국차문화자료집 도서출판 초의 2006.3.15
국역 국조 인물고 세종대왕기념사업회 2007.12.31
운경혁 대한차문화 집성, 도서출판 이른아침 2011.5.31

[약력]
사단법인 영남차회 창립, 현 고문
성균관유도회 대구본부 회장 역임
성균관유도회 총본부 회장 역임

茶人列傳 3

인쇄일 / 2025. 1. 25
발행일 / 2025. 2. 10

編著者: 雪海 芮正洙(010-3519-8427)
發行處: **도서출판 동양미디어**

대구광역시 북구 대현로1 053-944-0009
출판등록 : 1999년 4월 9일 제5-56호

값 : 20,000원